波蘭
波羅的海
三小國

愛沙尼亞
拉脫維亞·立陶宛
Poland &
The Baltic States : Estonia · Latvia · Lithuania

no.65

芬蘭Finland

● 赫爾辛基　　● 聖彼得堡
Helsinki　　　St. Petersburg

塔林
Tallinn　愛沙尼亞
Estonia

拉脫維亞Latvia
里加
Riga
立陶宛Lithuania

波羅的海
Baltic Sea

維爾紐斯
Vilnius

格旦斯克
Gdańsk

波蘭
Poland　　● 華沙
Warszawa

克拉科夫
Kraków ●

MOOK NEWAction

波蘭 波羅的海三小國

MOOK NEWAction no.65

Poland & The Baltic States : Estonia · Latvia · Lithuania

愛沙尼亞 拉脫維亞·立陶宛

波蘭

波羅的海三小國 愛沙尼亞 拉脫維亞·立陶宛

本書所提供的各項可能變動性資訊，如交通、時間、價格(含票價)、地址、電話、網址，係以2022年12月前所收集的為準；特別提醒的是，COVID-19疫情期間這類資訊的變動幅度較大，正確內容請以當地即時標示的資訊為主。
如果你在旅行中發現資訊已更動，或是有任何內文或地圖需要修正的地方，歡迎隨時指正和批評。你可以透過下列方式告訴我們：
寫信：台北市104中山區民生東路二段141號9樓MOOK編輯部收
傳真：02-25007796
E-mail：mook_service@hmg.com.tw
FB粉絲團：「MOOK墨刻出版」www.facebook.com/travelmook

符號說明
電話	休日	注意事項	所需時間	旅遊諮詢
地址	價格	營業項目	如何前往	住宿
時間	網址	特色	市區交通	

Welcome to Poland & The Baltic States

歡迎來到波蘭及波羅的海三小國

波蘭及波羅的海三小國保留完整的歷史建築與飛快的發展，讓人很難想起這些國家或脫離共黨統治、或宣布獨立，至今不到30年的時間。占領時留下的傷痕，經過舊力重建，在華沙，已看不出保有完整中古世紀面貌的舊城與繁華市中心，在二次大戰期間，曾被摧毀八成五的建築。

占領時期的過往，如今成為悼念的遺跡或博物館，電影中蘇聯情報單位KGB的總部及猶太集中營的悲劇，在這裡被保留並紀念著。史蒂芬史匹柏自認一生中拍過最重要的電影《辛德勒的名單》，真實故事發生地就在克拉科夫，實際到當地又發現寫著波蘭文的紀念碑，導遊說它是為紀念波蘭人因幫助猶太人而犧牲所立，再加上各國一次次的起義、獨立，鉅細靡遺的過程及物件，被珍藏在博物館中；在這

裡，將看到螢幕下的歷史，如何被真實呈現，並感受這些國家面對傷痕的勇氣。

除了歷史，每年眾多的節慶登場，與街道建築、皇家宮殿城堡，又展現熱情、華麗的風情。以歷史建築變身的塔林羅特曼區、里加新藝術建築、維爾紐斯藝術聚落對岸共和國及華沙結合書店的咖啡館等，數不清的景點，都將帶給人截然不同的東歐印象。

各國觀光局對旅遊相當投入，到遊客中心通常可免費索取地圖及豐富資料，甚至提供免費步行導覽資訊，不似一些過度觀光化的歐洲城市，這四國仍保有東歐的獨特色彩又相對安全，旅行可以很輕鬆，就等你去大開眼界！

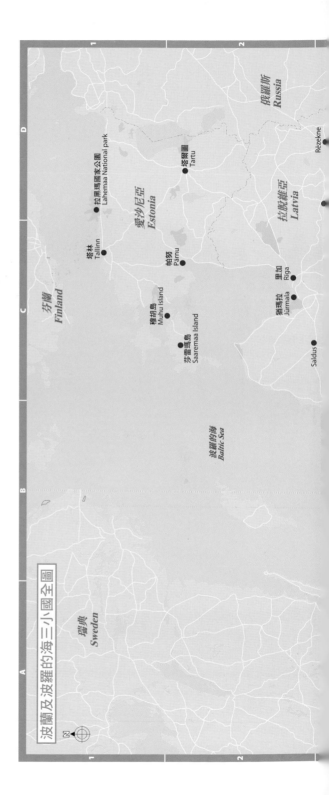

波蘭及波羅的海三小國全圖

俄羅斯
Russia

拉脫維亞
Latvia

Rēzekne

愛沙尼亞
Estonia

拉黑瑪國家公園
Lahemaa National park

塔爾圖
Tartu

塔林
Tallinn

帕努
Pärnu

里加
Riga

穆胡島
Muhu Island

莎雷瑪島
Saaremaa Island

裕瑪拉
Jūrmala

Saldus

芬蘭
Finland

波羅的海
Baltic Sea

瑞典
Sweden

N

烏田納
Utena

Daugavpils

Birzai

維爾紐斯
Vilnius
特拉凱
Trakai

白俄羅斯
Belarus

烏克蘭
Ukraine

立陶宛
Lithuania

考納斯
Kaunas

阿利圖斯
Alytus

十字架山
Hill of Crosses
修雷
Šiauliai

奧古斯托夫
Augustów

比亞維斯托克
Białystok

札莫希奇
Zamość

馬里揚波萊
Marijampolė

俄羅斯
Russia

盧布林
Lublin

羅姆札
Łomża

奧斯特魯夫瑪左
Ostrów Maz

華沙
Warszawa

波蘭
Poland

匈牙利
Hungary

塞拉佐瓦屋拉
Żelazowa Wola

羅茲
Łódź

克拉科夫
Kraków

維利奇卡
Wieliczka

斯洛伐克
Slovakia

格丁尼亞
Gdynia

格旦斯克
Gdansk

馬爾堡
Malbork

托倫
Toruń

奧斯威辛
Oświęcim

索波特
Sopot

波茲南
Poznań

捷克
Czech

德國
Germany

11

必去波蘭及波羅的海三小國理由

絕美宮殿城堡

不少城市都有具歷史意義的城堡及宮殿，其中義大利巴洛克天才大師巴托羅米歐設計的拉脫維亞隆黛爾宮、波蘭重現皇家榮光的維拉諾夫宮，及立陶宛特拉凱的童話紅磚城堡等，都是這些東歐國家經典的代表。

建築藝術巡禮

世界著名建築師在里加建造一棟棟唯美、華麗的新藝術建築，林立在市中心區的街道兩旁，與里加舊城中世紀風格相較彷彿另一座城市。而其他城市保存完好的教堂、市政廳與古街道，也適合來一場建築藝術巡禮。

驚豔世界遺產

波蘭與波羅的海諸國首都皆被列入世界文化遺產名錄中，重現出中世紀浪漫古典建築風華；此外，維利奇卡鹽礦壯觀的地下隧道及岩鹽雕鑿的禮拜堂，更令人嘆為觀止。

音樂文學饗宴

克拉科夫大學與維爾紐斯大學皆孕育無數文學家、科學家及詩人，波蘭最古老學府克拉科夫大學還是天文學家哥白尼母校，保留完好的歷史古建築，值得走訪；而蕭邦故鄉華沙，舊城與故居不時舉行的音樂會也令人沈醉。

融合異國美食

受到德國、俄羅斯占領，再加上位歐亞交會，這些國家的料理呈現多元選擇，諸如德國豬腳、餃子等；而曾吸引大量歐洲猶太人聚集的波蘭，在華沙及克拉科夫都有猶太餐廳，更特別的是波蘭高品質的蔬食餐廳也不少，值得一嘗。

熱鬧歡騰慶典

波蘭及波羅的海諸國每年都舉行不少大小慶典，包括波蘭蕭邦音樂節及猶太文化節，而喜歡歌唱的波羅的海國家，歌唱節及仲夏節更是每年的大型活動。接受慶典盛宴的邀請，欣賞傳統舞蹈、大啖街頭美食並在市集中血拼，感受東歐歡騰的一面。

旅行計畫
Plan Your Trip

Top Highlights of Poland & The Baltic States
波蘭及波羅的海三小國之最

文●李欣怡・墨刻編輯部
攝影●周治平・墨刻攝影組

克拉科夫

維利奇卡鹽礦
Wieliczka Kopalnia Soli

維利奇卡鹽礦從13世紀就開始開採，已經有700多年歷史。整個鹽礦區由9層密密麻麻、彷彿迷宮般的隧道構成，最深達地底327公尺。沿途更可經過地底鹹水湖泊、無數禮拜堂及鹽雕展示等，其中最壯觀的就是聖慶加禮拜堂，都是由岩鹽雕鑿而成。(P.103)

最佳建築
The Best Architecture

塔林 / 羅特曼區
Tallinn / Rotermann Quarter (P.149)

里加 / 新藝術建築
Rīga / Art Nouveau (P.182)

浪漫宮殿Warsaw's Palaces

　　維拉諾夫宮是華沙市區極少數沒被戰火波及的重要景點，內部擺設更是講究，幾乎原物原貌重現，展現波蘭人的決心及與生俱來的藝術美感。唯美的皇家宮殿及花園，說明波蘭曾有的榮光；而王子公主浪漫的愛情故事，也在這座宮殿裡被傳頌至今。此外還有水上宮殿及皇家城堡，也展現出皇家風華。(P.78)

華沙

維爾紐斯 / 維爾紐斯大學 Vilnius / Vilnius University (P.208)

里加 / 拉脫維亞國家圖書館 Rīga / National Library of Latvia (P.187)

克拉科夫 / 克拉科夫大學 Kraków / Kraków Academy (P.95)

15

克拉科夫舊城
Stare Miasto

克拉科夫

曾是中歐文化中心的克拉科夫，無論在文化、藝術及建物都極具看頭，更是波蘭少數於戰火中倖免於難的城市。中央市集廣場是波蘭最大的中世紀廣場，而文藝復興風格的紡織會館、獨特造型的聖瑪麗教堂及重現歷史的地下博物館，讓舊城總是流連著音樂家與觀光客。(P.92)

最佳體驗
The Best Experience

華沙 / 書店咖啡館
Warszawa / Cafe
Bookshop (P.84)

華沙 / 哥白尼科學中心
Warszawa / Centrum
Nauki Kopernik (P.70)

沈浸自然風光 Enjoy Nature

　　愛沙尼亞是個愛唱歌的民族，同時也懂得保護及享受大自然，國土面積有一半被森林覆蓋，拉黑瑪國家公園遍布森林、海灣、沙灘、半島及中世紀莊園等迷人景觀，國家公園還推出騎自行車及健行等行程。(P.152)

　　若是行程不夠時間前往國家公園，也可選擇到塔林周邊的愛沙尼亞戶外博物館一遊。這座同樣被森林包圍的戶外博物館，展示傳統愛沙尼亞各地的農莊形式。園區依傳統方式打造近200棟的建築，包括學校、教堂、住所、風車及消防設施等，還有工作人員著傳統服裝展示傳統手工藝。(P.151)

塔林

考納斯 / 綠色山丘登山纜車
Kaunas / Žaliakalnio
Funikulierius (P.221)

里加 / 中央市場 Rīga /
Centrāltirgus (P.192)

托倫 / 薑餅博物館
Toruń / Żywe Muzeum
Piernika (P.128)

建築藝術
Architectural Art

里加

19、20世紀的里加，跟隨歐洲腳步興起了新藝術建築，超過800棟的唯美建築，為這座城市隨處妝點浪漫氛圍。里加的新藝術建築非常集中，例如伊莉沙白街及亞伯達街。此外，著名建築師的宅邸也被改為里加新藝術博物館，內部的裝飾及家居用品令人驚豔。(P.182)

此外，里加城市的大師級建築，到現代仍在持續興建，由古納‧伯肯茲設計的拉脫維亞國家圖書館，已成為著名的綠建築典範。(P.187)

特色博物館
Special Exhibition

克拉科夫 /
市集廣場地下博物館
Kraków / Rynek
Podziemny (P.94)

克拉科夫 /
奧斯卡‧辛德勒工廠
Kraków / Fabryka Emalia
Oskara Schindlera (P.102)

包斯卡
周邊

隆黛爾宮
Rundāle Palace

　　由義大利巴洛克天才大師巴托羅米歐所設計的隆黛爾宮，當初是作為公爵的夏宮。以黃金裝飾的黃金廳是宮殿最豪奢的廳堂，而其他開放的40多間房間，也同樣美侖美奐，講究的雕刻細節，值得細細走訪。(P.188)

藝文漫步
Literary Walk

對岸共和國是維爾紐斯城市中，一個擁有憲法的「國度」，並且其憲法不只保障人民，還有動物的權利。這區原是維爾紐斯最古老的區域，沒落後因進駐藝術家從事創作，使這裡成為藝術聚落。(P.209)

此外，市內的文學街牆上滿布畫作、詩篇等，原是為紀念立陶宛的詩人，如今也成為觀光勝地。(P.206)

維爾紐斯

特色街道
The Best Street

特拉凱

特拉凱
歷史國家公園
Trakai Historical
National Park

特拉凱歷史國家公園以童話故事般的紅磚城堡聞名，浪漫風情吸引不少新人前來拍攝婚紗。其中一座一千多年前的水上城堡，雄偉哥德式紅磚城堡映著湖水，也成為立陶宛最具代表的風光。(P.212)

塔林

里加

維爾
紐斯

蘇聯時期遺跡Visit KGB Museum

　蘇聯曾占領了波蘭及波羅的海三小國，除了留下蘇聯時期的建築，也包括蘇聯國家安全委員會 (通稱KGB)總部及西方訪客專屬的飯店等，讓人得以一窺情報員既神祕又恐怖的運作方式。(P.39)

最佳博物館
The Best Museum

華沙 / 波蘭猶太歷史博物館
Warszawa / Muzeum
Historii Żydów Polskich
POLIN (P.74)

華沙 / 華沙起義博物館
Warszawa / Muzeum
Powstania Warszawskiego
(P.75)

華沙

塔林

血拼購物
Shopping Experience

擺脫蘇聯統治後，這些國家將歷史建築重新換上新面貌，融合傳統與現代，吸引年輕人及遊客前往購物及大啖美食。華沙Koszyki商場是舊市場改造，如今煥然一新，內部進駐時尚餐飲、有機商店及蔬果商家，值得細細走訪(P.86)；而塔林羅特曼區原是19世紀的舊工廠建築，曾一度沒落破敗，重新建設後林立在地品牌商家及異國料理餐廳。漫步此處，將感受到此區隨著國家歷經占領統治，而今重生後的展新面貌。(P.149)

里加 /
拉脫維亞國立藝術博物館
Rīga / Latvijas Nacionālais Mākslas Muzejs (P.185)

維爾紐斯 / 立陶宛大公爵宮
Vilnius / Lietuvos Didžiosios Kunigaikštystės valdov rūmai (P.201)

塔林 / 愛沙尼亞戶外博物館
Tallinn / Estonian Open Air Museum (P.151)

波蘭及波羅的海三小國精選行程
Top Itineraries of Poland & The Baltic States

文●李欣怡

波蘭精選8天

●行程特色

克拉科夫曾是波蘭首都，留下完整的中世紀及文藝復興建築，而電影《辛德勒的名單》真實故事的發生地也在此處，再加上卡茲米爾猶太區的猶太文化又再度復甦，值得細細品味，由於近郊的維利奇卡鹽礦及奧斯威辛集中營的觀光人潮眾多，再加上車程，這兩處最好各預留一天時間。接著搭火車前往華沙，華沙觀光範圍不小，若時間不多，舊城區及維拉諾夫宮絕不能錯過，而為數不少的博物館也值得花上一些時間，例如華沙起義博物館、波蘭猶太歷史博物館、華沙國家博物館及蕭邦博物館等。行程最後往北行到格旦斯克，若還有時間可順遊馬爾堡或索波特。

●行程內容

Day 1~4：克拉科夫(Kraków)

Day 5~6：華沙(Warszawa)

Day 7~8：格旦斯克(Gdańsk)

波羅的海三小國首都9天

●行程特色

地理位置相連的波羅的海三小國，行程可先從愛沙尼亞首都塔林開始，接著搭巴士到拉脫維亞首都里加，最後造訪立陶宛首都維爾紐斯，正好依次從北到南玩遍各國首都，每個國家各停留約3天時間，才能走訪到首都的舊城及外圍重要景點，感受各國不同的風情。到維爾紐斯時，不妨安排時間前往鄰近景點特拉凱歷史國家公園，這座宛如童話故事般恬美的小鎮，絕對讓人留下難忘回憶。

●行程內容

Day 1~3：塔林(Tallinn)

Day 4~6：里加(Rīga)

Day 7~8：維爾紐斯(Vilnius)

Day 9：特拉凱歷史國家公園(Trakai Historical National Park)

4國全覽精選14天

● 行程特色

　　將近半個月的時間要玩遍波蘭及波羅的海三小國，有些城市的時間就要縮短為兩天。行程先從波蘭觀光大城克拉科夫開始，克拉科夫擁有保存完好的中世紀建築，及波蘭王室象徵的瓦維爾皇家城堡，近郊的維利奇卡鹽礦及奧斯威辛集中營等，也記得預留一些遊覽時間。接著前往波蘭首都華沙，感受波蘭迅速發展，同時又保存傳統文化的用心，而在地美食更是不能錯過。接著往北一路造訪各國首都，中途可穿插參觀義大利巴洛克天才巴羅米歐打造的隆黛爾宮。

● 行程內容

Day 1~3：克拉科夫(Kraków)

Day 4~5：華沙(Warszawa)

Day 6~8：維爾紐斯(Vilnius)

Day 9：隆黛爾宮(Rundāle Palace)

Day 10~12：里加(Rīga)

Day 13~14：塔林(Tallinn)

波蘭及波羅的海深度21天

● 行程特色

　　若是搭乘巴士往來這幾個城市，有些城市的班次不多，又例如前往隆黛爾宮及十字架山需轉車，可能要預留往返的時間。從以歌唱革命聞名的愛沙尼亞塔林開始，一路往南經過帕努後，接著進到拉脫維亞的里加，欣賞舊城與華麗的新藝術建築，在抵達立陶宛首都維爾紐斯之前先來到隆黛爾宮及十字架山，感受截然不同的氛圍。續往南進入到波蘭，造訪華沙、克拉科夫及托倫。

● 行程內容

Day 1~2：塔林(Tallinn)

Day 3~4：帕努(Pärnu)

Day 5~7：里加(Rīga)

Day 8：隆黛爾宮(Rundāle Palace)

Day 9：十字架山(Hill of Crosses)

Day 10~12：維爾紐斯(Vilnius)

Day 13：特拉凱歷史國家公園(Trakai Historical National Park)

Day 14~16：華沙(Warszawa)

Day 17~19：克拉科夫(Kraków)

Day 20~21：托倫(Toruń)

When to go
最佳旅行時刻

文●李欣怡．墨刻編輯部　攝影●周治平

夏季是這4國的旅遊旺季，一般店家及景點營業時間較長，到了冬季則較早結束營業，並且氣候寒冷，要注意保暖。

此外，各國的節慶除了文中列出的主要大型慶典外，每年還有數不清的小型節慶及活動舉行，在各觀光局網站上皆可查詢到最新資訊。

各國地理位置及氣候

波蘭

波蘭居歐洲的樞紐地位，東與白俄羅斯及烏克蘭接壤，南與捷克、斯洛伐克相鄰，西與德國相接，北濱波羅的海，海岸線長524公里。波蘭領土少有天然國界，不足以抵擋外來的侵略，現在波蘭的領土是第二次世界大戰之後界定出來的。

氣候

大陸型溫帶氣候，冬天寒冷夏天涼爽。夏季氣溫在攝氏20~35；冬季會降雪，尤其在山區及波蘭東部，氣溫約為零下1~10度，最冷可能還會到達零下20度。

芬蘭 Finland
赫爾辛基 Helsinki
聖彼得堡 St. Petersburg
塔林 Tallinn
愛沙尼亞 Estonia
拉脫維亞 Latvia
里加 Riga
立陶宛 Lithuania
波羅的海 Baltic Sea
維爾紐斯 Vilnius
格旦斯克 Gdańsk
華沙 Warszawa
波蘭 Poland
克拉科夫 Kraków

愛沙尼亞

居波羅的海三國最北端，北隔芬蘭灣與芬蘭相望，東鄰俄羅斯，南鄰拉脫維亞。

全境地勢低平，一半的面積為森林所覆蓋，平均海拔僅50公尺，共有1521座島嶼。

氣候

溫帶海洋性氣候，夏季氣溫為攝氏16~20度，冬季平均氣溫為攝氏零下6度。

拉脫維亞

濱波羅的海，北鄰愛沙尼亞，南接立陶宛，東鄰俄羅斯，東南與白俄羅斯接壤。森林超過國土面積的一半。

氣候

介於溫帶海洋性氣候和溫帶大陸性氣候之間，夏季平均氣溫為攝氏19度，冬季氣溫在5~零下30度，平均氣溫為零下5度。

立陶宛

西濱波羅的海，北鄰拉脫維亞，東為白俄羅斯，南接波蘭，西南鄰俄羅斯之加里寧格勒。

氣候

介於溫帶海洋性氣候和溫帶大陸性氣候之間，夏季平均氣溫為攝氏17度，冬季平均氣溫為零下5度。

波蘭及波羅的海三國旅行日曆

波蘭

月份	地點	節慶名	內容
1月1日	全國	元旦New Year	國定假日
1月11日	華沙	聖誕節慈善音樂會 The Great Orchestra of the Christmas Charity	
1月1日~4月6日	華沙	貝多芬藝術節 Ludwig van Beethoven Easter Festival in Warsaw	邀請全世界著名音樂家共同參與的音樂及文化盛宴
4月	全國	復活節Easter	國定假日
4月10~17日	克拉科夫	音樂節 Misteria Paschalia	呈現與復活節相關的音樂，由音樂大師詮釋出新風貌，為克拉科夫代表活動
5月1日	全國	勞動節Labour Day	國定假日
5月3日	全國	五三憲法節 3rd May National Holiday (Constitution Day)	國定假日
5月5日~9月28日	華沙	蕭邦音樂節Chopin concerts in Łazienki Park	在瓦津基公園舉行的夏日音樂會
5月18日	華沙	博物館之夜Night of Museums	
5月20日	全國	五旬節 Pentecost	國定假日
5月27~31日	克拉科夫	電影音樂節Film Music Festival	由音樂家及樂團展演電影音樂的活動
5月31日	全國	基督聖體節Corpus Christi	國定假日
6月26日~7月5日	克拉科夫	猶太文化節Festival of Jewish Culture in Cracow	全世界大型的猶太文化節慶活動之一
7月12~14日	格旦斯克	波羅的海風帆活動 Baltic Sail – Jubilee Sailing Meeting	由各城市聯合舉行的海上活動
7月29日~8月4日	克拉科夫	自行車賽 Tour de Pologne	波蘭最大的運動賽事之一，賽程超過一千兩百公里
8月7、8日	馬爾堡	馬爾堡表演活動 Magic Malbork Show	結合音樂、舞蹈、繪畫及燈光的藝術及特技表演
8月15日	全國	聖母升天節Assumption of Mary	國定假日
11月1日	全國	萬聖節All Saints' Day	國定假日
11月11日	全國	獨立紀念日National Independence Holiday	國定假日
12月25、26日	全國	聖誕節Christmas	國定假日，在各地都有聖誕市集舉行

愛沙尼亞

月份	地點	節慶名	內容
1月1日	全國	元旦 New Year	國定假日
2月24日	全國	國慶日Independence day	國定假日，慶祝1918年脫離沙俄統治獲得獨立，早上有閱兵儀式舉行
4月底	塔林	塔林音樂週Tallinn Music Week	
5月1日	全國	勞動節May Day	國定假日
6月23日	全國	勝利日Victory Day	國定假日，紀念1919年在獨立戰爭中打退德國
6月24日	全國	仲夏節Midsummer Day	在各地都有慶祝活動舉行，為愛沙尼亞重要節慶之一
7月初	塔林	歌唱節Estonia Song Festival	每5年舉行一次的大型活動
8月20日	全國	恢復獨立紀念日 Day of Restoration of Independence	國定假日，紀念1991年脫離蘇聯統治
11月底	塔林	黑夜電影節Tallinn Black Nights Film Festival	
12月24~26日	全國	聖誕節Christmas	國定假日

拉脫維亞

月份	地點	節慶名	內容
1月1日	全國	元旦 New Year	國定假日
4月9日	全國	耶穌受難日 Holy Friday	國定假日
4月	全國	復活節 Easter	國定假日
5月1日	全國	勞動節 May Day	國定假日
5月4日	全國	重建獨立紀念日	國定假日
5月	里加	里加馬拉松競賽 Lattelecom Riga Marathon	
6月	里加	里加歌劇節 Riga Opera Festival	夏季登場的大規模歌劇演出
6月23日	里加	仲夏節 Ligo Festivities	熱鬧的活動由鄉村歌手、舞者、藝術家及DJ等輪番登場，並有美食及各式活動舉行
6~7月	里加	拉脫維亞歌舞節 Song and Dance Celebration	每5年舉行一次，活動為期一整週
7月	里加	爵士音樂節 Rigas Ritmi	國際型的爵士音樂節通常在7月的第一週展開，是拉脫維亞最受歡迎的音樂慶典之一
11月18日	全國	獨立紀念日 Independence Day	國定假日
12月25、26日	全國	聖誕節 Christmas	國定假日
12月31日	全國	新年除夕 New Year's Eve	國家假日

立陶宛

月份	地點	節慶名	內容
1月1日	全國	元旦 New Year	國定假日
2月16日	全國	獨立紀念日 Independence Day	國定假日
3月	維爾紐斯、考納斯	聖卡茲米爾博覽會 St Casimir's Fair	立陶宛大型的慶典之一，活動上將有美食及民間傳統工藝展示
3月11日	全國	恢復獨立紀念日 Restitution of Independence of Lithuania	國定假日
4月	全國	復活節 Easter	國定假日
5月1日	全國	勞動節 May Day	國定假日
6月	維爾紐斯	文化之夜 Culture Night	此大型活動有數百位藝術家參與，舉辦超過百場展演，每年都吸引超過10萬遊客來訪
6月24日	全國	仲夏節 St. John's Day, Midsummer Day	國定假日
7、8月	維爾紐斯	古典音樂會 Classical Concerts	將舉行為期兩個月的古典、爵士音樂會
7月6日	全國	建國日 Statehood Day	紀念立陶宛國王明道加斯(Mindaugas)加冕日
8月15日	全國	聖母升天節 Assumption Day	國定假日
11月1日	全國	萬聖節 All Saints' Day	國定假日
12月25、26日	全國	聖誕節 Christmas	國定假日。維爾紐斯將立起壯觀聖誕樹，並舉行聖誕市集

波蘭及波羅的海三小國百科
Encyclopedia of Poland & The Baltic States

History of Poland & The Baltic States
波蘭及波羅的海三小國歷史

文●李欣怡・墨刻編輯部

　　不論波蘭，還是波羅的海三小國，他們曾經都有過一段輝煌的過往，然而夾處於東方俄羅斯和西方強權之間，始終難逃列強勢力入侵，近代史命運尤其多舛。1990年蘇聯共黨垮台，這四個國家開始走自己的路，逐漸向西方靠攏，除了加入歐盟、成為申根簽證國家，經濟強力反彈，波羅的海三小國更被稱為「波羅的海之虎」。

波蘭

正式國名：波蘭Republic of Poland
面積：322,575平方公里
人口：3,800萬人

首都：華沙(Warsaw)
宗教：90%天主教，少數為東正教、新教徒、猶太教。
語言：波蘭語(英語逐漸普及，其次是德語及俄語)。
　　波蘭人屬於斯拉夫民族的一支，境內原為數個斯拉夫族部落組成，後來整合為統一的「波蘭」族。
　　波蘭王國成立於西元963年，自稱 Polonians，意思是「住在平原上的子民」，其國名與它的地理環境相輝映，965年波蘭國王受洗，這對日後波蘭成為一個「純度」極高的天主教國家有極深遠的影響。
　　14世紀左右，波蘭建都克拉科夫(Kraków)，並於1364年創立克拉科夫大學；1385年與立陶宛結盟，1410年戰勝德國騎士團後成為中歐強國，極盛時期領土擁有今日波蘭全境、波羅的海三國大半、烏克蘭、白俄羅斯大部，並曾數度遠征莫斯科。
　　1573年，國王西吉斯慕都斯三世(Sigismundus Vasa III)將首都從南部的克拉科夫遷到華沙。17世紀末波蘭國勢開始衰落，自1772年被俄羅斯、德意志(普魯士)、奧地利三個國家三度分割佔領，終被滅亡，波蘭從此在地圖上消失。
　　直到1918年，第一次世界大戰結束，德國、奧匈帝國、俄羅斯帝國瓦解，波蘭在協約國的支持下復國。第二次世界大戰，德國納粹再度侵略波蘭，使波蘭淪為戰場。二次大戰結束後簽訂的《雅爾達密約》，讓波蘭喪失東部領土，但取得原德國東部領土而獨立，不過受到蘇聯的掌控，成立共產政權。
　　1980年由華勒沙領導的團結工聯爆發罷工，1981年波蘭宣布戒嚴。1990年全民選舉，華勒沙當選總統，結束40年來的共黨統治。

愛沙尼亞

正式國名：愛沙尼亞Republic of Estonia
面積：45,227平方公里
人口：約130萬人
首都：塔林(Tallinn)
宗教：基督教路德教派、俄羅斯東正教
語言：愛沙尼亞語(英語也逐漸普及)
　　愛沙尼亞人屬於芬蘭族的一支。跟波羅的海其他國家一樣，都是由西方的基督教勢力首度叩關，來敲開國家大門。1208年，在教皇的命令下，丹麥軍隊和德國騎士團征服了愛沙尼亞，在13世紀中葉之前，一直是丹麥控制北方，德國條頓騎士團掌握南部。
　　14世紀，瀕臨波羅的海的塔林(Tallinn)成為漢薩同

盟(Hanseatic League)的一員，自此在波羅的海扮演重要的貿易角色，基爾特(Guild)商人行會組織發達，15、16世紀塔林贏得極高聲望，強大的經濟除了使得它更有能力從防禦工事上保護自己，也更有機會在建築和藝術上發光發熱。

在宗教方面，因為宗教改革者路德教派在愛沙尼亞傳教成功，也使得愛沙尼亞在16世紀中葉之後成為路德教派的大本營。

17世紀之後，瑞典勢力伸進愛沙尼亞，也是愛沙尼亞歷史上首度統一在單一政權之下，在瑞典的統治下，愛沙尼亞相對度過一個世紀的和平與繁榮，直到18世紀大北方戰爭爆發，愛沙尼亞被納入俄羅斯的勢力範圍為止。

1918年2月俄國發生布爾什維克政變，愛沙尼亞順勢宣佈獨立，同年11月蘇聯紅軍入侵，爆發獨立戰爭。1920年蘇聯與愛沙尼亞簽署「塔圖和平協議」，愛沙尼亞成為獨立國家。接下來它的命運發展和波羅的海其他國家大同小異，先是德國納粹、再來是蘇聯，1991年8月19日莫斯科發生政變，愛沙尼亞於8月20日宣布重新恢復獨立。

拉脫維亞

正式國名：拉脫維亞Republic of Latvia
面積：64,589平方公里
人口：188萬人
首都：里加(Rīga)
宗教：天主教、基督教路德教派、東正教
語言：拉脫維亞語(俄羅斯語系另一通用語言，英語逐漸普及)。

拉脫維亞和立陶宛是波羅的海地區僅存的兩支印歐民族。1190年第一批基督教傳教士來到拉脫維亞，企圖改變拉脫維亞人的信仰，不像立陶宛曾經發生多次戰爭，拉脫維亞人在短短幾十年之間就接受了基督教的洗禮。

1201年，在德國十字軍教皇的命令下，由亞伯特主教征服拉脫維亞並建立了里加城(Rīga)，使得里加成為德國波羅的海地區最主要的城市之一，貿易於俄羅斯和西歐之間，並於1282年加入漢薩同盟(Hanseatic League)。

從1253年到1420年之間，主宰拉脫維亞的力量就在教廷、騎士團和市政當局之間流轉。1561年，拉脫維亞被波蘭和立陶宛合組的帝國征服，天主教的勢

力也更加穩固。1629年，瑞典占領拉脫維亞，成為曾經介入拉脫維亞歷史的一段插曲。

1700到1721年之間，俄國和瑞典為了爭奪控制波羅的海沿岸地區，爆發了大北方戰爭(Great Northern War)，彼得大帝贏得最終勝利，也順勢拿下拉脫維亞，自此拉脫維亞成為俄羅斯的一部分。1918年11月18日，拉脫維亞宣布獨立，直到1940年再度被蘇聯占領，緊接著在二次世界大戰期間，拉脫維亞被德國納粹占領。大戰過後，拉脫維亞再度被併入蘇聯，直到1991年8月21日宣布獨立。

立陶宛

正式國名：立陶宛Republic of Lithuania
面積：65,300平方公里
人口：282.3萬人
首都：維爾紐斯(Vilnius)
宗教：八成人口為天主教，少數東正教、路德教派、猶太教等。
語言：立陶宛語(英語逐漸普及)

13世紀中葉，立陶宛境內其中一支部族的領袖明道加斯(Mindaugas)統一鄰近部族，建立了立陶宛大公國，後來幾任大公爵蓋迪米納斯(Gediminas)、Keştutis、Vytautas持續壯大立陶宛，並在特拉凱(Trakai)建造堅實的堡壘，反抗條頓十字軍逼迫他們改變信仰，立陶宛大公國是歐洲最後一個非基督教(Pagan)政權。

隨後，立陶宛與波蘭結盟，合而為一，他們建設維爾紐斯(Vilnius)，許多晚期哥德式、文藝復興式、巴洛克式建築接連竄起，成為當時東歐地區最大的城市之一。14至16世紀也是立陶宛歷史上最強盛的時刻，帝國勢力從東邊的黑海延伸到西邊的波羅的海。

不過也因為和波蘭結盟，造成「波蘭化」的危機，18世紀下半葉3度與波蘭分割，最後一次是1795年，俄羅斯帝國的勢力也趁勢漸漸伸入。

接下來的幾個世紀，立陶宛始終周旋在列強之間，不得安寧。1905及1917年因俄國勢力入侵，引起兩次起義；兩次世界大戰中，都被德軍所占領；1918年立陶宛共和國成立，成為獨立國家；然而敗不旋踵，1940年又被蘇聯所併吞。

1980年代民族主義高漲，蘇聯瓦解，1990年3月11日立陶宛宣布獨立，也是波羅的海三小國中最早宣布獨立的國家。

波蘭及波羅的海三小國世界遺產

夾處於俄羅斯和西歐、東歐、北歐之間，波羅的海諸國就跟它輪番被侵略的歷史一樣，文化面貌複雜而多元，除了屈指可數的自然遺產，其餘幾乎都是東西強權逼迫下遺留的痕跡，這當中有自發的光芒，也有悲淒的傷痕。

文●李欣怡·墨刻編輯部　攝影●周治平

波蘭
①克拉科夫歷史中心
Kraków's Historic Centre

登錄時間：1978　遺產類型：文化遺產

　　二次大戰期間，波蘭全境陷入戰火，僅有克拉科夫倖免於難，完整保存了中世紀的舊城光華，因此聯合國科文教組織UNESCO在1978年把克拉科夫的舊城區列為世界遺產之一。克拉科夫舊城是在1257年韃靼人入侵之後所規劃設計的，總共有綿延3公里的兩道厚實防禦城牆、47座塔樓、8座城門及一條護城河。如今幾乎所有克拉科夫知名景點都位於舊城之內。此外，卡茲米爾猶太區曾是波蘭猶太人聚集地，當地保留下的遺跡也被列入文化遺產之中。

波蘭
②維利奇卡及博赫尼亞鹽礦
Wieliczka and Bochnia Royal Salt Mines

登錄時間：1978　遺產類型：文化遺產

　　從13世紀開始維利奇卡及博赫尼亞鹽礦就開始被開採，屬於皇家所有。這兩座鹽礦位於波蘭南部，彼此非常接近，也是歐洲最早及重要的工業之一，其展現了13到20世紀歐洲採礦技術的發展歷程，而數百公里的藝術作品包含了鹽雕作品及禮拜堂等，更是令人驚豔。

波羅的海世界遺產

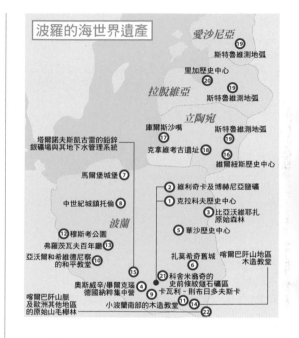

愛沙尼亞
斯特魯維測地弧 ⑲

里加歷史中心 ⑳
斯特魯維測地弧 ⑲

拉脫維亞

立陶宛
庫爾斯沙嘴 ⑰　斯特魯維測地弧 ⑲
克拿維考古遺址 ⑱
維爾紐斯歷史中心 ⑯

塔爾諾斯凱古雷的鉛鋅銀礦場與其地下水管理系統

馬爾堡城堡 ⑦

中世紀城鎮托倫 ⑧

穆斯考公園 ⑫
弗羅茨瓦夫百年廳 ⑬
亞沃爾和希維德尼察的和平教堂 ⑩

② 維利奇卡及博赫尼亞鹽礦
① 克拉科夫歷史中心
比亞沃維耶扎原始森林
⑤ 華沙歷史中心

波蘭

扎莫希奇舊城 ⑥

喀爾巴阡山地區木造教堂

⑮
⑨ ㉑科舍米翁奇的史前條紋燧石礦區卡瓦利－則布日多夫斯卡
奧斯威辛/畢爾克瑙德國納粹集中營
⑪ ⑭

喀爾巴阡山脈及歐洲其他地區的原始山毛櫸林

小波蘭南部的木造教堂 ㉒

波蘭
③比亞沃維耶扎原始森林
Belovezhskaya Pushcha / Białowieża Forest

登錄時間：1979　遺產類型：自然遺產

　　比亞沃維耶扎原始森林位於波羅的海和黑海的分水嶺地區，橫跨白俄羅斯及波蘭邊境。廣大的森林包括許多常青闊葉樹種，也是許多稀有哺乳動物的棲地，最特別的是區內為數不多的歐洲野牛。

©波蘭旅遊局

波蘭
④奧斯威辛/畢爾克瑙－德國納粹集中營
Auschwitz Birkenau - German Nazi Concentration and Extermination Camp

登錄時間：1979　遺產類型：文化遺產

　自從第二次世界大戰期間，納粹德軍在此設立集中營，並且大量屠殺無辜的生命後，乃成為波蘭境內歷史傷痕最深的地方。1940年4月，納粹德軍在奧斯威辛設立了這座集中營，據估計，超過150萬人死於這座「殺人工廠」。當時所使用的毒氣名為「旋風B」(Cyclone B)。距奧斯威辛3公里的畢爾克瑙占地175公頃，裡面容納超過300棟營房、4座大型毒氣室，更有電動升降梯可將屍體送進焚化爐。1944年8月時，同時住了大約10萬人，最多的時候更達20萬人。納粹後來敗逃之時，奧斯威辛和畢爾克瑙的集中營只有少數遭到破壞，其餘則完好地保留至今，也為那段殘酷的歷史留下見證。

波蘭
⑤華沙歷史中心
Historic Centre of Warsaw

登錄時間：1980　遺產類型：文化遺產

　二次大戰期間，華沙受德國戰火侵襲，近九成以上的城市遭到摧毀，從過往的照片來看可以說面目全非，建築所剩無幾。然而波蘭人找出許多歷史資料及照片等，重新恢復了華沙17到18世紀的面貌，不僅努力保留了歷史，也讓後人得以再見華沙極盛時的風華。儘管所有建築都非原始古蹟，聯合國教科文組織仍然肯定波蘭人的努力，而把整個舊城列入世界遺產名單。

波蘭
⑥扎莫希奇舊城
Old City of Zamość

登錄時間：1992　遺產類型：文化遺產

　扎莫希奇位於波蘭東南方連結黑海與西歐、北歐的貿易要道上，由義大利帕多瓦的建築師柏納多‧莫蘭多(Bernando Morando)負責城市規劃，是16世紀晚期文藝復興城市的完美典範。舊城區至今仍保存了原始的規模，包括城堡和眾多融合義大利與中歐傳統的古老建築。

波蘭
⑦馬爾堡城堡
Castle of the Teutonic Order in Malbork

登錄時間：1997　遺產類型：文化遺產

　位於波蘭的馬爾堡城堡曾為德意志條頓騎士團總部，始建於13世紀，在1309年後再度擴建，成為規模宏大且工法精緻的中世紀磚造建築群。在第二次世界大戰中曾遭嚴重損毀，但後人根據從前留下的建築文獻仔細重建，重又恢復本來風采。

波蘭
⑧中世紀城鎮托倫
Medieval Town of Toruń

登錄時間：1997

遺產類型：文化遺產

　　托倫這個古老城鎮在波蘭歷史上具有重要地位。13世紀中葉，條頓騎士團在此修築城堡以彰顯征服普魯士的功績，是為托倫城的雛型，隨後托倫城便成為漢薩同盟時期的商業中心。至今托倫城仍保存著許多14到15世紀的建築，也包括天文學家哥白尼的住所，漫步城區可感受古老波蘭的歷史風情。

波蘭
⑨卡瓦利–則布日多夫斯卡
Kalwaria Zebrzydowska: the Mannerist Architectural and Park Landscape Complex and Pilgrimage Park

登錄時間：1999　遺產類型：文化遺產

　　卡瓦利則布日多夫斯卡位於波蘭，此處擁有許多有關基督受難和聖母生平的象徵地點，優美而神聖的文化地景令人屏息，至今仍有許多人特地前往朝聖。

波蘭
⑩亞沃爾和希維德尼察的和平教堂
Churches of Peace in Jawor and Świdnica

登錄時間：2001　遺產類型：文化遺產

　　位於亞沃爾和希維德尼察的和平教堂是歐洲規模最大的純木構教堂，建於17世紀中葉的西里西亞(Silesia)地區。迫於皇帝的壓力，教堂僅以木料和泥土所構成，但卻以樸素平實的外觀屹立數百年，不僅見證了當時激烈的宗教與政治鬥爭，更體現了對於宗教自由的追求。

波蘭
⑪小波蘭南部的木造教堂
Wooden Churches of Southern Little Poland

登錄時間：2003　遺產類型：文化遺產

　　建於16世紀晚期小波蘭南部的木造教堂，有別於羅馬天主教文化中其他石造教堂，採用東方與北歐常用的木造工法，無論建材或形式都可說是中世紀教堂建築中的特例。此教堂在貴族支持下修建，因而成為當時社經地位重要表徵。

波蘭
⑫穆斯考公園
Muskauer Park / Park Mużakowski

登錄時間：2004　遺產類型：文化遺產

　　穆斯考公園建於19世紀初，是歐洲園林相當重要且出色的代表之一。它不以創造一個經典或天堂般的景致為目標，而是「以植物作畫」的藝術原則、以當地的植物造出一個自然的新天地，是城市裡興建園林的先驅，也為後世的「園林建築」提供最佳範例，影響所及包括歐洲及美洲。穆斯考公園橫跨德國及波蘭邊界，是兩國共同完成的完美傑作，也更顯其珍貴。

@波蘭旅遊局

波蘭
⑬弗羅茨瓦夫百年廳
Centennial Hall in Wrocław

登錄時間：2006　遺產類型：文化遺產

　　弗羅茨瓦夫百年廳建於1911到1913年的德意志帝國時期。此廳為多功能的混凝土建築，建築師馬克思·伯格(Max Berg)將之設計為四葉草形，中央的圓形大廳可容納6000名觀眾，圓形屋頂有23公尺高，由鋼與玻璃構成。其形式與建築工法均對20世紀初期的現代建築有很大的影響。

波蘭
⑭喀爾巴阡山地區木造教堂
Wooden Tserkvas of the Carpathian Region in Poland and Ukraine

登錄時間：2013　遺產類型：文化遺產

　　位於東歐邊陲地帶有16座小型木造教堂，由東正教及希臘天主教信徒建於16到19世紀，其格式根據宗教正統及在地傳統而建。教堂外觀可分為三個部分，分別由四邊形、八角形及圓形穹頂構成。其內部飾以多彩裝飾及具歷史性的家具，這類教堂的重要元素包括了木製鐘塔、庭院及墓園等。

@波蘭旅遊局

波蘭
⑮塔爾諾夫斯凱古雷的鉛鋅銀礦場與其地下水管理系統
Tarnowskie Góry Lead-Silver-Zinc Mine and its Underground Water Management System

登錄時間：2017　遺產類型：文化遺產

　　這個礦場是中歐主要礦區之一，座落於波蘭南方的上西利西亞(Upper Silesia)。整個地下礦場包括礦井、通道、藝廊及地下水管理系統。其設施多位於地底下，而地下水管理系統則地面及地底皆有，其持續運作了三個世紀，用以供應礦場及城鎮的用水。

立陶宛
⑯維爾紐斯歷史中心
Vilnius Historic Centre

登錄時間：1994　遺產類型：文化遺產

　　從13世紀開始，維爾紐斯就是立陶宛大公國的政治中心，一直到18世紀之前，這裡都深深受到東歐文化和建築發展的影響。儘管不斷遭受外來侵略，部分建築物也被摧毀，維爾紐斯仍然保留了大量而繁複的哥德、文藝復興、巴洛克和古典主義建築，以及中世紀的城市規劃和佈局。

立陶宛
⑰庫爾斯沙嘴
Curonian Spit

登錄時間：2000　遺產類型：**文化遺產**

　　這狹長的沙丘半島，長98公里，寬0.4~4公里，人們在此居住的歷史可源自史前時代。在此時期它不斷受到風及海浪等大自然的威脅，經過人們不間斷的努力，才使得這個景觀維持至今。

立陶宛
⑱克拿維考古遺址
Kernavė Archaeological Site

登錄時間：2004　遺產類型：**文化遺產**

　　克拿維考古遺址位於立陶宛東方、維爾紐斯西北35公里處，這裡保留了自從一萬年前新石器時代直到中世紀時期，人類在此活動的種種歷史文化遺跡，包括城市、墓地等等，其中又以蓋在山上的五座堡壘最引人注目。克拿維在中世紀曾是重要的封建城市，14世紀晚期遭條頓騎兵團摧毀，但至今許多遺跡仍為人們使用著。

立陶宛、拉脫維亞、愛沙尼亞
⑲斯特魯維測地弧
Struve Geodetic Arc

登錄時間：2005　遺產類型：**文化遺產**

　　斯特魯維測地弧範圍自挪威到黑海，綿延超過二千八百多公里，穿越十個國家，包括了波羅的海三小國，以及芬蘭、瑞典、烏克蘭、俄羅斯等。這個測量點是由天文學家Friedrich Georg Wilhelm Struve在1816到1855年所建。其有助於地球大小及外型的測量，同時也在發展地球科學及地形繪製做出貢獻。

拉脫維亞
⑳里加歷史中心
Historic Centre of Rīga

登錄時間：1997　遺產類型：**文化遺產**

　　里加可以說是一座建築博物館，不只是舊城區保留完整的中世紀建築，從哥德、文藝復興到巴洛克都能看得到，後來19世紀末在市中心發展出來的新藝術建築(Art Nouveau)及木造建築，都成為里加獨一無二的價值，1997年，里加歷史中心被列入世界遺產名單。這座如童話故事般的城市一度被稱為東歐的巴黎。

波蘭
㉑科舍米翁奇的史前條紋燧石礦區
Krzemionki Prehistoric Striped Flint Mining Region

登錄時間：2019

遺產類型：**文化遺產**

　　位於聖十字省的山區，由4個採礦點所組成，採礦史可追溯至西元前3900至1600年的新石器時代和青銅時代，條紋燧石主要運用在製造石斧。區內包含地下採礦結構、燧石鍛造工坊和4千多口礦井，是目前所發現最完整的史前地下燧石開採系統之一，提供了關於史前人類定居點的生活和工作情況資訊，並見證一項已滅絕的文化傳統。這是人類史上關於史前時期燧石開採及製造工具的非凡證據。

波蘭
㉒喀爾巴阡山脈及歐洲其他地區的原始山毛櫸林
Ancient and Primeval Beech Forests of the Carpathians and Other Regions of Europe

登錄時間：2021

遺產類型：**自然遺產**

　　2007年，由斯洛伐克和烏克蘭所共同擁有的一片山毛櫸森林登錄世界自然遺產，2011年增加了德國中部和西北部的15處山毛櫸林；2017年，又進行了大範圍擴增，包括阿爾巴尼亞、奧地利、比利時、保加利亞、克羅埃西亞、義大利、羅馬尼亞、斯洛維尼亞和西班牙等國家的林區；2021年，波蘭亦列入其中，世界遺產山毛櫸林範圍擴及18個國家的94個林區。

Transportation in Poland & The Baltic States
交通攻略

文●李欣怡
攝影●周治平

　　在波蘭及波羅的海三小國做跨國旅遊，由於都是申根國家，入境及出境都不用再辦理簽證，而且波羅的海三小國皆是使用歐元，只有波蘭仍需要換成當地貨幣，比以前來說相對方便許多。

　　這些國家的觀光發展非常發達，往來各地已經有密集且舒適的長途大巴做接駁，英文標示也十分清楚，官網上的時刻表及價格更是一目了然，出發前可先在網站上做預訂。若時間有限在長程路線上可選擇搭飛機，尤其廉價航空的票價經濟實惠，也不會造成太大負擔，不過各家廉航的規定不大相同，在訂票時要特別注意。

長途巴士

　　在波羅的海三小國、波蘭之間，有便捷的長途巴士可連接各國的首都及主要大城。巴士無論在便捷性及費用上都較火車好，而且巴士乾淨舒適外，也具備

廁所、熱飲及電視等設施，有些還附有免費Wi-Fi。往來塔林、里加及維爾紐斯的巴士選擇不少，不時也會推出非常低廉的特惠票價，即使相同旅程，價格會依巴士公司、乘車時間、普通或是豪華座位區而有不同，可以先在網路上比價後，再下訂並付款，最後於預訂時間前抵達車站搭車即可。上車時服務人員會檢查護照，訂票時記得姓名要與護照相同。

　　以Lux Express為例，車上提供電影、音樂、遊戲等娛樂系統，不過並沒有附上耳機，最好自行攜帶。車上的咖啡機有黑咖啡、拿鐵等選擇，也有各式茶包，皆為免費供應。另外，若遇到一個城市有多個車站選擇，除非要到機場或是其他地區，一般前往塔林、里加及維爾紐斯，在訂票時可選擇Coach Station。

　　塔林到里加車程約4.5小時，里加到維爾紐斯約4小時，從維爾紐斯到華沙約8小時半，到塔林也要9小時

多，若不想擔誤行程，也有過夜的班次可選。

Ecolines
🌐 www.ecolines.net

Lux Express
🌐 www.luxexpress.eu

Hansabuss
🌐 www.hansabuss.ee

Tpilet
🌐 www.tpilet.ee

飛機

搭乘飛機往來這幾個國家是最快速的方式，從塔林到里加、里加到維爾紐斯，都只要50分鐘，而維爾紐斯到華沙則是1小時10分可抵。往來這些國家有不少航空公司可選，往來波蘭及波羅的海三小國的航空公司包括Air Baltic、LOT、Ryanair、Wizz Air、Easy Jet等。

在選擇航空公司及班次時，可先用機票比價網如Skyscanner先行查詢後，再選擇航空公司官網購票。值得注意的是在預訂機票時，請注意各航空公司的規定，尤其需了解票價是否含託運行李，以及託運行李的限重，以Air Baltic及Wizz Air為例，分為手提行李票價及託運行李票價，託運行李又分20公斤及超過20公斤以上的票價(依航空公司而有不同)，不同票種提供不同服務及規定，訂票時要看清楚，因為事先購買的價格會比在機場便宜許多。

Air Baltic
🌐 www.airbaltic.com

LOT
🌐 www.lot.com

Ryanair
🌐 www.ryanalr.com

Wizz Air
🌐 wizzair.com

Easy Jet
🌐 www.easyjet.com

火車

搭火車往來波蘭及波羅的海三小國是最少被使用的選擇，歐洲火車聯票甚至不包括波羅的海3小國，所以若從遠距離前往，不妨考慮搭飛機；若從近距離前往，可以選擇長途巴士。在這4國移動時，若需要搭乘火車，主要是在波蘭境內，例如華沙到克拉科夫。

租車

租車往來這4國旅遊，不用受大眾運輸的日期限制，或擔心訂不到票，可以說走就走，沿途看到喜歡的風景說停就停，大大增加旅遊的便利性。

若確定要在國外租車旅遊，出國前要先到監理站申辦一本國際駕照，需要備妥的證件包括身分證、近6個月的照片2吋2張、駕照及護照影本等，費用為250元，處理時限為1小時。出國時最好同時備妥國內駕照及國際駕照，以利在當地使用車輛。因我國的普通汽車駕照及機車駕照，過了有效日期仍可持續使用，為避免在國外因有效期逾期引起質疑，建議在國內先將過期的駕照辦理換照，需1吋照片1張及200元費用。

要特別注意的是波蘭、拉脫維亞及立陶宛等國，接受在台灣申辦的國際駕照，不過愛沙尼亞不認可台灣的國際駕照，因此安排行程時要記得排開。台灣與各國駕照互惠情形可上交通部網站查詢。

中華民國交通部公路總局
🌐 www.thb.gov.tw

Explore KGB
探祕蘇聯情報局

文●李欣怡・墨刻編輯部
攝影●周治平・墨刻攝影組

常被好萊塢電影放入題材的蘇聯國家安全委員會，通稱KGB，被認為是效率最高的情報單位之一，而實際上他們究竟如何運作的呢?在波羅的海三小國中，皆保留當時KGB在當地設立的監獄，並設為博物館開放參觀，這三個開放參觀的博物館以塔林的規模最小，維爾紐斯最大，而參加里加只要€10的英語導覽行程，則能更深入了解KGB的運作，以及在地人的觀點，導覽也歡迎大家提問，分享彼此的看法。 此外，塔林飯店還保留情報員工作的辦公室及配備等，更讓人大開眼界。

塔林
Viru Hotel
（KGB博物館）
KGB Museum

📍P.133D3　🚌從舊城東側外圍的維魯街（Viru Tänav）巴士站步行約1分鐘可達。　🏠Viru väljak 4　☎680-9300　💲每人€12，需預約。　🌐viru.ee

被蘇聯統治過的愛沙尼亞人，雖然想極力忘掉那段不愉快的回憶，卻也幽默地保留不少蘇聯時代的極權遺跡，其中最具代表性的就是維魯大飯店，這幢高23層樓的白色建築物，房客們搭乘電梯卻只能抵達22樓，原因是23樓「什麼也沒有」，別以為這是共產黨式的冷笑話，現今遊客走上已開放的23樓，真的有扇門上以俄文和愛沙尼亞文寫著「這裡什麼也沒有」（There's Nothing Here），欲蓋彌彰的心態讓人更想一探究竟。

打開門果然大有文章，原來蘇聯時代所有來自西方世界的官員、記者和遊客都被安排入住維魯大飯店，當然不是因為這裡有上千位員工和全愛沙尼亞最好的餐廳，而是這裡的房間充滿著監聽設備，甚至有一位老太太每天坐在飯店大廳，負責記錄每位房客的進出時間、和誰會面，而23樓就是蘇聯國安會(KGB)人員負責監聽工作及回傳情報的地方。

2011年起這裡以KGB博物館對外開放，揭開諜影幢幢的神祕面紗，包括保留蘇聯時代氛圍的辦公室、以及展示袖珍相機、房間內監聽設備與自動引爆的「忠誠皮包」等工具。參觀KGB博物館需由導遊帶領，整個導覽時間約1小時，飯店網站上有各語言的導覽時刻及票價。

KGB監獄博物館
KGB Vangikongid / KGB Prison Cells

◎P.133C2 ◎從市政廳步行前往約5分鐘可達。 ⌂Pagari 1(博物館入口處在Pikk Street 59) ☎預約導覽電話666-0045 ⊙www.okupatsioon.ee ◷5~9月週一~日10:00~18:00；10~4月週三~日11:00~18:00。 $全票€5、優待票€4。

位於Pagari 1的這棟建築曾是蘇聯KGB在塔林的總部，也是愛沙尼亞人苦難的起源。這棟建築早在1918年是愛沙尼亞宣布獨立後，臨時政府舉行會議的地方，在解放戰爭期間則被當地軍事總部使用。

直到1940年10月，陰影籠罩在這棟建築裡，當愛沙尼亞被蘇聯占領後，這裡成為拷問政治犯、軍人、商人甚至名人的恐怖監獄。1941年，這棟建築的地窖設立了監獄，磚砌的密閉窗戶用來消除地底傳來的拷打及審問的聲音。這些受羈押的人經過調查後，會再被送到法庭審判，然而受審後不是被判死刑就是被送到蘇聯的勞改營長期監禁；即便是後者，多數人最後仍是客死異鄉，沒能再回到愛沙尼亞。此處被當成拘留中心一直到1950年才結束，至今這棟聳立在熱鬧觀光區街邊的建築，無言地為當時占領者所帶來的惡行留下見證。

從博物館入口處走下一小段階梯進入地下室，就直接來到當時的監獄，目前開放參觀的監獄圍範不大，總共不到十間房，規模與拉脫維亞及立陶宛相較小很多。破舊陰暗走道，展示愛沙尼亞各時期的歷史，在這幾間狹小的牢房內，以照片、影片還有當時受羈押者的陳述內容，帶遊客重回那段恐怖的歷史。

維爾紐斯

大屠殺受害者博物館 / KGB博物館

Genocido aukų Muziejus / KGB Museum

P.198A1　從市政廳步行前往約20分鐘可達。　Aukų str. 2A　(5)249-8156　genocid.lt/muziejus　10:00~18:00，週日10:00~17:00，週一及二休館。　$ 全票€6、優待票€3。

維爾紐斯的KGB博物館是三個城市中，開放範圍最多，同時也保存相當完整。

1941年當納粹占領立陶宛時，這座體育館被當成了蓋世太保的總部，一段腥風血雨的歷史也就此展開。1944年納粹離開換蘇聯統治後，這裡又被蘇聯情報局KGB占據，一直到1991年立陶宛獨立為止。

博物館分為兩個部分，上面兩層是展示立陶宛對抗蘇聯占領的過程，以及人們被流放到西伯利亞的情形等，展品有當時使用的物品、照片及服裝等；另一部分則是1991年KGB離開時留下的樣貌，包括牢房、酷刑室、犯人運動場及處決室。無數的房間、牢房盡是生鏽泛黃的設備、桌椅及斑駁牆面等，牆上也設有解說牌與當時的照片、文件，讓人不至走馬看花，包括當時蘇聯遺留下好幾袋用碎紙機切碎的文件，用以湮滅他們行動的證據，並重現犯人在監獄生活的情形。其中一間陰暗的房間，牆壁隔著墊子並具隔音功能，據猜測應該就是當時的酷刑室。跟著指標走會來到從前犯人運動的戶外場地，以及地處偏僻的處決室，牆上電視放映電影中KGB如何槍殺犯人並自窗戶運送出去的過程，其場景與現場對照來看，果真有幾分相似，不禁令人毛骨悚然。

里加
KGB博物館
the Corner House / KGB House

⛰ P.167D1　🚶 從市政廳步行前往約20分鐘可達。　🏠 Brīvības iela 61　☎ 2787-5692　🖥 okupacijasmuzejs.lv　🕐 10:30~17:30　💲 進入參觀免費，參加導覽全票€10、優待票€4。每天的導覽梯次皆不同，週五、六梯次較多，可上網查詢。

這棟外觀平凡無奇的建築又被稱為「the Corner House」(轉角的房子)，在蘇聯占領時期，這棟房子瀰漫著恐怖的氛圍，這裡被蘇聯情報局KGB當成監獄使用，關押著被懷疑將威脅蘇聯統治的平民。目前是占領博物館的分館，展示蘇聯情報局在拉脫維亞運作的歷史。

內部不似外觀那般新穎，陳舊的設施、牆面與格局，都讓建築停留在蘇聯占領時期的模樣。目前免費開放參觀的部分只有小範圍，並以大量的文字、圖片介紹那段歷史，還有一個小房間以影音播放倖存者對那段記憶的描述。

建議參加英文解說導覽才能進入到監獄內部參觀，整個流程就和當時進到監獄的犯人一樣，先經過資料室登記，當時許多被關押進來的人都不是罪犯，其身分可能只是作者、歌手等無辜平民；接下來是只有一張桌子的認罪室，犯人在這裡被刑求，而KGB探員就在玻璃後面的小房間裡監視裡面的一切，當時犯人如果認罪只有兩條路，一是死刑，二則是送到蘇聯關押，而不認罪者則是待在這裡直到認罪為止，毫無人權可言。

再往內部走去就是被厚重鐵門關著的牢房，當時一小間牢房關著數十人，沒有衛浴設施，排泄物的惡臭、高溫悶熱再加上惡意不讓犯人入睡的制度，就是要逼迫大家認罪。另一項引人認罪的制度就是放風時間，離開建築有一小塊戶外空間是專門讓犯人出來走動之處，犯人只能走動不能彼此交談，當地人會透過這個機會，從兩旁建築扔下紙條等訊息，希望傳達給親友。行程最後會來到行刑室，並播放電影中KGB如何無預警處決犯人的過程，現場展示的彈頭更令人唏噓。其殘忍的過程令人髮指，然而當時蘇聯特務並沒有留下太多資料，許多人至今仍未受制裁。

Best Taste in Poland & The Baltic States
波蘭及波羅的海三小國好味

文●蒙金蘭·李欣怡·墨刻編輯部
攝影●周治平·墨刻攝影組

波蘭與波羅的海諸國因為地理相近，飲食習慣差不多，歷史上受到德國、俄羅斯兩大帝國影響甚深，飲食文化也不例外，而且位於歐洲與亞洲的交會地帶，東方與西方融合的痕跡非常明顯，所以豬腳、馬鈴薯、餃子等都是常吃的食物；而且無論食物或飲料，香料的使用都很頻繁，整體而言相當符合我們的喜好。

餃子

在這些國家，餃子居然是常見的主食，在波蘭叫做「Pierogi」，在立陶宛叫作「Koldūnai」或「Su Mėsa」(鮮肉餃)，在愛沙尼亞叫作「Pelmeenid」，在拉脫維亞叫作「Pelmeņi」。只是有時候個頭比較大，內餡也不一定是絞肉或高麗菜，亦有可能包馬鈴薯、波菜、起司甚至藍莓醬。

波蘭餃子傳統的餡料是肉、酸菜配上磨菇，也有以磨菇、蔬菜製成的素餃子，這可是聖誕夜的佳餚之一。另外也使用當季的藍莓及草莓入餡，吃起來酸酸甜甜，口味獨特。

黑麵包

在這幾個國家，黑麵包也是重要的主食，只要抹上奶油、再搭配鮭魚等海鮮或牛肉，就是餐桌上常見的料理。有的還會把食物或湯直接裝盛在黑麵包裡，相得益彰。

立陶宛「肉圓」

以馬鈴薯粉製成外皮，做成直徑約10公分的圓球，裡面通常包裹著絞肉泥，蒸熟之後，灑上油蔥再搭配鹹肉、豬皮、酸奶油醬等一起吃，是立陶宛典型的傳統主食，名為「Cepelinai」，不妨稱之為「立陶宛肉圓」；有時候也改包菠菜、起司或菇類，叫作「Bulviu Kukuliai」，在波蘭的東北部也相當受歡迎，波蘭人叫它「Pyzy z Miesem」。

豬腳

應該是受德國的影響，烤豬腳在這些國家也很常見，而且份量豐盛，有些店家供應的一人份就重達1公斤，兩人共食也有可能吃不完，點之前不妨先問清楚。

獵人燉肉

　　以醃漬過的高麗菜加上番茄、蘑菇、蜂蜜、各種肉類等長時間熬煮的獵人燉肉(Bigos)，是古時候為了方便讓獵人出外攜帶的主食品，包含了各種營養成分，口味通常比較重，相當飽實。

魚類

　　因為靠近波羅的海，魚類、海鮮豐富，所以早餐桌上很容易看到魚肉切片，包括鯡魚、鮭魚等。

甜菜湯

　　把甜菜根醃漬發酵後，熬煮成湯，是波羅的海地區常見的湯品，也是歐洲比較難得的清湯，不過色澤呈紫紅色，且有甜菜根特有的味道，不妨一試。

黑麥湯

　　以酵母、蘑菇、黑麥等熬煮的黑麥湯(Żurek)，又名波蘭酸湯，再加上馬鈴薯、燻肉切丁、香腸或水煮蛋切片等，是波蘭最具代表性的湯品，的確帶有一股特有的酸味。

菇類食品

　　在嚴寒的波羅的海地區，很適合菇類生長，種類眾多，每年9到10月出外踏青兼採菇幾乎成了全民運動，由於是野外生長而不是人工培植，所以香氣特別濃郁。因此香菇濃湯和各式各樣的菇類食品非常普遍。

香料茶、香料酒

因為在漢薩同盟時期，香料經常從亞洲、中東經波羅的海國家運送到西方國家，所以這個區域很早就開始懂得使用香料，餐廳裡通常都點得到香料茶、香料酒；尤其冬季氣候嚴寒，加了香料、蜂蜜的熱紅酒更是暖心又暖胃。

啤酒

和德國一樣，這些國家都愛喝啤酒，波蘭本土常見的品牌有Okocim、Tyskie等，立陶宛有Svyturys、Volfas Engelman等，拉脫維亞有Užavas等，愛沙尼亞有Saku、A. Le Coq等；想要嘗點新鮮的，每個城市也都找得到當地釀製的啤酒。

麵包發酵飲料Gira

在立陶宛有一種獨特的飲料，名為Gira，以麵包、葡萄乾、糖等發酵製成，色澤土黃，聞起來有點像啤酒，喝起來卻像小米酒，酸酸甜甜，但幾乎沒有酒精濃度，在各家餐廳幾乎都可以點到。

莓果果汁、莓果酒

除了菇類，波羅的海地區也適合紅莓、藍莓、蔓越莓等莓果生長，所以秋季採莓果也是全民運動。甜甜的莓果果汁、莓果酒也很容易喝到。

馬鈴薯

和歐洲其他國家一樣，馬鈴薯可說是波羅的海地區最常見的主食，無論是水煮的、薯泥、炸薯條等，都會出現在餐桌上。

香腸火腿

香腸、火腿等肉製品，也是這些國家重要的日常食品，種類繁多，選擇豐富。

Best Buy in Poland & The Baltic States
波蘭及波羅的海三小國好買

文●李欣怡・蒙金蘭・墨刻編輯部
攝影●周治平・墨刻攝影組

波蘭、愛沙尼亞、拉脫維亞、立陶宛等國家，因為地理、歷史背景類似，物產的種類相似度也很高，尤其琥珀幾乎無所不在，羊毛製品、羊毛氈製品隨處可見，或是精美聖誕節裝飾，也可以挑一些具民俗色彩的小物帶回家當紀念。

琥珀

　　琥珀號稱「波羅的海黃金」，以各式各樣的型式出現在珠寶店的櫥窗裡、小攤販，在市集上甚至有秤斤秤兩的販售。根據專家的說法，琥珀有三大基本色澤：略呈乳白色的大致形成於5千萬年以上；呈蜂蜜色澤的大約介於5千到4千萬年之間；偏綠色的大概在3千5到3千萬年前形成。

　　不過當然有真假之分：真正的琥珀燒起來不會熔化、會散發淡淡松樹的香氣；比重輕、會沉在水裡；不會有「非圓形」的氣泡出現。如果想買真正好的琥珀，可以在較具規模的店裡，向店家索取證明書，比較有保障。

波蘭陶

　　波蘭陶原本是當地傳統老人家才會使用的陶器，後來大受歡迎並換上新潮的面貌，也被現代年輕人拿來使用或當成擺飾。由於是熱門伴手禮，在華沙、克拉科夫等觀光大城都買得到，價格各有不同，原則上愈是在熱門觀光區的價格愈是昂貴。而到波蘭陶專賣站購買，在款式、花樣及細緻度都有較多選擇。

　　波蘭陶產自博萊斯瓦維茨(Boleslawiec)，以白陶土燒製，用手工彩繪而成。傳統的款式是藍、白相間的簡單花紋，而今又出現更豐富的色彩，花樣也更複雜。價格依大小、品質及手繪精細度而有不同，較高價且精細款式在陶器底部可見設計師的落款。當地購買的價格較台灣經濟許多，再加上眾多款式選擇，也成為大家出國必買的紀念品。

羊毛氈製品

　　羊毛氈製品在東歐國家都很常見，無論製成包包、帽子、桌墊等，硬挺中有一種簡單、雅致的美。尤其在波蘭，剪紙也是傳統的手工藝之一，因此常見把剪紙意象運用在羊毛氈製品上，別具風味。

建築模型

　　波羅的海諸國有許多建築令人印象深刻，尤其是里加、塔林、格旦斯克等城市。沒辦法把這些樓房帶回家，買些建築模型回家欣賞也不錯。

傳統服裝或娃娃

　　每個國家都有自己的傳統服裝，無論穿在自己身上或是穿在娃娃身上都別具特色，令人愛不釋手。

薑餅

　　波蘭的托倫是薑餅的發源地之一，來到這裡即使不是聖誕節，也要買些帶回家回味。

Kalev杏仁糖

塔林Kalev的手工杏仁糖可說是愛沙尼亞最具代表性的特產，以杏仁、糖粉和糖漿為原料，再利用超過200種模型製成各式各樣的形狀，有動物、蔬果、小孩、風景明信片等模樣，類似中國的捏麵人般變化多端。繽紛的色彩是添加了德國進口的食用色素，可以放心食用。在Kalev專賣店裡還可欣賞到專業師傅以手工製作杏仁糖的趣味過程。

伏特加

Vodka這個字源自斯拉夫語，含有「水」的意思，它所呈現的型態一如其名清澈如水，只有一飲而下時才知其烈如火。波蘭的伏特加產業在16世紀末就達到顛峰，從北到南許多城鎮靠產酒維生，經過短短兩個世紀的經營後，波蘭產製的伏特加已享譽歐洲。

伏特加的製作過程簡單得超乎想像，小麥、黑麥、馬鈴薯、高粱、穀類等都可作為製酒原料，經過蒸餾後就可享用，不須桶裝儲存，不講究年份，也不受限季節。它被歸為烈酒類是因為所含的酒精濃度達35%~70%，許多人認識伏特加是透過雞尾酒，五十多種廣受歡迎的雞尾酒全是以伏特加為基酒調製成。

波蘭最受歡迎的品牌是「Wyborowa」，不過別以為波蘭人餐餐都會配上伏特加，以酒類來說當地人多喝啤酒及紅酒，伏特加常在節慶時飲用，或是在飲用時加上果汁調味。

在格旦斯克還有一種特產的「黃金水」（Goldwasser），在伏特加裡添加了多種香料、24K金的金箔等，入口辛辣之餘還香香甜甜地，滋味頗獨特。

蜂蜜酒及蜂蜜

波蘭以本土產的蜂蜜加上香草釀製蜂蜜酒的歷史很早，在16世紀之前幾乎只有貴族獨享，17世紀開始才在民間普遍開來，香香甜甜的很好喝，酒精濃度一般在16%上下。波蘭文叫做「Miód」，立陶宛文叫作「Midus」。在立陶宛甚至有一款名為「Žalgiris」的蜂蜜酒，經過4次蒸餾，再加上薄荷、香草、茴香等27種香料釀造，從開始到熟成需要兩年的時間，酒精濃度高達75度，

吃飽飯後以冰鎮過的酒杯盛上，入口雖冰，到了喉嚨卻暖暖地，非常適合波羅的海長年低溫的氣候。另外，蜂蜜製品也在當地的超市及市集常可見到。

Vana Tallinn甜酒

塔林有一種甜酒叫作「Vana Tallinn」，是以蘭姆酒製造的加味酒，基本上有原味、加了柑橘味和加了奶油味等3種款式，酒精濃度也分別有16、40、45度等不同選擇，由於實在太甜了，比較適合做糖漿使用，可加在冰淇淋、咖啡等上以增添風味。

分區導覽
Area Guide

波蘭

波蘭

Poland

文●李欣怡．墨刻編輯部
攝影●周治平

不論從面積大小或人口多寡，波蘭都是歐洲東部最大的國家，但也因地理位置居中、地勢低平加上強敵環伺，歷史上的波蘭背負著悲情命運，受到周圍鄰國的不斷侵略，瓜分國土甚至於亡國。儘管如此，向來堅強的波蘭人還是可以走出傷痛，第二次世界大戰之後，咬緊牙根重建家園，逐漸邁向西方世界的進步、繁榮。

如此多磨難的一個國家，卻孕育出許多薈萃菁英，在科學界有傑出的哥白尼和居禮夫人，在樂壇鋼琴詩人蕭邦更是以崇高的愛國心見聞於世，而教宗若望保祿二世也出生於波蘭。

波蘭國土是台灣的9倍大，一般旅遊路線多半集中在中部的首都華沙及南部古都克拉科夫，克拉科夫周邊的兩座世界遺產維利奇卡鹽礦，以及電影《辛德勒的名單》拍攝地的奧斯威辛、市區

的工廠，都是旅遊路線上的精華。然而西邊的哥德式古城托倫(Toruń)，以及北邊波羅的海岸的漢薩同盟城市格旦斯克(Gdańsk)也深具特色，不要輕易錯過。

波蘭之最 Top Highlights of Poland

維利奇卡鹽礦Wieliczka Kopalnia Soli
整個鹽礦區由9層密密麻麻、彷彿迷宮般的隧道所構成，深度自64公尺一直到最深的327公尺。沿途可見精彩的雕刻作品，全數都是由岩鹽雕鑿而成，尤其是聖慶加禮拜堂，更是其中的經典。（P.103）

奧斯卡‧辛德勒工廠 Fabryka Emalia Oskara Schindlera
這座工廠正是電影《辛德勒的名單》實際發生地，目前已改成博物館。（P.102）

托倫Toruń
托倫是波蘭最美的中古世紀城鎮之一，舊城裡眾多的哥德式建築，洋溢著中古世紀的氛圍，也留存著當年經濟、科學、文化高度發展的見證。（P.122）

維拉諾夫宮 Pałac w Wilanówie
曾是波蘭國王夏宮，可說是歐洲最美的巴洛克式建築之一，也顯示了當年波蘭的意氣風發。（P.78）

長市集街ul. Długi Targ
在漢薩同盟時期，格旦斯克因為扼守波羅的海水路交通的要衝，貿易鼎盛，長市集街曾是許多豪賈鉅富、紅頂商人的家。（P.112）

華沙
Warszawa

文●李欣怡‧蒙金蘭‧墨刻編輯部　攝影●周治平‧墨刻攝影組

華沙是波蘭的首都及最大城市，擁有近175萬人口，同時是波蘭的政經文教樞紐。以波蘭的標準來說，華沙是一座年輕的城市，當許多波蘭古城已經在慶祝他們的建城500週年時，華沙才剛從一片森林中冒出頭來。直到14世紀初，馬佐維亞公爵(Mazovia)在今天的皇家城堡蓋了一座堡壘，一座中世紀城鎮漸漸成形。1573年，波蘭國王西吉斯慕都斯三世(Sigismundus Vasa III)決定把國都遷到華沙，完全扭轉了華沙的命運，不僅是政治，經濟、科學、文化、藝術都緊跟著蓬勃發展。

近代史上，影響華沙最巨的，當屬第二次世界大戰期間，納粹德軍長達5年的占領，以及1943年猶太起義(Ghetto Uprising)和1944年的華沙起義(Warsaw Uprising)，總共造成85%的華沙建築被毀，80萬華沙居民犧牲，超過戰前華沙總人口的一半。

今天整座城市都是從瓦礫堆中重建起來的，華沙彷彿一隻浴火鳳凰，以快速重建證明其民族性的生命力和韌性，不論城市景觀或內在精神的表現，華沙所呈現的是新與舊、東與西的融合，最不可思議的，便是舊城的復原與重建。

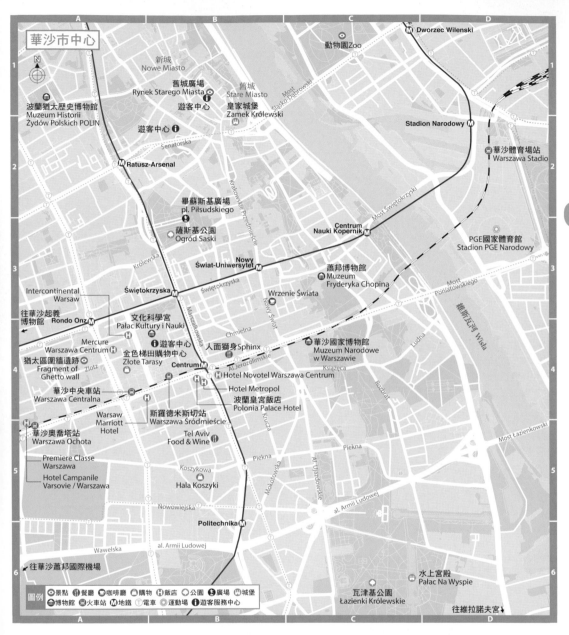

華沙市中心

新城
Nowe Miasto

動物園Zoo

Dworzec Wilenski

舊城廣場
Rynek Starego Miasta

舊城
Stare Miasta

遊客中心

皇家城堡
Zamek Królewski

波蘭猶太歷史博物館
Muzeum Historii
Żydów Polskich POLIN

遊客中心

Stadion Narodowy

華沙體育場站
Warszawa Stadio

Senatorska

Ratusz-Arsenal

畢蘇斯基廣場
pl. Piłsudskiego

薩斯基公園
Ogród Saski

Centrum
Nauki Kopernik

PGE國家體育館
Stadion PGE Narodowy

Krakowskie Przedmieście

Królewska

Nowy
Świat-Uniwersytet

維斯瓦河 Wisla

蕭邦博物館
Muzeum
Fryderyka Chopina

Świętokrzyska

Świętokrzyska

Intercontinental
Warsaw

往華沙起義
博物館

Rondo Onz

Wrzenie Świata

文化科學宮
Pałac Kultury i Nauki

Marszałkowska

Nowy Świat

Chmielna

華沙國家博物館
Muzeum Narodowe
w Warszawie

Ludna

Mercure
Warszawa Centrum

遊客中心

人面獅身Sphinx

金色梯田購物中心
Złote Tarasy

猶太區圍牆遺跡
Fragment of
Ghetto wall

Złota

Al. Jerozolimskie

Centrum

Książęca

Hotel Novotel Warszawa Centrum

華沙中央車站
Warszawa Centralna

Hotel Metropol

波蘭皇宮飯店
Polonia Palace Hotel

Krucza

Warsaw
Marriott
Hotel

斯羅德米斯切站
Warszawa Śródmieście

Tel Aviv
Food & Wine

華沙奧喬塔站
Warszawa Ochota

Piękna

Piękna

Most Łazienkowski

Premiere Classe
Warszawa

Hotel Campanile
Varsovie / Warszawa

Koszykowa

Hala Koszyki

Mokotowska

al. Armii Ludowej

al. Ujazdowskie

Nowowiejska

Politechnika

水上宮殿
Pałac Na Wyspie

往華沙蕭邦國際機場

al. Armii Ludowej

Wawelska

瓦津基公園
Łazienki Królewskie

往維拉諾夫宮

圖例 ◉景點 🍴餐廳 ☕咖啡廳 🛍購物 🏨飯店 ◎公園 Ⓚ廣場 Ⓜ城堡
🏛博物館 🚉火車站 Ⓜ地鐵 Ⓣ電車 🏟運動場 ℹ遊客服務中心

INFO

基本資訊

人口：約174.4萬人
面積：約512平方公里
區域號碼：22

如何前往

◎飛機

華沙國際機場全名為華沙蕭邦國際機場(Warsaw Chopin Airport)，位於華沙市區西南邊距離約10公里的奧肯切(Okęcie)。機場內有兌換當地幣值的窗口，不過匯率不是很好，不妨先換一些小額現金用來搭車進到市區，再到市區兌換即可。

從機場可搭火車或是巴士進到市區，搭火車S2可至斯羅德米斯切站(Śródmieście)，S3則可抵達華沙中央車站，票價每人4.4PLN。

從機場到市區可搭乘巴士175號，班次頻繁，自凌晨4:28一直營業到22:58，到市區約需25分鐘，票價每人4.4PLN。沿主要道路Żwirki I Wigury到華沙中央車站，最後底達畢蘇斯基廣場(pl. Piłsudskiego)。晚上175號巴士停駛之後，換N32接手服務旅客，每半小時一班車，路線從機場一直到華沙中央車站。

抵達機場後，若不知道如何搭車進市區，可前往旅客服務中心洽詢，並提供免費地圖，一旁窗口即是車票售票窗口，可直接購買車票後，再循地上的巴士及火車路線標示前往，特別要注意上車後，記得將車票拿到打印機打上日期。

機場有3家核可的計程車公司，分別是Super Taxi、Sawa Taxi及Ele Taxi，到市區車程約15~30分鐘，費用約在35~50PL之間，價格依抵達的地方而定，一般來說搭計程車到舊城區會比位於市中心的華沙中央車站還貴。

華沙蕭邦國際機場
📞24小時服務電話(22)650-4220 🌐www.lotnisko-chopina.pl/en

◎火車

華沙與歐陸各大城市之間皆有便利的火車聯繫，市區內有多處火車站，包括華沙中央車站(Warszawa Centralna)、華沙奧喬塔站(Warszawa Ochota)和華沙波威需勒站(Warszawa Powiśle)等，其中國際列車主要停靠的中央車站最靠近市中心區，就位於知名的文化科學宮西側。

🌐www.pkp.pl；時刻表查詢：intercity.pl/en。

◎長途巴士

華沙的長途巴士總站主要有兩處，一是位於市中心西邊的華沙西站(Warszawa Zachodnia，地址Al Jerozolimskie 144)西側，距離中央車站約4~5公里，往返華沙西邊、南邊的國際和國內線長途巴士都停靠在此。另外，也有民營巴士公司Polski Bus往來波蘭及鄰近國家城市，路線及時刻表可上網查詢。

Dworzec Online
🌐www.dworzeconline.pl

Polski Bus
🌐www.polskibus.com。

市區交通

華沙市區的公共交通主要有地鐵、路面電車及巴士，全由ZTM(Zarząd Transportu Miejskiego)所經營，主要路線營運時間約從5:00到23:00。這些運輸工具形成密集的網絡，相當方便。

購買車票可以在地鐵站、巴士站及路邊標示有售車票的店家購買，可多購票備用以節省時間。若是在車上的售票機購買，要特別注意有些只能以信用卡付費，刷卡時需要輸入PIN碼，並且購買後立即啟用，不需要再用機器打票。

華沙大眾交通系統的車票票種多樣，可視自己的需求選擇。主要旅遊地區幾乎都在1區的範圍之內。無論是單程票或是可多次使用的交通卡，第一次使用時記得一上車就把票放入打票機，打上開始使用的時間後才算生效，否則視同未購票乘車，萬一被查到會遭罰款。

若不知道該搭乘哪些大眾運輸系統，可上ZTM網站查詢，只要輸入出發及抵達地點，系統就會在地圖顯示出各種路線方案，包括車號及車程等，另外也提供免費的App版本「jakdojade」。

票種	範圍	全票票價
20分鐘票	1、2區	3.4PLN
75分鐘單程票	1區	4.4PLN
90分鐘單程票	1、2區	7PLN
1日票(24小時無限搭乘)	1區	15PLN
1日票(24小時無限搭乘)	1、2區	26PLN
3日票(72小時無限搭乘)	1區	36PLN
3日票(72小時無限搭乘)	1、2區	57PLN

ZTM
📞24小時19-115 🌐www.ztm.waw.pl

◎華沙卡

為了便利旅客，華沙當地推出華沙卡(Warsaw Pass)，可免費進入各主要觀光景點，包括維拉諾夫宮、蕭邦博物館、華沙國家博物館、哥白尼科學中心及波蘭猶太歷史博物館等，還可以免費搭乘觀光巴

士、欣賞音樂會，此外，享受優先購票的服務，節省排隊的時間。票種分為24小時、48小時及72小時，票價分別為119PLN、159PLN、189PLN，另外也有華沙卡加上大眾運輸的票種，同樣也分為24小時、48小時及72小時，票價為129 PLN、179 PLN、219 PLN。可在各遊客中心或一些觀光景點購買。

🌐www.warsawpass.com

◎計程車

在華沙市區有幾家合法的計程車公司，提供叫車服務，此外也可以下載免費App「iTaxi.pl」，可查閱抵達時間及費率。

Ele Taxi

📞(22)811-1111　🌐www.eletaxi.pl

Super Taxi

📞(22)196-22　🌐www.supertaxi.pl

Sawa Taxi

📞(22)644-4444　🌐www.sawataxi.com.pl

旅遊諮詢

◎遊客服務中心Stołeczne Biuro Turystyki

在華沙有不少遊客服務中心提供詳細的旅遊資訊，包括免費地圖、導覽手冊及相關旅遊訊息。此外，還提供各種語言的導遊服務，以及當地文化、運動、商業活動等的訊息，如果有交通、住宿、行程的需要，也都可在此獲得協助。

🌐www.warsawtour.pl

舊城區遊客服務中心

🏠Rynek Starego Miasta 19/21/21a　🕐1月~4月9:00~18:00，5月~9月9:00~20:00，10月~12月9:00~18:00。

文化科學宮遊客服務中心

🏠pl. Defilad 1(從Emilii Plater St.側進入)　🕐1月~4月9:00~18:00，5月~9月9:00~19:00，10月~12月9:00~18:00。

蕭邦國際機場服務中心

🏠ul. Żwirki i Wigury 1(Terminal A, 1號出口)　🕐1月~12月9:00~19:00

城市概略City Guideline

華沙的過往，歷經無數次的占領與起義,其中受到德國入侵，城市幾被夷為平地。市內建物在後來重建,華沙舊城恢復了原始模樣，被聯合國列為世界遺產。

目前華沙可分為舊城區、新城區與現代市中心。舊城區是華沙最古老的發展地區,北側為新城區,南接皇家大道,面積不大，全區屬於行人徒步區。新城區是比舊城只晚了幾十年開始發展的另一老城區,兩城隔著一道城牆，相距不到半公里,彼此步行即可相通。現代市中心泛指舊城區與新城區以外的區域,包括中央火車站一帶與皇家大道沿線。

華沙行程建議
Itineraries in Warszawa

如果你有1天

只有一天時間造訪這座城市行程會有點趕,上午先造訪被列為世界文化遺產的舊城,以步行方式遊覽皇家城堡及大教堂等,下午再選擇代表性的博物館參觀,如華沙起義博物館、波蘭猶太歷史博物館、華沙國家博物館及蕭邦博物館等,由於每個博物館內部展覽都相當豐富,無法一個下午全部參觀完畢,不妨造訪自己有興趣的主題,行程中記得嘗嘗道地的波蘭菜式及頗受好評的素食餐館。

居禮夫人博物館 ⑪ Maria Skłodowska Curie Museum
華沙起義紀念碑 Pomnik Powstania Warszawskiego ⑬
⑩ 樓堡 Barbakan
⑫
波蘭戰場教堂 Katedra Polowa Wojska Polskiego
⑨
舊城廣場 Rynek Starego Miasta
⑧ 聖約翰大教堂 Katedra Św Jana
城堡廣場 ⑥ Plac Zamkowy
⑦ 皇家城堡 Zamek Królewski
⑦ 城堡咖啡廳 Café Zamek
⑤
聖安妮教堂 Kościół Św Anny

④ 總統官邸 Pałac Prezydencki

③ 聖十字教堂 Kościół Św Krzyża
② 華沙大學 Uniwersytet Warszawski

① 波蘭科學院與哥白尼雕像 Polska Akademia Nauk & Pomnik Mikołaja Kopernika

克拉科夫斯基新郊大道 Krakowskie Przedmieście

新世界路 Nowy Świat

華沙散步路線

如果你有3天

第一天同樣先來一趟舊城巡禮，再接著參觀波蘭猶太歷史博物館、居禮夫人博物館等。

第二天上午先至維拉諾夫宮，一睹皇家生活面貌，奢華的宮殿生活、講究的建築雕刻以及國王、皇后間為世人傳頌的愛情故事，都將令人留下難忘回憶。維拉諾夫宮是難得自戰爭中倖存的古蹟，內部擺設也盡量依原貌重現，部分傢俱還是當時使用的物品，結束後不妨遊逛包圍著宮殿的偌大花園，依時節綻放的花卉絕對能拍到絕美的照片。下午回到市區參觀華沙起義博物館，尋訪猶太隔離區圍牆遺跡，接著來到文化科學宮欣賞蘇聯時期的建築。

第三天上午前往位於塞拉佐瓦渥拉的蕭邦故居，可事先預定行程，有專人接送兩地的交通可節省不少時間。下午回到華沙市區後再到書店咖啡館小憩及瓦津基公園感受華沙人悠閒的生活，瓦津基公園裡還有一座水上宮殿，若時間充裕也可進入探訪；或是前往收藏波蘭豐富歷史、藝術館藏的華沙國家博物館參觀。

華沙散步路線
Walking Route in Warszawa

華沙的舊城規模不大，順著市中心區的皇家大道慢慢走，正好可把現代、舊城、新城這3個階段的華沙串連起來，是所有人來到華沙都應該至少走一遭的經典路線。

以①**波蘭科學院與哥白尼雕像**為起點，這一帶商店雲集，可以一邊逛櫥窗，一邊經過波蘭最高學府之一②**華沙大學**，對面則是安葬著鋼琴詩人蕭邦的心的③**聖十字教堂**，然後經過④**總統官邸**、⑤**聖安妮教堂**，眼前出現氣勢磅礴的⑥**城堡廣場**，表示已踏進舊城地界。

⑦**皇家城堡**是17世紀全歐洲最每美輪美奐的皇室宅邸之一，不妨進去了解一下波蘭的輝煌年代，⑧**聖約翰大教堂**則是華沙最古老的教堂。⑨**舊城廣場**四周被美麗的建築包圍，和城堡廣場呈現不同的氣質。

穿越⑩**樓堡**，從舊城進入新城，一定要去⑪**居禮夫人博物館**向這位偉大的女科學家致敬。然後順著Długa街，兩旁的⑫**波蘭戰場教堂**和⑬**華沙起義紀念碑**揮別華沙的悲情史，迎接光明的未來。

距離： 全程約2公里

舊城區
Stare Miasto

文●李欣怡‧蒙金蘭‧墨刻編輯部
攝影●周治平‧墨刻攝影組

最能見證華沙歷史的就是華沙的舊城區。第二次世界大戰期間，華沙受戰火侵襲後，八成以上的城市遭到摧毀，除了瓦礫堆之外，建築所剩無幾。

民族性堅韌的波蘭人以強烈的決心重建家園，找出許多歷史照片、繪畫、電影等文件資料，加上居民的生活記憶，重新打造出未受損壞前的舊城面貌。在1949年到1963年之間，重新恢復了華沙17到18世紀的舊觀，不僅努力保留了歷史，也讓後人得以再見華沙極盛時期的風華，如今每一棟建築從外表上看來，都超過200年的歷史。儘管所有建築都非百年以上的古蹟，聯合國教科文組織仍然肯定波蘭人的努力，而把整個舊城列入世界文化遺產名單。

👁 Where to Explore in Stare Miasto
賞遊舊城區

MAP P.59B2

城堡廣場
Plac Zamkowy
遊歷華沙最佳起點

🚌搭乘116、175、180、222、503等號巴士在克拉科夫斯基市郊大道盡頭的城堡廣場(Pl. Zamkowy)站下車後，步行約1分鐘可達。🏠Plac Zamkowy

城堡廣場及皇家城堡都屬於舊城區的一部分，並以廣場為界，外圍有城牆作區分。大多數的遊客都是以這座廣場作為遊歷華沙的起點。

略呈三角形的城堡廣場正中央矗立著一根22公尺高的石柱，石柱上頭有一尊手持十字架的西吉斯慕都斯三世(Sigismundus Vasa III)雕像，1573年，他將波蘭首都從南部的克拉科夫(Kraków)遷到華沙，這個決定，也影響到波蘭後來的歷史發展，他的兒子於1644年為父親立了這尊雕像。儘管第二次世界大戰的戰火將石柱攔腰炸斷，但雕像仍奇蹟似地完好，戰後4年，華沙市民再度打造一根新石柱，重新將雕像立起來。

MAP **P.59B2**

皇家城堡

MOOK Choice

Zamek Królewski

17世紀繁華重現

🚍搭乘116、175、180、222、503等號巴士在克拉科夫斯基市郊大道盡頭的城堡廣場(Pl. Zamkowy)站下車後,步行約3分鐘可達。 🏠Plac Zamkowy 4 ☎(22) 355-5170 ⊕www.zamek-krolewski.pl ⏰夏季週一~週三及週五、週六10:00~18:00、週四10:00~20:00、週日11:00~18:00;冬季(10月1日至4月30日)週二~週六10:00~16:00、週日11:00~16:00;1月1、6日、4月14、15、16日、11月1日、12月24、25、31日及冬季的每週一休館。 💲全票30PLN、優待票20PLN,週日免費。

廣場東側的皇家城堡,也就是過去的舊王宮,其歷史可追溯自14世紀,當時由石頭與磚造的塔樓首先被設立。到了15世紀成為一座磚造的公爵住所。到了西吉斯慕都斯三世(Sigismundus Vasa III)統治時期的16及17世紀,城堡被擴展成

為有院的五翼建築,這裡是皇家住所,同時也是議會審議的地方,同時也是國家的行政及文化中心。其間經過義大利建築師的設計成為早期巴洛克風格,到了奧古斯特三世(August III)時期,在1747年又加入巴洛克及洛可可裝飾。也使得這座城堡可以說是當時全歐洲最每美輪美奐的皇室宅邸之一。

在皇家城堡裡曾有幾項重大的歷史發生,包括貴族民主制度的形成、通過歐洲第一部憲法等。在1939年德國占領時發生了催毀的悲劇,由於城堡是波蘭權力的象徵,在希特勒的命令下,整座城堡被蓄意摧毀,火燒城堡的這段歷史事件,在後來也被美國搬上電影螢幕。所幸火勢被撲滅,城堡內不少的藝術品及裝飾元素也在當時被搶救了出來,之後僅管在德國的占領下,搶救工程也未曾間斷,德國軍隊最後在1944年炸毀整

華沙舊城周邊

- ⊙ 新城廣場 Rynek Nowego Miasta
- 🏨 La Regina Hotel
- 🏛 居禮夫人博物館 Maria Skłodowska Curie Museum
- 華沙起義紀念碑 Pomnik Powstania Warszawskiego
- Podwale Kompania Piwna
- 樓堡 Barbakan
- 🏛 華沙博物館 Muzeum Warszawy
- ✝ 波蘭戰場教堂 Katedra Polowa Wojska Polskiego
- ℹ U Fukiera
- 旅客服務中心
- 舊城廣場 Rynek Starego Miasta
- Zapiecek
- ✝ 聖約翰大教堂 Katedra Św Jana
- 城堡廣場 Plac Zamkowy
- 🏰 皇家城堡 Zamek Królewski
- Literatka
- 城堡咖啡廳 Café Zamek
- Most Śląsko-Dąbrowski
- ✝ 聖安妮教堂 Kościół Św Anny
- 哥白尼科學中心 Centrum Nauki Kopernik
- 薩斯基公園 Ogród Saski
- 🏛 總統官邸 Pałac Prezydencki
- 🏨 Hotel Bristol
- 華沙索菲特維多莉亞飯店 Sofitel Warsaw Victoria
- 華沙大學圖書館 Biblioteka Uniwersytet Warszawski
- ✝ 聖十字教堂 Kościół Św Krzyża
- 華沙大學 Uniwersytet Warszawski
- 波蘭科學院與哥白尼雕像 Polska Akademia Nauk & Pomnik Mikołaja Kopernika
- Nowy Świat-Uniwersytet
- 蕭邦博物館 Muzeum Fryderyka Chopina
- 華沙波威需勒站 Warszawa Powiśle
- 🏨 Zapiecek
- al. Solidarności
- al. Jerozolimskie

圖例 ⊙景點 🎓學校 ✝教堂 🏰城堡 🏛博物館 🏛政府機關 🌳公園 🛍購物 🍴餐廳 🏨飯店 🚉火車站 🚌巴士站 ☕咖啡廳 Ⓜ地鐵站 ℹ遊客中心

座城堡。二戰結束後，在共產黨執政時，城堡遲遲未獲重建。一直到1971年才開始整修工程，除了整理出仍保留下來的藝術品，並組合成千上萬的原始建築碎片，終於在1984年，當年華麗的巴洛克式城堡重新面對世人，彷彿什麼事都沒發生過一般。現在皇家城堡成為博物館對外開放，一進到庭院，可以見到哥德式、巴洛克雕刻裝飾的不同建築，皇家城堡內部收藏許多波蘭歷任王朝統治者的珍貴寶物，也有精美華麗的皇室收藏，值得細細走訪。

大理石室Marble Room

　美侖美奐的大理石室裡有23幅波蘭國王肖像，出自畫家 Marcello Bacciarelli之手，天花板壁畫主題為永恆的光輝寓言，則是他與波蘭畫家共同完成。幸運的是裡頭重新找回的畫作及雕刻，在城堡近期的重建中，都回到原來的位置。

國王寢室King's Apartment

　屬於國王生活範圍的房間包括了寢室、前廳、小禮拜堂、書房、更衣室、綠廳及黃廳等，寢室是其中最美的一間。原來壁面是採用手繪花卉圖案的印度織料。目前見到的絲質壁紙，是精心仿照床上被子花色而來。寢室中有些物品是原件，而床舖則是依原樣重製。

寶座廳The Throne Room

　這個廳堂幾乎由皇家藝術團隊所設計，寶座上的老鷹妝飾是波蘭的象徵。寶座廳位在城堡的中間位置，也正好分隔了皇室生活空間及辦公空間。寶座廳內部陳列的繪畫及雕刻，主要呈現出國家重要的名人及歷史事件。

大會議廳Great Assembly Hall

　鍍上金箔、有著巨大天花板壁畫的大會議廳，在斯坦尼斯瓦夫・奧古斯特(Stanisław August)統治時期，大臣們在這裡進行宴會、舞會及音樂會。這裡依1939年以前的設計，利用搶救下來的碎片重建。

MAP P.59A1

樓堡
Barbakan

紅磚城牆遺跡

 搭乘116、175、180、222、503等號巴士在克拉科夫斯基市郊大道盡頭的城堡廣場(Pl. Zamkowy)站下車後，步行約8分鐘可達。

從舊城廣場順著Nowomiejska往西北方走，就會來到這個紅磚構成的半圓形防禦塔樓，塔樓與城牆相連，原始建築是1548年義大利威尼斯建築師所設計，主要用來防禦舊城的北方，入口處有一道護城河和吊橋。當然，它也是戰後重建，夏天這裡展示著許多華沙藝術家的創作。

聖約翰大教堂

MOOK Choice

Katedra Św Jana

華沙最老教堂

🚌搭乘116、175、180、222、503等號巴士在克拉科夫斯基市郊大道盡頭的城堡廣場(Pl. Zamkowy)站下車後，步行約4分鐘可達。🏠ul Świętojańska 8 ☎(22) 831-0289 🌐www.katedra.mkw.pl ⏰週一~週六10:00~17:00，週日15:00~17:00。💲教堂免費，進到地下墓室每人PLN5。

　　聖約翰大教堂是華沙最古老的教堂，最早起建於14世紀，在14世紀末，教堂是磚造的哥德式造型。當華沙成為首都之後，這裡也跟著成為波蘭重要的教堂，舉行過皇家婚禮、加冕儀式，聖約翰也從教區教堂成為了主教座堂。

　　後來經過多次整建，19世紀時，整座建築已改成英國哥德式樣貌，直到二次世界大戰被夷為平地，戰後重建時，仍維持其原本哥德式風格，但有了一個新的風格名稱──「維斯瓦哥德式」(Vistula Gothic，維斯瓦河為波蘭境內最大河川，同時也流貫華沙市區)。

　　教堂裡有兩處參觀重點，一是右邊走道、呈文藝復興風格的紅色大理石墳塚，設立於16世紀，裡面埋葬了Mazovia兩任公爵，紅色大理石的雕刻呈現出兩兄弟手互相搭著肩，彷彿就像睡著一般躺著的模樣。由於他們死時才24歲，也被人們懷疑其死因不單純，可能捲入了皇權的鬥爭之中；另一處則是地下墓室，裡面有墓葬儀式的介紹，並有不少在此安息的皇家成員，包括波蘭最後一任國王斯坦尼斯瓦夫・奧古斯特(Stanisław August)，他的墓是近代才移入教堂之中。另外還有一個重要的人物也埋葬於此，他就是曾獲諾貝爾文學獎的波蘭小說家顯克維奇(Henryk Sienkiewicz)，他的墓碑位於地窖最後面靠近出口處。

舊城廣場

Rynek Starego Miasta

華沙最美一隅

🚌搭乘116、175、180、222、503等號巴士在克拉科夫斯基市郊大道盡頭的城堡廣場(Pl. Zamkowy)站下車後，步行約5分鐘可達。🏠Rynek Starego Miasta

　　舊城廣場又名為市集廣場，是舊華沙的政治、經濟、社會生活中心，也可以說是全華沙最美麗宜人的一個角落，夏天時，廣場周邊排滿了露天咖啡座以及販賣畫作的攤位，更添人文氣息。很難想像，戰後這裡只是一片瓦礫堆，今天廣場周邊恢復原貌的建築，從文藝復興、巴洛克、哥德，到新古典主義各種風格都有，也記錄了過去幾個世紀華沙建築的發展。

　　廣場正中央立著一尊美人魚雕像，她是華沙的精神標誌，而今日華沙的市徽正是一條美人魚。傳說曾有一位名為Wars的漁夫在華沙的維斯瓦河(Wisła)邊捕到一條美人魚，由於美人魚非常迷人，漁夫就把她帶回家，經過一段時間後，漁夫答應美人魚的請求讓她重歸水世界。沒想到之後維斯瓦河兩岸越來越多人至此定居，逐漸形成一個繁榮的區域，漁夫Wars也娶了名為Zawa的美麗太太，兩夫妻的名字合起來就是波蘭文的「華沙」(Warszawa)。

華沙博物館

Muzeum Warszawy

珍貴歷史收藏

🚌搭乘116、175、180、222、503等號巴士在克拉科夫斯基市郊大道盡頭的城堡廣場(Pl. Zamkowy)站下車後，步行約7分鐘可達。🏠28/42 Rynek Starego Miasta ☎(22)277-4402 🌐muzeumwarszawy.pl 🕐週二~週日10:00~19:00。💲全票20PLN、優待票15PLN，週四免費。

　　華沙博物館成立於1936年，主要收藏的都是華沙舊城珍貴的遺跡資料，目前館內珍藏物品高達30多萬件，內容涵蓋家具、雕刻、地圖、鐘錶、照片、衣服、珠寶、名信片、紀念品、畫像、銀器、青銅器等等，每件物品背後都有著獨特的故事，也訴說著華沙歷史的變遷，館內最古老的收藏甚至可追溯到14世紀初。

　　目前展示藏品中的7千多件原物，非複製品，這些是日常生活或特殊活動時的物品，分布在21間依主題介紹的展示間裡。這些展品無言地訴說華沙從被稱為「中歐巴黎」的盛況，到在戰爭中的毀壞以及城市重建的過程。

新城區
Nowe Miasto

文●李欣怡‧蒙金蘭‧墨刻編輯部
攝影●周治平‧墨刻攝影組

這區域雖名為新城，然而其發展也超過6個世紀了，只比舊城晚了幾十年，兩城隔著一道城牆，相距不到半公里，有各自互不轄屬的主廣場、市政廳及教區。過去新城居住的多半是社會階層較低的市民，也沒有像舊城那樣，擁有一道厚實的防禦城牆及堡壘。

新城的主要街道為弗雷塔路(Ul Freta)，從舊城的樓堡直通新城廣場(Rynek Nowego Miasta)，新城廣場上最知名地標為聖禮教堂(Sacramentines' Church)，也是波蘭最顯眼的巴洛克式建築之一。

Where to Explore in Nowe Miasto
賞遊新城區

居禮夫人Maria Skłodowska Curie

西元1867年，瑪莉亞·斯克多羅夫斯卡(Maria Skłodowska)出生在華沙的福瑞塔街16號(ul Freta 16)，是個小康的中產家庭，4歲時就展現出令家人吃驚的讀書天分。

由於當時在波蘭，女生不能接受高等教育，她1883年中學畢業後只能當保姆教教小孩子讀書。24歲那年，求知慾旺盛的瑪莉亞決定離開家鄉到巴黎求學，26歲即以第一名成績畢業，並獲得「物理科學學士」的身分。

翌年，瑪莉亞與法國籍物理學家皮耶·居禮(Pierre Curie)相識、相戀，進而成為居禮夫人，志同道合的兩人一起作研究，共同發現了比放射性元素鈾威力還強大的鐳(Radium)和釙(Polonium)，1903年獲得了諾貝爾物理學獎，居禮夫人成了諾貝爾獎第一位女性得主。

1906年，皮耶不幸車禍去世，居禮夫人悲痛之餘繼續生活、繼續作研究，1908年成為巴黎梭爾邦大學(La Sorbonne)的教授，也是梭爾邦史上第一位女性教授；1911年，她又因為成功地分離鐳元素而獲得諾貝爾化學獎。她認為人類累積的思想應該由人類共享，並沒有為

這些發現申請專利，繼續過她清苦、簡樸的生活。

居禮夫人除了在科學界成就卓越，其實在文學、藝術、運動方面也頗有天分：她熱愛音樂和戲劇，自己偶爾也寫寫詩；她和皮耶的蜜月旅行是一趟自行車之旅；在第一次世界大戰期間為了載著X光設備到前線救人，她也成為第一批擁有駕駛執照的女性之一。

居禮夫人是史上唯一一位在不同科學領域獲得兩座諾貝爾獎的得主。她終於榮歸故國，在華沙設立了鐳研究所，華沙大學也頒予她榮譽教授的頭銜。

1934年7月4日，長期接觸放射性元素的居禮夫人死於血癌，在法國長眠。1995年，巴黎的萬神殿(Pantheon)特地把居禮夫婦的骨灰請至殿中安放，居禮夫人又成為史上唯一一位非法國出生卻得以安息在萬神殿的榮譽居民，可見法國人對她的尊崇。

波蘭⋯**華**沙 Warszawa

MAP P.59A1

居禮夫人博物館

Maria Skłodowska Curie Museum

波蘭知名度最高的女豪傑

搭乘116、178、180、503、518、N44等號巴士在Pl.Krasińskich 02站下。ul Freta 16 (22) 831-8092 mmsc.waw.pl 9～5月週二～六12:00～18:00,週日、一休；6～8月週二～日10:00～19:00,週一休。全票11PLN、優待票6PLN。

KIURYT
(Zair, Katanga, Shinkdobwe)

被視為女中豪傑的居禮夫人是波蘭著名科學家的代表之一，為了紀念這位獲得諾貝爾獎的偉大科學家，波蘭特別把她以前的居所改建為居禮夫人博物館，供後人紀念景仰。居禮夫人於1867年在此出生，生前的最後一年也在此地渡過。

博物館中展示的都是居禮夫人的研究相關資料，以及一些個人使用過的用品，如化學分析圖表、實驗用具等。居禮夫人早年在巴黎留學，後來與居禮先生結婚，一起研究放射性元素，也因為化學元素鐳而先後獲得諾貝爾物理獎和化學獎。

MAP P.59A1

波蘭戰場教堂

Katedra Polowa Wojska Polskiego

向民族英雄致敬

搭乘116、178、180、503、518、N44等號巴士在 Pl.Krasińskich 02站下。 ul Długa 13/15 (22)831-9381 www.katedrapolowa.pl

從新舊城交界處往南走，街角處有一間波蘭戰場教堂，教堂本身平淡無奇，卻與波蘭慘烈的戰爭史息息相關，它是軍人前來作禮拜的地方，門前的巨大船錨和飛機螺旋槳象徵著向水手與飛行員致敬，而大門的淺浮雕更是描繪了波蘭史上幾個主要戰役。教堂裡幾個牌匾，是紀念不同戰役死在前線的戰士。

MAP P.59A1

華沙起義紀念碑

Pomnik Powstania Warszawskiego

捍衛民族戰役

搭乘116、178、180、503、518、N44等號巴士在 Pl.Krasińskich 02站下。 Pl. Krasińskich

這個華沙地標性紀念碑隔著一條街與波蘭戰場教堂遙遙相對，是為了紀念1944年8月1日下午5點起，延續了63天的城市血戰，當時波蘭人為了爭自由、驅離納粹德軍，而在蘇聯紅軍接近華沙、以為可以得到援助時起義抗暴，結果約有20萬波蘭人犧牲性命，對波蘭人來說，華沙起義是

波蘭戰爭史上最具英雄性、卻也是最悲慘的一場戰役。這座紀念碑於1989年揭幕，也就是戰役後的45週年。

現代市中心
Śródmieście

文●李欣怡・蒙金蘭・墨刻編輯部
攝影●周治平・墨刻攝影組

現代建築林立的市中心，幾乎所有華沙重要的博物館都位於此處，也有史達林時代的代表建築文化科學宮，以及華沙最大公園瓦津基，這座公園曾屬於皇家的一部分，由此往北是皇家城堡，往南則到達維拉諾夫宮，這座公園除有著名的水上宮殿景點，也是平時居民休閒的好去處。

Where to Explore in Śródmieście
賞遊現代市中心

MAP | P.53B2

皇家大道
Trakt Królewskie

MOOK Choice

19世紀的發展核心

🚍搭乘116、175、180等號巴士可達。🏠Krakowskie Przedmieście、Nowy Świat

從舊城的皇家城堡出了城門，向南順著克拉科夫斯基市郊大道(Krakowskie Przedmieście)、新世界路(Nowy Świat)的市區，商店、餐廳、劇院、公園、教堂等櫛比鱗次，19世紀時是華沙的商業及文化中心。而從克拉科夫斯基市郊大道向南延伸的4公里路程，可以連接過去國王的夏宮所在地瓦津基公園(Park Łazienkowski)，因而名為「皇家大道」。

今天的克拉科夫斯基市郊大道、新世界路這兩個路段，一路上有許多著名的景點，包括聖十字教堂、華沙大學、哥白尼雕像等，同時也是商店、咖啡店林立的區域。這裡原本的房舍已在戰爭中毀壞，現在外型新穎的房屋大多是在第二次世界大戰後重建的，因此有華沙最美麗街道之稱。

MAP ▶ P.59B2

聖安妮教堂

Kościół Św Anny

保存原始珍貴建築風貌

🚌 搭乘116、175、180、222、503等號巴士在克拉科夫斯基市郊大道盡頭的城堡廣場(Pl. Zamkowy)站下車後，步行2分鐘可抵。 🏠Krakowskie Przedmieście 68 ☎(22)826-8991 🌐swanna.waw.pl

位在皇家大道起點的聖安妮教堂，建築立面為巴洛克風格。有別於舊城重要建築曾被大肆破壞，教堂幸運地躲過二次世界大戰的催毀，可說是華沙最華美的教堂之一。也因此進到教堂能夠欣賞到洛可可式的高塔、巴洛克式管風琴，以及天花板使人產生立體錯覺的畫法。教堂不時會有用巴洛克式管風琴演奏的音樂會舉行。

MAP ▶ P.59A4

聖十字教堂

Kościół Św Krzyża

收容蕭邦流浪回鄉的心

🚌 搭乘116、175、180等號巴士，或搭地鐵在Nowy Świat–Uniwersytet站下車。 🏠ul Krakowskie Przedmieście 3 ☎(22) 826-8910 🌐swkrzyz.pl

聖十字教堂雖然看來規模不大，卻是華沙最有名的一間教堂，因為裡面藏有波蘭最偉大鋼琴家蕭邦的心臟。蕭邦在巴黎去世後，他的姐姐根據他的遺願，把他的心臟帶回波蘭安葬，這間教堂曾經是蕭邦居住過的地方，因此就把他的心臟存放於教堂的牆壁中，但因戰爭的關係曾一度被取出。目前繼續保存在教堂左邊第二根廊柱中，廊柱上面雕有蕭邦的生平作為裝飾。

由於距離華沙大學最近，它也是見證最多學生運動血淚的一座教堂，華沙起義期間，這裡曾有激烈血戰，教堂也遭到嚴重損毀，還好巴洛克式的主祭壇完好地保存了下來。

MAP ▶ P.59A4

華沙大學

Uniwersytet Warszawski

培育英才搖籃

🚌 搭乘116、175、180等號巴士可達。 🏠ul Krakowskie Przedmieście 26/28 ☎(22) 552-0000 🌐www.uw.edu.pl

華沙大學最顯眼的標誌就是那座新巴洛克式的大門，上頭雕著一頭象徵波蘭的黃金老鷹。華沙大學設立於1816年，僅次於克拉科夫的克拉科夫大學，是全波蘭第2古老的大學，包含了神學、法律、行政、醫學、哲學、藝術、科學等系所，目前是全波蘭最大的大學。當年波蘭在爭取政治獨立的議題上，華沙大學扮演了重要的角色，許多學生示威活動都從這裡開始。

蕭邦在1823~1829年間，曾經在這裡就學，校園最後方的卡茲米爾宮殿(Pałac Kazimierzowski)的別館裡還保留著他的住所遺跡；而居禮夫人1925年6月也曾經回到這裡講學，哲學系更頒贈她榮譽教授的頭銜。

華沙大學圖書館

Biblioteka Uniwersytet Warszawski

亮眼屋頂花園建築

🚌搭乘116、175、180等號巴士可達，再從華沙大學校園後側下坡，往河邊方向步行約10分鐘可達。　🏠ul. Dobra 56/66　☎(22)552-5178　🌐www.buw.uw.edu.pl

　　與華沙大學校本部有一些距離的華沙大學圖書館，建築本身是兩幢造型前衛的現代樓房，彼此間有玻璃屋頂的通道相連，地面層有商店、咖啡廳等，不但歡迎大學生和教授們，也對一般大眾開放。最特別的是屋頂有總面積超過1公頃的花園，號稱全歐洲最大的屋頂花園之一，因此吸引不少當地人和遊客前往休閒、參觀。

俯瞰市區最佳角度

　　來到屋頂花園，除了能透過玻璃欣賞到華沙大學圖書館內部，繼續往上走去來到花園最高點，還可以居高臨下欣賞整個華沙市。

波蘭⋯⋯華　沙Warszawa

總統官邸

Pałac Prezydencki

石獅與衛兵莊嚴守護

🚌搭乘116、175、180號巴士可達。　🏠ul Krakowskie Przedmieście 48/50　☎(22)695-1070　🌐www.president.pl　▶免費接受團體參觀，需事先預約。

　　在克拉科夫斯基市郊大道上，會發現一幢白色的建築物，雖不特別高大，但透著典雅尊貴的氣勢，出入口前有兩尊雄偉的石獅子，原來這是始建於1643年的拉濟維烏宮（Pałac

Radziwiłłów），當年是立陶宛大公國貴族拉濟維烏家族的豪宅之一，1765年曾經作為對外開放的劇場，波蘭最早的歌劇公演就是在這裡舉行的，蕭邦8歲時的第一場鋼琴演奏會，也在這裡舉辦。1994年開始，改設為總統的官邸，雖然現任總統實際上並沒有住在這裡。

©波蘭旅遊局

MAP P.59B3

哥白尼科學中心

Centrum Nauki Kopernik

趣味科學天地

🔵搭乘118、127、105
號巴士可達，或搭地鐵在
Centrum Nauki Kopernik
站下。🏠ul. Wybrzeże
Kościuszkowskie 20 📞
(22)596-4100 🌐www.
kopernik.org.pl 🕐1~3月
週二~五9:00~18:00，週
六、日10:00~19:00；4~6
月週二~五8:00~18:00，週
六、日10:00~19:00；7、8月週二~日10:00~19:00。週一
休館。💲全票37PLN、優待票25PLN。

　　哥白尼科學中心是波蘭第一間以探討現代科
學為主題的互動式博物館，裡面包含了數百種
互動式的遊戲、展出，讓不分年齡性別的大
人、小孩都可以生動地體會宇宙是如何在運
行，並且樂在其中。

　　哥白尼科學中心的大門口，有專屬的機器人
歡迎賓客光臨，互動遊戲就此逐漸展開，入場
的門票設計成類似信用卡的卡片，你可以利用
卡片進入各個不同的展示空間，卡片還會幫你
記錄下每項體驗過的活動成績。

　　內部設施包括文明的根源、人類與環境、化
學實驗室、物理實驗室、光的世界、營造出兩
千萬顆星星的銀河天文館等，首要任務是開啟
每個人的好奇心，藉著遊戲、互動的過程展開
獨立思考，進而了解現象的本質，而不只是訴
說科學進化的過程而已。

蕭邦 Frédéric Chopin

　　細數波蘭歷史上知名度最高的頭號人物，應
該非「鋼琴詩人」蕭邦莫屬。

　　雖然蕭邦是波蘭引以為傲的愛國鋼琴家，他
的父親其實是具有波蘭血統的法國人，在塞拉
佐瓦渥拉(Żelazowa Wola)擔任家庭教師，與蕭邦
母親結識後於1806年在此地成婚。

　　1810年2月22日，蕭邦出生。在蕭邦孩提時
代就有十分優異的音樂表現，因此贏得了不少
掌聲，神童莫札特第二的稱號頓時傳為佳話。
在鋼琴家母親和演奏小提琴與長笛的父親薰陶
之下，7歲就有自己的創作問世，8歲開始舉行
音樂演奏會，對音樂的天賦充分展露。蕭邦13
歲進入華沙音樂學院，逐漸把他在音樂上的優
秀天賦展現到極致，20歲時蕭邦前往維也納進
修，續至巴黎，更是他音樂生涯的里程碑。

　　蕭邦創作流傳至今的數百首作品中，有將近
200首是鋼琴獨奏曲，這也是他被稱為鋼琴詩人
的原因。而蕭邦被視為愛國鋼琴詩人與波蘭音
樂家代表其來有自：在他20歲離開波蘭到維也
納進習音樂時，就帶了裝滿波蘭泥土的銀杯同
行，他去世後，這個銀杯也隨著一起下葬；此
外，蕭邦最著名的事蹟就是他逝於巴黎之後，
他的姐姐依照他的遺言，把他的心臟取出帶回
波蘭，現藏存在華沙的聖十字教堂中。

　　當然，蕭邦的愛國情操也清楚地呈現在他
創作的樂曲中。蕭邦的作品包含了波蘭舞曲
(Polonaise)和馬簇卡舞曲(Mazurka)，兩者都是波
蘭最具鄉土色彩的舞曲代表，蕭邦以波蘭故有的
鄉土舞蹈曲為本，重新賦予創新的形態和內容，
進而表達他心中對國家的情感和熱情。此外，創
作多元化的蕭邦還有詼諧曲、搖籃曲、圓舞曲、
即興曲、幻想曲、前奏曲等多種作品。

MAP P.59B4

蕭邦博物館

MOOK Choice

Muzeum Fryderyka Chopina

以3C觸控與蕭邦相遇

🚇 搭地鐵在Nowy Świat–Uniwersytet站下車。 🏠ul. Okólnik 1 📞(22)441-6251 🌐muzeum.nifc.pl/en ⏰週二~日11:00~20:00，週一休館。 💲全票22PLN、優待票13PLN，週日免費。

蕭邦的愛國情操和浪漫創作是波蘭人的驕傲，造訪波蘭，當然不能錯過最具代表性的蕭邦音樂之旅。

為了紀念蕭邦200歲冥誕，2010年嶄新開幕的蕭邦博物館，硬體建築本身是古典優雅、頗具歷史性的奧斯特羅格斯基宮(Pałac Ostrogski)，而內部的展出與設計卻運用多種尖端科技與建材，形成奇妙的組合。

分布在4個樓層的展示空間裡，除了展示近5千件包含蕭邦的肖像畫、塑像、樂譜真跡、筆記、信函、親筆簽名和他所使用過的護照、手錶、鋼琴外，也利用各種互動式的設施讓參觀者了解他的生平、聆聽他不同時期的作品，連門票都設計成可以啟動部分音樂、影片的鑰匙，相當引人入勝。

波蘭科學院與哥白尼雕像

Polska Akademia Nauk & Pomnik Mikołaja Kopernika

科學研究的先鋒

🚇搭乘地鐵在Nowy Świat–Uniwersytet站下車。 🏠Nowy Świat 72 ⓦwww.pan.pl

看到手持著地球儀的哥白尼雕像，就知道來到了波蘭科學院，它的前身為史塔胥茨宮(Staszic Palace)，屬於新古典主義晚期的建築，華沙起義期間被焚燬，戰後重建，現在則是波蘭科學研究的重要基地。

波蘭科學院前立著2.8公尺高的哥白尼雕像，這位15世紀的波蘭偉大天文學家，白天的身分是神父，晚上則致力於天文研究，他提出宇宙行星以太陽為中心公轉的理論，在教會掀起巨大波瀾，也把整個天文學帶進科學革命的洪流。

文化科學宮

MOOK Choice

Pałac Kultury I Nauki

波蘭最高建築物

🚇搭乘地鐵在Centrum站下車。 🏠Plac Defilad 1 ☎(22) 656-7600 ⓦwww.pkin.pl ⏰每天10:00~20:00。 💲觀景台全票25PLN、優待票20PLN。

聳立於華沙火車站旁的雄偉高樓，就是華沙最著名建築物之一的文化科學宮。文化科學宮總計有44層樓，高達237公尺，共有3288個房間，是史達林時代建築的典型代表，象徵蘇維埃聯邦與波蘭的深厚友誼，因此也被視為友誼的歷史見證。

文化科學宮建於1950年代早期，直至超過60年後的今天仍是全波蘭最大、最高的建築物，不僅科技博物館位於其中，更擁有雄偉大廳、劇場和電影院，為華沙主要的藝文展覽場地。要見識華沙之美，搭乘電梯到文化科學宮30樓的觀景台是最佳方法，整個華沙的市容盡收眼底。

儘管如此，華沙市民似乎都對文化科學宮頗有微詞，認為它破壞了華沙的景觀，因此當地人常開玩笑說，文化科學宮最美的景致並不是在於居高臨下的開闊景觀，而是因為在這裡看不到文化科學宮本身！

MOOK Choice

MAP P.53C4

華沙國家博物館

Muzeum Narodowe w Warszawie

收藏波蘭最豐富展品

🚌搭乘巴士111、117、158、507、517、521在Muzeum Narodowe站下；或搭116、128、175、180、222、503在Foksal站下。 🏠Aleje Jerozolimskie 3 ☎(22) 621-1031 🌐mnw.art.pl ⏰週二~日10:00~18:00，週五10:00~20:00，週一休館。 💲全票20PLN、優待票10PLN，週二免費。

　　華沙國家博物館最初成立於1862年，是波蘭最早的藝術博物館之一，其外觀是建於20世紀的現代主義建築，目前內部有83萬件國內外藝術作品，範圍涵蓋早期及現代繪畫、雕塑、版畫、照片、皇家用品、工藝及設計作品等，使用自動控制的LED照明設備，能夠依每幅畫而調整照明強度，表現最好的參觀品質。

　　在一樓的有兩個展間，一個陳列了中世紀努比亞的藝術與文化，這裡作品出自法拉斯(Faras)的大教堂，另一個展間則是14到16世紀早期的中古世紀藝術，展出哥德式及羅馬式藝術，其中聖母雕像作品「Beautiful Madonna From Wrocław」，是1400年前出自歐洲皇家的哥德式藝術作品，可見匠師精湛的工藝技術；另一個耶穌釘在十字架的作品，栩栩如生的雕刻，更讓人深刻感受到祂當時的痛苦。

　　二樓展館包括19、20、21世紀的藝術、波蘭設計作品與不定期舉辦的特展，其中波蘭畫家亞歷山大‧格林斯基(Aleksander Gierymski)的代表作品之一《猶太女人與橘子》(Jewish Woman with Oranges)，畫中呈現一位可憐的老婦人手提著橘子，這件作品說明的也正是華沙猶太人的生活，這件作品在第二次世界大戰時被偷，過了將近70年才找回來，就在陳列19世紀藝術的展間。

波蘭猶太歷史博物館

Muzeum Historii Żydów Polskich POLIN

多媒體重現昔日猶太生活

🚌搭乘111、180號巴士在Nalewki Muzeum站下；或是搭路面電車4、15、35在Muranów站下及17、33、37、41在Anielewicza下車；也可搭地鐵到Ratusz Arsenał站。🏠 ul. Mordechaja Anielewicza 6 ☎(22) 471-0301 🌐 www.polin.pl ⏰週一、四、五10:00~18:00，週三、六、日10:00~20:00，週二休。💲全票45PLN、優待票35PLN，週四免費。

　　博物館由波蘭政府與非政府組織共同設立，展現了波蘭猶太人從中古世紀至今的一千年歷史，其成立來自私人捐贈以及其他國家基金會的協助。博物館內共分8個展區，分不同時期鉅細靡遺地介紹猶太人的故事，包括最初如何來到波蘭、又是如何散居世界各地，在其中一個展間重現猶太人的家庭生活、介紹猶太人與教堂的關係及華麗的猶太會堂，讓人得以認識648~1772年的猶太人生活；1918~1939年期間，除了經濟蕭條及反猶太主義之外，也有歷史學者認為對波蘭猶太人來說像是第二個黃金歲月；在下一個展間馬上來到二次世界大戰期間的大屠殺，包括呈現猶太人在隔離區的生活，以及猶太人在那段時間如何躲藏，有人將小孩託給修道院照顧，或躲藏在自家閣樓、地板下方及牆壁夾縫等，有些幸運地逃過，也有些人失敗被抓。整個展間來到後方就是德軍如何處決猶太人及死亡集中營的故事，因為波蘭是歐洲最大的猶太人居住地，所以德國在這裡設立眾多死亡集中營。在大屠殺期間有6百萬名歐洲猶太人被殺，其中就有一半是波蘭猶太人。

　　整個博物館大量運用投影、聲音及文字描述，並搭建當時的場景，引導參觀者猶如身歷其境地了解猶太歷史的演變、波蘭猶太人的傳統、文化及信仰等，波蘭猶太人在二次世界大戰大屠殺前約有3.3百萬人，可以說占華沙居民三成以上，如今雖已成少數，但波蘭猶太人在波蘭已是歷史的一部分，想要認識波蘭就不能不認識猶太人，而博物館藉由多媒體的運用，也讓參觀過程更加生動、有趣。

MOOK Choice

MAP P.53A4

華沙起義博物館

Muzeum Powstania Warszawskiego

記錄前人奮戰血淚

搭地鐵在Rondo Daszyńskiego站下車。或搭1、22、24、102、105號巴士在Muzeum Powstania Warszawskiego站下車。 ul. Grzybowska 79 (22)539-7905 www.1944.pl 週一、三、五9:00~18:00，週六、日10:00~18:00，週四8:00~20:00。週二休館。 全票25PLN、優待票20PLN。週日免費入場。

對波蘭人而言，1944年8月1日掀起的華沙起義是一段慘烈且難以抹滅的記憶，而2004年開幕的華沙起義博物館，是華沙居民們在事件發生後60周年，對為了守護國家的獨立與自由而不惜犧牲性命的烈士們致上最高的敬意。

博物館的建築前身，是一座路面電車的發電廠房，紅磚建築的外觀洋溢著懷舊氣息，頗適合詮釋當時的時代背景。一進門可見展館內豎立一座貫穿樓層的巨大金屬紀念牆，紀念牆更不斷傳出心跳聲，牆上寫滿63天戰鬥的過程。

博物館在3千平方公尺的展示空間裡，展出800多件收藏品、超過1500張照片，以及一些1944年8、9月起義後餘生的人們口述當時狀況的影片，詳細陳訴華沙起義期間當時的生活狀況與奮戰過程，在不同展館內並提供詳細的解說，供民眾免費索取。

展品還包括眾多當年的武器、戰備，以及一架Liberator B-24 J轟炸機的複製品等。還有一部「廢墟之城」(The City of Ruins)3D立體影片，模擬1945年Liberator B-24 J轟炸機飛越華沙毀城的那段血淚史。

博物館收到各地捐贈相關華沙起義及二次大戰相關歷史文物，物品總計超過7萬件，在館內也特別設一間展館，展示部分具有代表性的歷史文物，包括當時的服飾、腳踏車、軍事用品、證件及老照片等，有些還沾有血跡，展館並有當事人口述的影片。展覽區外還有一座自由公園、碉堡和一面紀念牆，牆上刻著超過1萬名起義期間犧牲者的姓名，當然還有更多無名英雄不及備載。

猶太區圍牆遺跡

Fragment of the Ghetto wall in 55
Sienna Street

最令人悲傷的圍牆

🚇 在地鐵站Rondo Onz下車，從Złota 62進入。　🏠55
Sienna Street

華沙被占領後，德國要求猶太人要戴著大衛之星並限制他們居住的地區，1940年，德國設立猶太隔離區將猶太人關在裡面。如今這些猶太區遺跡在華沙仍可見到，包括在Walicow街以及在Sienna、Złota兩條街之間的紅磚牆。後者在一片現代建築中，不易尋找，要從Złota街進入才看得到。在殘存的牆上，設了紀念及解說牌，說明當時發生的歷史。

1942年，原本的猶太區又分成了大、小兩處猶太區，大約有36萬華沙猶太人及9萬來自其他城市的猶太人被關在裡面，其中竟有10萬人死於飢餓。1942年的夏天，多數猶太區的猶太人被送至死亡集中營。1943年4月19日，一場起義攻破此處，不少起義者及居民在戰鬥中喪生。同年德軍在11月將殘存的人口送至其他集中營處死，僅有少數人倖存。這片殘存的紅磚牆，無言地訴說那段悲劇，也有不少人前來憑悼。

薩斯基公園

Ogród Saski

市中心遼闊綠地

🚇 搭乘地鐵在Świętokrzyska站或Ratusz-Arsenal站下。　🏠
ul. królewska　💲免費

每到夏季繁花盛開，闊達15.5公頃的薩斯基公園為這個城市帶來了不少色彩與盎然生氣。18世紀早期，國王奧古斯特二世(August II)仿照法國凡爾賽宮(Versailles)的法式花園，設計了這座公園，成為華沙第一座公共公園。

連接薩斯基公園的勝利廣場內有一個無名英雄塚，是為了紀念為波蘭英勇殉死的士兵們，而在此埋葬了無名士兵的衣冠塚，兩旁隨時有兩名士兵站崗，每天整點有短暫的衛兵交接，規模不大，星期天中午或特殊節日才有較大規模的儀式。

MAP ▸ P.53C6

瓦津基公園
Łazienki Królewskie

74公頃宮殿園林

🚶搭乘116、180號巴士在Łazienki Królewskie下車。🏠
ul. Agrykoli 1 ☎(22)506-0028 🌐www.lazienki-
krolewskie.pl

　位居皇家大道南端的瓦津基公園，占地面積
達74公頃，是歐洲最秀美的宮殿園林之一，
17世紀時波蘭國王斯坦尼斯瓦夫‧奧古斯特
(Stanisław August)曾經在這個動物眾多的森林
裡打獵，後來開始在此建設，成為皇室遊憩的夏
宮。目前是華沙市民最鍾愛的公園綠地。

　瓦津基公園入口的正中央，豎立了一座蕭邦雕

像，幾乎已成為華沙最具代表性的圖騰，而一旁
就是舉辦蕭邦夏日音樂會所在地。週日午後總是
吸引眾多愛樂人士，在湖色波光、微風徐徐吹拂
之下，優雅從容地聆聽蕭邦音樂。

MAP ▸ P.53C6

水上宮殿
Pałac na Wyspie

MOOK
Choice

詩情畫意皇室夏宮

🚶搭乘116、180號巴士在Łazienki Królewskie下車。🏠ul.
Agrykoli 1 ☎(22) 506-0028 🌐www.lazienki-krolewskie.
pl 🕐週一10:00~14:00，週二~日10:00~18:00。💲全票
40PLN、優待票20PLN。

　瓦津基公園的範圍相當大，是市民休閒運動的
好地方，裡面有好幾個宮殿、博物館等建築，
包括水上宮殿(Pałac na Wyspie)、水上劇場
(Teatr na Wyspie)、梅希萊維茨基宮殿(Pałac
Myślewicki)、橘子溫室(Pomarańczarnie)、白
舍(Biały Domek)等，分布在不同角落，其中最吸
引遊客近悅遠來的，首推水上宮殿。

　「瓦津基」這個字在波蘭文裡是「浴室」的意思，
主要源於水上宮殿當初其實只是一間國王鍾愛的泡
澡屋，後來才轉變成現在的宮殿建築，原有圍繞的
花園也被改造成一池人工湖。春夏時節，乳白色的
小巧宮殿倒映在湖水之中，如夢似畫，非常迷人。

　目前這間宮殿改造成一間博物館，展出許多之
前皇室的收藏，以17、18世紀的畫作為主。

華沙近郊
Around Warszawa

文●李欣怡·蒙金蘭·墨刻編輯部
攝影●周治平·墨刻攝影組

華沙近郊有幾處知名的景點也不能錯過，包括位於華沙市區南方，距離約10公里的維拉諾夫宮(Wilanów)，及鋼琴詩人蕭邦的故鄉塞拉佐瓦渥拉(Żelazowa Wola)，距離華沙西方53公里。前者可說是華沙唯一保留下來沒被催毀的皇家代表建築，而參觀蕭邦故居還能欣賞音樂會，更是獨特的體驗。這兩個地方參觀含交通都各需預留半天以上的時間，

Where to Explore Around Warszawa
賞遊華沙近郊

MAP P.53D6

MOOK Choice

維拉諾夫宮
Pałac w Wilanówie
波蘭華麗年代的代表

搭乘116、180、519、E-2號巴士在Wilanów下車。ul. St. K. Potockiego 10/16 (22)544-2700 www.wilanow-palac.pl 1月14日~3月31日及10月16日~12月15日週一、三~日9:30~16:00，週二休館。4月1日~10月15日週一、三、六、日9:30~18:00，週二、四、五9:30~16:00。花園每日自9:00開放，關閉時間依月份而定，詳情請上官網查詢。若遇風大時為遊客安全起見，花園可能暫時關閉。 皇宮全票35PLN、優待票28PLN；公園全票10PLN、優待票5PLN，週四免費。若遇皇宮部分廳堂整修期間，票價將有優惠。

距離華沙市區南方約10公里的維拉諾夫，是17世紀波蘭國王約翰三世·索別斯基(Jan III Sobieski)買下的土地，用來做為夏宮。取名「維拉諾夫」意思是「新的莊園」，他在此地建築的宮殿和園林融合了波蘭的莊園、義大利的莊園和法國路易十四的宮殿與園林的特色，可說是歐洲最美的巴洛克式建築之一，也顯示了當年波蘭的意氣風發。

國王約翰三世最初只完成如今宮殿中央的部分，宮殿後來於1720~1729年由伊麗莎白(Elżbieta Sieniawska)購得成為擁有者，她增建了宮殿兩翼的部分。後來的擁有者伊莎貝拉·盧

博米爾斯卡(Izabela Lubomirska)又在如今遊客入口處旁，以早期的古典主義風格，增建了包括警衛室及廚房等建築。到了19世紀初，北翼的建築立面被賦予了新文藝復興樣式，加入歷任擁有者代表的妝飾，這才成為如今令人讚嘆的規模。

在1805年，當時的宮殿主人斯坦尼斯瓦夫・波脫茨基(Stanisław Kostka Potocki)慷慨地把內部珍貴的收藏開放給大眾參觀，也使它成為波蘭最早的博物館。除了宮殿住所外，還有18世紀所建華麗的聖安妮教堂及位於教堂不遠處的波脫茨基陵寢等。

二戰時期，德軍炸毀了八成五的華沙市，這座宮殿是華沙少數完整倖存的建築，原因是當時德國原本計畫將宮殿改成賭場，後來賭場沒建成，這裡被當地醫院使用。即便如此，內部的收藏品也因德國、蘇聯相繼占領而被帶走或受損。現在宮殿內部是依當時內部所作的紀錄，得知各藝術品的細節，得以一一比對並找回部分原件，也讓

整座宮殿依舊閃爍著昔時的光輝。2樓是皇室的私人住所，從前並沒有對外開放，因此沒有留下紀錄而無法重建，目前是以展示藝術品為主，不過部分房間仍可見原始壁畫及妝飾。

伊莎貝拉・盧博米爾斯卡起居室
The Apartment of Izabela Lubomirska

從遊客入口一進來，先來到伊莎貝拉・盧博米爾斯卡起居室，這區域包含了前廳、客廳、臥室及浴室。1771年到1799年期間，這裡是伊莎貝拉生活的區域，她對藝術有著高度的鑑賞力，進入這區域的房間能很容易就看到她的畫像及雕像。金黃色的臥房、有著華麗浴池的浴室及使用18世紀法國傢俱，不難感受她對生活品味的要求。

大廳The Grand Vestibule

在國王約翰三世時期，這裡是宮殿中最大的房間，在這個廳堂的左、右兩邊，分別是進入國王、皇后起居處的入口。牆上曾繪著亞歷山大大帝的勝利及日與夜的寓言，可惜已不復存在，目前可欣賞到的作品尚有代表四大元素的地球、水、火及空氣等。

白廳The White Hall

白廳完成於國王奧古斯特二世，是宮殿內最雄偉的房間，內部有兩個壁爐，二戰後還在上方發現了從前音樂家使用的器具。白廳曾有重大的儀式舉行，同時也辦過音樂會。在19世紀時，這裡被當成展示當時重要人物畫像的藝廊，如今潔白的牆壁上仍是掛著與宮殿息息相關的人像畫。

花園畫廊The Garden Galleries

宮殿有南、北畫廊，作為連接不同廳室及陳列藝術之用。昔時是開放的空間，能夠直接走進花園，也因此冬天時此處非常寒冷，如今的玻璃是後來才加裝上去。這裡一幅幅的壁畫是佛羅倫斯畫家米開朗基羅、帕洛尼(Michelangelo Palloni)所繪，訴說的正是約翰三世與瑪麗辛卡皇后間令人稱羨的愛情故事。瑪麗辛卡未婚前，就在波蘭遇見了約翰三世，可惜後來瑪麗辛卡嫁作人婦，直到她第一任丈夫死後，才終於與約翰三世結婚。

維拉諾夫宮一樓

瑪麗辛卡皇后起居室
The Apartments of Queen Marysieńka

約翰三世國王起居室
The Apartment of King Jan III

禮拜堂The Chapel

花園畫廊
The Garden Galleries

花園畫廊
The Garden Galleries

從前宮殿入口

大廳
The Grand Vestibule

白廳
The White Hall

伊莎貝拉.盧博米爾斯卡
起居室
The Apartment
of Izabela Lubomirska

波脫茨基博物館
The Potocki Museum

遊客入口

約翰三世國王起居室
The Apartment of King Jan III

國王生活的空間包括了前廳、圖書館及臥室等，約翰三世在登基前，受到良好的教育，同時也到歐洲遊歷擴展知識，他喜好天文學、哲學、神學及古詩等等，在圖書館中可見他文學的品味，書籍就依照天花板繪畫的寓意分類。

前廳是貴族們等待國王接見之處，這個廳室陳設得有點暗，並且天花板壁畫內容顯示的也正是冬天，據說是暗寓來訪者要對國王有敬畏之心。因為宮殿是國王度假而非辦公的地方，平時他就在臥室接見來訪的客人。有趣的是房裡擺著的床非常小，這是因為當時認為躺著睡覺不吉利，因此國王是坐在床上睡覺。有別於前廳的冬季，這裡天花板的壁畫是以夏季為主題，而他所鍾愛的瑪麗辛卡皇后就在畫中。

瑪麗辛卡皇后起居室
The Apartments of Queen Marysieńka

皇后的臥室用華麗的巴洛克風格妝點，天花板壁畫主題是春天的寓言。由於皇后是法國人，她來到波蘭後就把法國傳統及文化帶了過來，可以發現她睡的床就比國王還要略大一些。由屋內的陳設不難想像當時皇后就坐在床上接見來訪者，而客人則坐在兩旁椅子上的情景。房內使用的家具有些是依原樣重建，也有當年的原件，據說梳妝台就是皇后當年使用過的。在皇后起居室裡有一幅家族的畫作，畫中皇后就像聖母一樣手中抱著嬰兒，這幅畫裡的人物是皇后的5個小孩，事實上皇后總共生下了十幾個小孩，可惜最後只有4個活了下來。

禮拜堂The Chapel

傳說這裡是國王約翰三世逝世的地方，時間就在1696年，推測當時這裡可能是他辦公之處。19世紀為了紀念國王的逝世，改建成禮拜堂，由義大利建築師重建。祭壇上是聖母抱耶穌雕像，素雅的壁面及天花板圓拱造形，自成莊嚴肅穆的氛圍。

波脫茨基博物館The Potocki Museum

1799到1821年間，波脫茨基是宮殿的擁有者，他在1805年開放大眾參觀，在博物館入口的地上，即可見到「Cunctis Patet Ingressus」幾個大字，這是博物館向大眾免費開放的意思。目前展示豐富的藏品包括畫作及雕刻等等。

MAP　P.11B5

蕭邦故居博物館

Fryderyk Chopin's Birthplace in Żelazowa Wola

鋼琴詩人誕生地

🔗 塞拉佐瓦渥拉位於華沙西方53公里，車程約需1小時左右，從華沙可搭Motobuss巴士前往。也可購買蕭邦卡(ChopinPASS)，內含進入公園及博物館門票外，還包括用八人座廂型車接送往來華沙及塞拉佐瓦渥拉的交通，10:30從華沙出發，約15:00回到華沙，每日時刻依季節而不同，時刻表可查詢www.chopinpass.pl，費用成人119PLN、優惠票99PLN，週三另有折扣價，另外也可加購音樂會門票。 🏠 Żelazowa Wola 15, 96-503 Sochaczew ☎(46) 863-3300 🌐chopin.museum/en ⏰4月~9月週二~週日9:00~19:00，10月~3月週二~週日9:00~17:00。週一休館，公園仍開放。 💲故居和公園全票23PLN、優待票14PLN，週三免費。

雖然蕭邦在舉家遷至華沙前，真正住在塞拉佐瓦渥拉的時間不到1年，但還是有許多遊客追尋蕭邦一生的足跡到塞拉佐瓦渥拉憑弔一番。隨著華沙市區裡的蕭邦博物館開幕，這間故居歸屬於博物館的分館。

蕭邦博物館由蕭邦的故居和公園組成，蕭邦故居中的鋼琴據說是蕭邦第一次彈奏的鋼琴，而鋼

琴旁有花的地方就是蕭邦呱呱落地的地方。參觀了鋼琴和樂稿之後，在蕭邦故居中還可以了解蕭邦多才多藝的一面，因為他不僅在音樂上獨有天賦，更是相當有才華的作家和畫家，另外博物館內有很多出自蕭邦之手的手稿信件和繪畫，可以看到蕭邦的字跡與他的音樂風格類似，充滿詩情畫意的浪漫情懷。

博物館外的小公園是樂迷為蕭邦裝飾家園的成果，不僅有小橋流水和蕭邦肖像，悠揚的蕭邦樂曲更是整天未曾停歇。

現代市中心

MAP ▶ P.59A2 | **Literatka**

🚇 從舊城廣場步行約6分鐘。 🏠 K r a k o w s k i e Przedmie cie87/89 ☎(22)497-5772 🌐literatka.com.pl 🕙週一~日10:00~24:00。

Literatka餐廳位於克拉科夫斯基市郊大道一棟名為文學之家（House of Literature）建築裡。坐在露天座位區能感受觀光街道的悠閒氛圍，尤其還可將不遠處的皇家城堡及聖安妮教堂美景，盡收眼底；進入室內又是另一種沈靜優雅的氛圍。

Literatka提供傳統的波蘭美食外，也有小部分的歐式佳餚如德國豬腳，主菜價位約在38~76PLN，份量不小，另外也有前菜、湯、沙拉、甜點及早餐可選。擺盤精緻、專業的服務再加上美味的料理，讓人留下難忘回憶。

現代市中心

MAP ▶ P.53B4 | **人面獅身Sphinx**

🚇 從中央火車站步行約10分鐘可達。 🏠Aleje Jerozolimskie 42 ☎(22)826-0750 🌐sphinx.pl 🕙11:00~23:00，週五、六11:00~00:00。

乍看店名，以為是一家賣跟埃及相關料理的餐廳，仔細了解，才知它其實偏向英式風格，內部裝潢倒是添加不少埃及風味，是頗現代化的西餐廳兼酒吧，不但可以吃到波蘭傳統的水餃等餐點，更多的是牛排、豬排、魚排、披薩、義大利麵等國際化的料理。它和Chłopskie Jadło同屬於一家股票上市集團旗下，也採連鎖經營，而且聲勢更加龐大，在波蘭各大觀光城市都看得到它的蹤跡，光是在華沙的分店就多達十幾家，很受當地人歡迎。

現代市中心

MAP ▶ P.53B5 **Tel Aviv**

🚌搭巴士131、N25、N31、M37、N81可抵 📍Poznańska 11 Street ☎(22)621-1128 💻telaviv.pl/en ⏰週一~四10:00~00:30，週五、六10:00~00:00，週日10:00~23:00。

華沙的素食餐廳小有名氣，而且餐廳選擇也不少，來到這裡不妨試試。其中Tel Aviv餐廳就頗受旅客好評，內部更常是客滿的狀態。雖然名為以色列首都台拉維夫，餐廳菜色種類卻是非常多樣，包括以色列料理、日式壽司、中式料理、咖哩及漢堡等，堅持使用素食食材，連油都不使動物油，藉由巧妙地設計、組合，讓菜色成為視覺與味覺兼具的饗宴。

餐廳價格也平實，主菜約在兩百多元台幣左右，不過分量不大，可再加點前菜或湯。餐廳主人更在菜單上呼籲大家改變平常的飲食習慣，以素餐來為環保盡心，這家餐廳還經過國際素食認證。不過要注意的是店內只接受信用卡付費。

現代市中心

MAP ▶ P.53B3 **Wrzenie Świata**

🚌搭128、518、503、180號巴士前往 📍Konstantego Ildefonsa Gałczyńskiego 7 ☎(22) 828-4998 💻www.wrzenie.pl ⏰週一~五9:00~22:00，週六、日10:00~22:00。

華沙有幾間結合書店的咖啡館，不妨找一間咖啡館點一杯咖啡，享受閱讀的樂趣，並且有些咖啡館還有小型的演奏會登場。這間咖啡館位在靜謐的街道上，一進門就可看到擺滿書桌的書籍以及書架上陳列滿滿的新書，明亮的空間、舒適的座位還有抱枕，有人拿著架上的書閱讀也有人在討論或打電腦。

進來這裡只要點杯咖啡、飲料，即可以坐在這裡閱讀館內所有的書籍，當然也歡迎購買。店內也供應輕食及蛋糕，可惜的是書籍以波蘭文為主，然而點杯飲料坐在這裡，聽著輕快的樂音流瀉，讓緊湊的旅程緩下來，更能夠感受波蘭的在地生活。

舊城區

MAP ▶ P.59B2　Zapiecek

🚶 從舊城廣場步行約2分鐘可達。　🏠ul. Świętojańska 13　📞(22)635-6109　🌐www.zapiecek.eu　🕐11:00~23:00

Zapiecek早年是舊城廣場旁邊一條短而寬闊的街，19世紀時曾經是熱鬧的飛禽市集，第二次世界大戰時街道被炸毀，戰後波蘭人嘗試完整重建舊城，其中一間積極還原的房子，從1960年開始經營餐廳，並以Zapiecek命名，如今已成為當地最知名的波蘭傳統料理餐廳之一。

Zapiecek的菜單，都是波蘭家庭裡最常見的「阿嬤的菜單」，尤其是波蘭名為「Pierogi」的餃子更是受歡迎的招牌菜，無論是包高麗菜、絞肉、馬鈴薯、波菜、起司或是甜甜的藍莓醬，有水餃也有煎餃，連飲料也充滿波蘭傳統風味。

多年來，Zapiecek已發展成為連鎖餐廳，目前在華沙共有8家分店，無論建築本身是復古還是新潮，裡面都陳設得古意盎然，服務人員也都穿著傳統風味的制服，最重要的是價格平易近人，有機會一定要進去體驗一下。

舊城區

MAP ▶ P.59B1　U Fukiera

🚶 就在舊城廣場上，位於西面。　🏠Rynek Starego Miasta 27　📞(22)831-1013　🌐www.ufukiera.pl　🕐12:00~24:00

提到U Fukiera，華沙當地人都會點點頭，然後加上一句：「不過，很貴喔！」位於舊城廣場上的這家知名餐廳，內部以水晶燈、骨董、鮮花、銀製餐具和眾多藝術真跡畫作妝點得美輪美奐，氣氛相當獨特；菜色以波蘭傳統料理和歐陸料理為主。因為盛名遠播，英國公主、丹麥皇后、美國前國務卿季辛吉等政商名流和凱薩琳丹妮芙、莎朗史東、卡卡夫人、克勞蒂亞雪佛等巨星造訪華沙時，都曾經是座上客。

舊城區

MAP ▶ P.59B2　城堡咖啡廳Café Zamek

🚶 就在皇家城堡1樓。　🏠Pl. Zamkowy 4　📞(22) 355-5116　🌐www.cafe-zamek.pl　🕐10:00~21:00

附設於皇家城堡裡的城堡咖啡廳，裝潢、風格和氣氛與城堡本身相稱，充滿尊貴、細緻、典雅的氣質。餐廳主要供應比較精緻的波蘭傳統料理，包括皇家烤鴨、香菇濃湯、各類餃子等，蛋糕等甜點更是頗受推崇。雖然消費略為偏高，但是即使不用餐，坐下來喝杯飲料，欣賞內部的裝潢、氣氛也很值得。

新城區

MAP ▶ P.59A1　Podwale Kompania Piwna

🚶 就在樓堡外側面臨護城河的街上。　🏠ul. Podwale 25　📞(22)635-6314　🌐www.podwale25.pl　🕐週一~六11:00~凌晨1:00，週日及假日12:00~24:00

位於樓堡城牆遺跡外側的Podwale Kompania Piwna，是當地相當受歡迎的傳統餐廳兼啤酒屋，自家釀製的啤酒種類繁多，清新的口味頗受讚賞。各式各樣波蘭的傳統家常菜，包括獵人燉肉、餃子、烤豬腳、黑麥湯、香菇濃湯等都品嘗得到，而且口味道地、價格又頗平易近人，每天都會推出價格吸引人的推薦套餐。所以儘管空間廣闊可以容納眾多食客，即使平常日的用餐時間若無預約還是可能得排隊；一到夏天，戶外的露天用餐座位更是搶手。晚餐時段不時有現場傳統樂演奏，氣氛非常熱絡。

現代市中心

MAP ▶ P.53B5 **Hala Koszyki**

🚌 搭118、131、151、386、411、501、502、514、519、520、522、525、N25、N31、N37、N81號巴士在Pl. Konstytucji下車。或搭路面電車1、9、10、14、15、25、31 在Pl. Politechniki 02下車。 🏠Koszykowa 63 🌐www.koszyki.com ⏰週一~週日9:00~21:00。

「Koszyki」市集早在20世紀就設立了，這個舊市場改造的現代商場，在2016年重新開幕，內部就像重生後的華沙一樣，現代、時尚又引人注目。商場林立酒吧、餐廳、有機商店、蔬果鋪、肉品店、書店及大型超市等，商場包括1、2樓及地下1樓，中間採挑高設計，寬廣舒適的空間規劃，成為華沙用餐、購物最佳去處。

這裡的餐廳很早就開始營業，有些餐廳還全天候供應早餐，不妨找時間來這裡感受融合新、舊的華沙面貌，用完餐後，再到超市、有機商店購物，這些地方販售不少華沙在地品牌的商品包括酒類、保養品及食品等。此外，建築師保留部分市集的原始建築，例如紅磚牆，一旁還有解說介紹，也值得細細走訪。

現代市中心

MAP ▶ P.53A4 **金色梯田購物中心Złote Tarasy**

🚌 搭巴士102、109、127、128、131、158、160、175、210、227、422、501、504、507、517、519、521、525、700；或搭路面電車7、8、9、10、16、17、22、24、25、33、37可抵。 🏠ul. Złota 59 ☎(22)222-2200 🌐zlotetarasy.pl/pl ⏰週一~六9:00~22:00，週日9:00~21:00。

位在中央火車站後側的金色梯田Złote Tarasy，是結合了商店、餐廳、飯店、電影院、停車場等多重功能的休閒與購物中心，由國際知名的設計公司The Jerde Partnership執行設計，正面的玻璃屋頂大量承接自然光線，不但白天的室內分外明亮，入夜後燈光從玻璃透射出來，呈現金色的光芒，果然展現出金色梯田般的視覺效果，內部其它細節也充滿設計感，2007年才正式開幕，就獲得許多設計獎項的肯定。

顯目的金色梯田購物中心，內部包含了近200家商店，一些歐洲大眾品牌像是H & M、Zara及國際精品等都有進駐，並有40間餐廳及8間電影院，能夠滿足旅客所有的需求。

Where to Stay in Warszawa
住在華沙

現代市中心

MAP ▶ P.53B4 **波蘭皇宮飯店**
Polonia Palace Hotel

🚌搭公車到Dworzec Centralny，搭地鐵可到Centrum，或搭火車到中央車站，從中央車站步行約5分鐘可達。 🏠 Al. Jerozolimskie 45 ☎(22)318-2800 🌐www.poloniapalace.com

站在文化科學宮向下望，對面可看見一幢非常典雅的樓房，就是成立超過百年的波蘭皇宮飯店。波蘭皇宮飯店在二戰時倖存下來，也成為當時華沙最好的飯店。

建於1913年的波蘭皇宮飯店，由於距離中央車站很近，公車、路面電車和地鐵選擇眾多，交通方面非常方便；而且火車站後面就是金色梯田購物中心(Złote Tarasy)，逛街、購物、搜尋美食也隨時可出發；再加上對面就是文化科學宮，地理位置可說非常優越。

波蘭皇宮飯店雖然歷史悠久，但是在良好的維護下，接待大廳仍擁有名符其實的氣派，櫃台人員英語能力很好，態度也很親切；客房空間寬敞，搭配刻意復古風情的家具，氣氛相當典雅，再加上大螢幕薄型電視、高速的無線上網，以及商務中心、健身中心、三溫暖、餐點品質頗高的餐廳等，現代生活所需的先進設施齊備，頗值得推薦。

現代市中心

MAP ▶ P.53A4 **Warsaw Marriott Hotel**

🚌搭公車到Dworzec Centralny，搭地鐵可到Centrum，或搭火車到中央車站，從中央車站步行約2分鐘可達。 🏠Al. Jerozolimskie 65/79 ☎(22)630-6306 🌐www.marriott.com/hotels/travel/wawpl-warsaw-marriott-hotel

Warsaw Marriott Hotel就位在中央車站的對面，波蘭一些重要的政府單位和機構的辦公室都在這幢大樓裡，對洽公的人而言地理位置非常方便，對一般旅客來說交通、購物、找餐廳都很便利。維持Marriott一貫五星級的水準，擁有523間全新設計的客房。

現代市中心

MAP ▶ P.53A4 **Mercure Warszawa Centrum**

🚌搭公車到Dworzec Centralny，搭地鐵可到Centrum，或搭火車到中央車站，從中央車站步行約5分鐘可達。 🏠ul. Złota 48/54 ☎(22)697-3999 🌐www.accorhotels.com/gb/hotel-3385-mercure-warszawa-centrum/index.shtml

飯店鄰近中央車站，到現代市中心的景點如文化科學宮、金色梯田購物中心(Złote Tarasy)等，都在步行可達的距離，高樓層的房型視野非常好，再加上附近都是現代化建築，從房間打開窗廉，即可居高臨下，將華沙市區繁華的景像盡入眼簾。

舒適的房間內還貼心提供多種口味的膠囊咖啡，浴室裡相關備品一應俱全。接待大廳及行李暫放區就設在一樓，另外還設有咖啡廳。

波蘭⋯⋯ **華** 沙Warszawa

現代市中心

MAP ▶ P.53B4 **Hotel Novotel Warszawa Centrum**

🚌 搭公車到Dworzec Centralny，搭地鐵可到Centrum，或搭火車到中央車站，從中央車站步行約10分鐘可達。 🏠 ul. Marszałkowska 94/98 📞(22)596-0000

Hotel Novotel Warszawa Centrum位於文化科學宮斜對面，與波蘭皇宮飯店隔著一條大道，線條摩登的高樓非常搶眼，若說波蘭皇宮飯店是位古典美人，Hotel Novotel Warszawa Centrum就是位現代美女，各自展現迷人風華。

飯店客房內部設計同樣在簡潔的線條中展現高貴的質感，高樓層俯瞰市區視野很棒，並且有健身中心、桑拿、餐廳及酒吧等設施。

現代市中心

MAP ▶ P.53A4 **Intercontinental Warsaw**

🚌 搭乘地鐵到Rondo Onz下車，再步行5分鐘可達。 🏠 ul. Emili Plater 49 📞(22)328-8888 🌐www.warsaw.intercontinental.com/secms

與文化科學宮並肩而立，Intercontinental Warsaw前衛的建築結構形成強烈的對比，成為華沙市中心區的嶄新地標。

高達43層樓的Intercontinental Warsaw共有414間客房，包含78間擁有廚房等設備的公寓式套房。設施包括3間餐廳、1間酒吧；頂樓還有設施完善的健身中心、三溫暖、戶外泳池、Spa療程室，廣闊的俯瞰視野更是吸引人。

現代市中心

MAP ▶ P.53B4 **Hotel Metropol**

🚌 搭公車到Dworzec Centralny，搭地鐵可到Centrum，或搭火車到中央車站，從中央車站步行約8分鐘可達。 🏠 ul. Marszałkowska 99a 📞(22)325-3100 🌐www.hotelmetropol.com.pl

位於中央車站附近、與Polonia Palace Hotel相鄰的Hotel Metropol，是交通位置適中的3星級飯店，對面即至文化科學宮，前往新世界路和舊城等也很方便。除了舒適客房並設有現場演奏的爵士音樂酒吧。

現代市中心

MAP ▶ P.59A3 **Hotel Bristol**

🚌 搭乘116、175、180、503等號巴士可達。 🏠 ul Krakowskie Przedmieście 42/44 📞(22)551-1000 🌐www.hotelbristolwarsaw.pl

位在皇家大道上，Bristol飯店從1901年開業，由當時知名的建築師Marconi設計，外觀是新文藝復興式，是華沙歷史最悠久的五星級飯店，前美國總統約翰甘迺迪、藝術巨擘畢卡索等都曾經住過。

Bristol飯店在良好的維護下，至今仍保持尊榮的硬體設施和軟體服務水準。由於非常靠近舊城入口，對純粹觀光的旅客而言地理條件最優越。

現代市中心

MAP ▶ P.59A3

華沙索菲特維多莉亞飯店
Sofitel Warsaw Victoria

🚌 搭乘116、175、180等號巴士可達華沙大學，再步行前往。 🏠ul. Królewska 11 ☎(22)657-8011

新穎樓房建築的華沙索菲特維多莉亞飯店位於華沙大學和薩斯基公園之間，地理位置對於逛街和逛舊城而言都很方便，1976年開幕時是華沙第一批豪華飯店之一。

華沙索菲特維多莉亞飯店設有兩間餐廳、一間酒吧，還有健身房、按摩中心、溫水游泳池及蒸氣室等，符合索菲特一貫五星級的軟硬體設備水準。

©波蘭旅遊局

現代市中心

MAP ▶ P.53A5 **Premiere Classe Warszawa**

🚌 從華沙蕭邦機場搭乘175號巴士約20分鐘可抵，或搭電車7、9、22、24號可達。 🏠ul. Towarowa 2 (從ul. Platynowa進入) ☎(22)624-0800 🌐www.premiereclasse.com/fr/hotels/premiere-classe-varsovie-warszawa

以價格考量而言，Premiere Classe Warszawa是還不錯的經濟型飯店，屬於一星級，共有126間客房，現代化的設施能滿足住宿上的基礎需求。與起義博物館位在同一條大道上；從中央車站搭乘路面電車只要2站就到了，交通還算方便。

現代市中心

MAP ▶ P.53A5 **Hotel Campanile Varsovie / Warszawa**

🚌 搭乘159、422等號巴士，或搭1、8、22、24等號電車可達。 🏠ul. Towarowa 2 ☎(22)582-7200 🌐www.campanile.com/fr/hotels/campanile-varsovie-warszawa

和Premiere Classe Warszawa隸屬於同一飯店管理集團的Hotel Campanile Varsovie / Warszawa，兩者比肩而立，地理位置條件差不多。比Premiere Classe略為細致一些，屬於二星級。共有194間房間，並有特別為殘疾人士設置的房型。

©波蘭旅遊局

新城區

MAP ▶ P.59A1 **Mamaison Le ReginaWarsaw**

🚌 從中央車站搭公車N44在Franciszka ska 02站下車。 🏠Kościelna 12 ☎(22)531-6000

位於具有歷史背景的新城區，La Regina Hotel的外觀像一幢18世紀的城堡，內部設計融合了古典的氣質與摩登的線條，只有58間客房與3間套房，游泳池、三溫暖、按摩療程、免費無線上網等設施兼備，屬於設計感強烈的精品飯店。住在這裡，前往新城和舊城閒逛最為方便。

克拉科夫●

克拉科夫
Kraków

文●李欣怡・蒙金蘭・墨刻編輯室　攝影●周治平・墨刻攝影組

有人說到波蘭旅遊不見得一定要到華沙，但是絕不能錯過克拉科夫。波蘭王朝於1038年建都於克拉科夫，14至16世紀全盛時期期間，克拉科夫與布拉格和維也納鼎足而立，是當時中歐的三大文化中心。

克拉科夫目前是波蘭的第三大城，人口約76萬多人，由於是波蘭境內少數未被戰火波及的城市，因而得以保留大量完整的中世紀和文藝復興建築。不論是歷史建築、紀念物，還是藝術作品，沒有第二座波蘭城市能與之匹敵，早在1987年，聯合國教科文組織便將克拉科夫

的舊城提列為世界遺產保護名單。傳統上，克拉科夫就是波蘭的文化中心，不僅僅是傳承古典，在現代藝術與文化的表現上，克拉科夫也享有極高的地位。這座城市誕生了兩位諾貝爾文學獎得主──Czesław Miłosz和Wisława Szymborska，而史上第一位波蘭籍教宗──若望保祿二世，也出身於克拉科夫。

克拉科夫旅遊資源豐富，市區裡絕不能錯過舊城區和瓦維爾城堡，至於郊區的維利奇卡鹽礦，以及近2個小時車程的奧斯威辛集中營，都是名列世界遺產的一級景區。

INFO

如何前往

◎飛機

克拉科夫的國際機場全名為克拉科夫若望保祿二世機場(Kraków Airport Jana Pawła II)，位於城西約12公里處的巴里斯(Balice)。

從機場進入市區可搭程火車，火車上有Wi-Fi、售票機及插座。從機場到克拉科夫火車總站(Kraków Główny)單程票17PLN，約需20分鐘，可在火車站或機場的售票機購票，或向火車上的站務員購票。另外，從機場到維利奇卡鹽礦單程21PLN。

從機場到市區亦可搭乘市區巴士208、252號，及夜間巴士902號。單程車票4PLN、60分鐘票價6PLN。

巴士車票可在入境大廳一樓售票機票買，到巴士站也有售票機，可以付現或刷卡。注意上車後，車票要記得列印機印上日期才算生效。車程約需40分鐘。

在機場入境大廳有乘合法的排班計程車，計費方式公開、清楚，可安心搭乘，進入市區車資約70PLN左右。車上可以刷卡付費。ⓤwww.krktaxi.pl/en/start

克拉科夫若望保祿二世機場

📍ul. kpt. M. Medweckiego 1　☎(12)295-5800　ⓤ
www.krakowairport.pl

◎火車

克拉科夫火車總站位於舊城的東北方，步行到舊城只要5分鐘，國內外各路線的火車都在此靠站，內部有眾多餐廳及商店。前往華沙火車車次頻繁，車程約2.5小時，票價60~150PLN；前往奧斯威辛車程約1.5小時。正確班次、詳細時刻表及票價可上網或至火車站查詢。ⓤintercity.pl/en

◎長途巴士

克拉科夫巴士總站就在火車總站旁，長途巴士可連接波蘭國內及歐洲各大城市。前往華沙車程約5小時左右。ⓤwww.mda.malopolska.pl/en

市區交通

克拉科夫的主要景點幾乎都集中在舊城之內步行可達的地方。如果住在城市外圍，可以搭乘巴士和地面電車，車票可在站牌的售票機購買。車票分為單程車6PLN、20分鐘短程票4PLN等，另外也有24小時、48小時及72小時的選擇。上車時記得車票要自行到打票機印上日期。

ⓤwww.mpk.krakow.pl

克拉科夫觀光卡Krakow Tourist Card

購買克拉科夫觀光卡可以免費進入超過40個博物館及景點，還能無限次免費搭乘大眾交通工具，以天數計價，2日售價50€、3日售價55€，觀光卡可在機場購買，更多銷售地點可上網查詢。ⓤKrakowcard.com

旅遊諮詢

◎遊客服務中心Centrum Informacji Kulturalnej

克拉科夫在多處設有服務中心，對於剛抵達城市的旅客來說，設在克拉科夫火車總站的服務中心，有各式豐富的旅遊資訊可索取，並有免費地圖，相關交通問題服務人員都會詳細回覆，也可索取火車時刻表。

紡織會堂InfoKraków

📍Rynek Główny 1/3　☎(12)354-2716　🕐週一~日9:00~19:00　ⓤwww.infokrakow.pl

卡茲米爾區InfoKraków

📍ul. Józefa 7　☎(12)354-27-28　🕐週一~日9:00~19:00

MAP　P.91A2

中央市集廣場

MOOK Choice

Rynek Główny

13世紀成形的繁華廣場

🚌 從克拉科夫火車總站步行約15分鐘可達。　🏠 Rynek Główny

　　克拉科夫的中央廣場約200公尺見方，無疑的，它是波蘭最大的中世紀廣場，甚至號稱是全歐洲最大的，而類似這般的佈局、設計，恐怕也少有城市能出其右。

　　中央廣場的格局約成形於1257年，直到今天都沒有改變過，儘管幾個世紀以來，周邊建築立面的樣式已多有番改頭換面，目前所看到的，大致都是19世紀形成的新古典主義風格。

　　中央廣場不分日夜總是聚集男女老少，拿豆子餵食鴿子、坐在露天咖啡座上暢飲啤酒，一邊欣賞街頭音樂家的演出，白天曬曬暖陽，夜晚數著星火，讓人流連忘返。

舊城區Stare Miasto

　　第二次世界大戰期間，波蘭全境陷入戰火，僅有克拉科夫倖免於難，完整保存了中世紀的舊城光華，因此聯合國教科文組織(UNESCO)在西元1978年把克拉科夫的舊城區列為世界遺產之一。

　　克拉科夫舊城是在1257年韃靼人(Tatar)入侵之後所規劃設計的，總共有綿延3公里的兩道厚實防禦城牆、47座塔樓、8座城門及一條護城河。直到19世紀初，整座舊城失去了它的軍事防禦功能，為了迎合現代都市發展，城牆被拆除，護城河被填平成為一條環狀公園。如今幾乎所有克拉科夫的知名景點都位於舊城之內。

紡織會堂

MOOK Choice

Sukiennice / Cloth-hall

文藝復興式典雅商場

🚶 從克拉科夫火車總站步行約14分鐘可達。　🏠 Rynek Główny 1/3

　　中央廣場裡最矚目的焦點，是坐落在正中央、呈文藝復興風格的紡織會堂。14世紀時，紡織會堂是蓋來作為交易紡織品之用，1555年一場大火，會堂改建為今天所見到的文藝復興樣貌，19世紀末，建築外又增建兩道拱廊。現在則作為商場和博物館。

　　1樓販售各種波蘭手工藝品和紀念品，包括波蘭陶、皮件、琥珀、水晶玻璃、木雕及手工製的聖誕節裝飾品等，樓上則是波蘭國家博物館的分館之一。

©波蘭旅遊局

波蘭…**克**拉科夫Kraków

芙洛里安城門

Brama Floriańska

14世紀初古老城門

🚶 從克拉科夫火車總站步行約6分鐘可達。　🏠 Floriańska 36

　　從克拉科夫火車總站出來後，經過一些賣水果、麵包的小販，從行人地下道即可進入克拉科夫舊城。它是克拉科夫19世紀城市現代化之後，唯一沒有被拆掉的舊城門，約建於1300年。芙洛里安城門正對的Floriańska街是克拉科夫最熱鬧的街道，餐廳、旅館、咖啡廳、服飾、藝品店等應有盡有。

市集廣場
地下博物館
Rynek Podziemny

運用科技玩味中世紀生活

🚇 從克拉科夫火車總站步行約14分鐘可達。　🏠 Rynek Główny 1　☎(12) 426-5060　💻 www.podziemiarynku.com　🕐 4~10月週一10:00~20:00，週二10:00~16:00，週三~日10:00~22:00。11~3月週一10:00~19:00，週二10:00~14:00，週三~日10:00~19:00。每個月第二個週一休館。　💲 全票28PLN、優待票24PLN。週二免費。

克拉科夫市集廣場自2005年開始考古的挖掘工作，整個研究持續5年之後，對外開放展示。整個地下展覽大量運用現代科技，以互動方式呈現克拉科夫自中世紀的生活、文化及歷史，由中可發現當時克拉科夫就已經與其他歐洲城市之間有密切的往來交流。

克拉科夫市集廣場自13世紀以來就是居民們主要的公共區域，至今仍是如此，館內還拍攝了一段影片，呈現出中世紀市民生活的樣貌；此外也展示在此處出土的豐富古物，包括硬幣、理髮用具、斧頭、裝飾品、服飾及運輸工具等，琳瑯滿目的用具，讓人更認識這塊土地自古以來人們生

活方式的演變。

而在此處出土的墓葬，除了保留原始墓穴模樣，還用現代科技根據骨頭形狀模擬出主人原來的面貌，其中一個出土的頭骨，更發現到當時曾有手術的痕跡。

博物館自開放以來，有趣的互動裝置非常受到親子喜愛，例如想了解古代人怎麼測量身高、體重的話，內部架設儀器讓旅客親自操作，並直接換算成如今的度量單位；最有趣的還有3D建築模型的展示，用特效呈現聖瑪麗教堂歷年來的演變。

MAP P.91A2

克拉科夫大學

MOOK Choice

Kraków Academy

波蘭最古老大學

🚃 從克拉科夫火車總站步行約17分鐘可達。 🏠 ul Jajiellońska 15 ☎(12)663-1521 🌐 www.uj.edu.pl ⏰ 大學博物館開放時間為週一~五10:00~13:00，週六、週日 休館。 💲進入博物館參觀需參加導覽，成人15PLN、優惠票 8PLN。

克拉科夫大學又名亞捷隆大學(Uniwersytetu Jagiellońskiego)，是波蘭最早設立的大學，歷史比華沙大學更為悠久，偉大的天文學家哥白尼就是畢業於這間大學，同時也是東歐僅次布拉格第2古老的大學。來訪過的名人包括教宗若望保祿二世及英國伊莉莎白女王二世。

克拉科夫大學創建於1364年，由國王卡茲米爾三世(Kazimierz III Wielki)所立。位於克拉科夫舊城區的西南方，校區十分廣大，除了各學院外還有圖書館、教堂等許多古建築，經常可看到觀光客和學生在舒適宜人的花草樹木長椅間輕鬆休憩。

大學的一部分做為博物館對外開放參觀，內部收藏珍貴的學校藏品，包括天文、醫學、化學等儀器，其中還有波蘭現存最早的科學儀器，另外

每間房間更是陳列許多學者畫像及名人雕刻，也象徵著大學曾有的榮耀過往。博物館裡一間間展間都有不同展品，並且每件傢俱不但講究而且都有著相當的歷史，例如當初作為餐廳及教授們碰面的房間，內部有18世紀的巴洛克式橡木階梯、15世紀的哥德式窗戶，而學校的創立者國王卡茲米爾三世的雕像也立在這裡。另外，18世紀也曾有教授住在此處，也可看到當時的擺設。

聖瑪麗教堂

Kościół Mariacki

戴著皇冠的聖堂

🔘 從克拉科夫火車總站步行約11分鐘可達。　🏠 pl. Mariacki 5
☎ (12)421-8661　🌐 www.mariacki.com　🕙 11:30~18:00
💲 全票15PLN、優待票8PLN

中央廣場周邊最雄偉的建築，就屬位於東北方的聖瑪麗教堂，從其立面來看，左右兩支塔並不對稱，較低的塔有69公尺高，塔頂為文藝復興式，並有5座鐘；較高的塔為81公尺高，肩負著這座城市的瞭望功能，因此塔頂環繞著幾圈中世紀塔樓，1666年時並套上一頂350公斤重、直徑2.5公尺的鍍金皇冠。

教堂最有名的是於1489年完成的哥德式主祭壇，是全波蘭最古老且最細緻的祭壇之一，高13公尺、寬11公尺，花了12年才完成。聖瑪麗教堂在固定時間都有人吹著喇叭，聲音響徹雲霄，整個中央廣場都清晰可聞，主要是用以紀念13世紀一位因吹號警告敵人來襲，不幸被敵軍亂箭射死的喇叭手。

聖瑪麗教堂傳說

關於聖瑪麗教堂兩支塔造型不同，當地有個傳說，當時是由兩兄弟各自負責一邊塔的建造，兩人同時動工，哥哥因為做得快，塔身也比較高，而弟弟則是慢工出細活，雖然塔身較低卻比較精美。哥哥發現後氣不過就殺了弟弟，在紡織會館面向聖瑪麗教堂的壁上，還可見到高掛著一把生鏽的刀子，據說就是那把兇刀。

MAP | P.91A2

聖阿達爾伯特教堂

Kościół Św Wojciecha

10世紀圓頂教堂

🚇 從克拉科夫火車總站步行約14分鐘可達。 🏠pl. Mariacki 6

　　位於廣場南邊角落，有著小巧可愛圓頂的聖阿達爾伯特教堂，是克拉科夫最古老的教堂之一，其歷史可以追溯到11世紀。在17及18世紀時，教堂被依巴洛克風格重新設計。目前在教堂地下室另有克拉科夫中央市集廣場歷史的介紹展出。

MAP | P.91A2

市政廳鐘樓

Wieża Ratuszowa

市政廳僅存遺址

🚇 從克拉科夫火車總站步行約14分鐘可達。 🏠Rynek Główny 1 ☎(12) 619-2318 🌐muzeumkrakowa.pl ⏰週一11:00~15:00，週二~週日11:00~18:00。 💲全票18PLN、優待票14PLN；週一免費入場。

　　市政廳鐘樓就聳立在紡織會堂旁邊，原本為市政廳的一部份，後來市政廳於1820年代拆除，鐘樓則依然留在原址，夏天時鐘樓對外開放，可以居高臨下，俯瞰中央市集廣場全景。

MAP | P.91A2

亞當米凱維茲雕像

Statue of Adam Mickiewicz

愛國詩人佇立廣場

🚇 從克拉科夫火車總站步行約14分鐘可達。 🏠Rynek Główny

　　亞當米凱維茲(Adam Mickiewicz)是波蘭18到19世紀(1798~1855)一位浪漫派詩人兼民族英雄，在紡織會堂旁有一座顯眼的寓意式雕像，4尊人物分別代表祖國、學識、詩歌及勇氣。

卡茲米爾猶太區

Kazimierz

保留傳統猶太文化的世界遺產

從舊城步行前往約20分鐘。

位於瓦維爾山丘東南方的卡茲米爾猶太區，是卡茲米爾三世於1335年下令建造。也因為國王給予的特權，這一區發展迅速並且有了自己的市政廳、市集廣場及教堂，還設立了防禦的圍牆。這裡曾是波蘭重要的猶太文化中心，聚集了比其他歐洲城市還要多的猶太人。可惜在二次世界大戰納粹占領期間，卡茲米爾猶太區被惡意破壞，當地猶太人則被送至隔離區及集中營。卡茲米爾區因著荒廢、棄置，房舍及牆面也跟著破敗、倒塌。近年這區開始重建後，漸漸回復昔日的榮景，也受到觀光客注意。

而其中造成如此大轉變的主要原因之一，就是電影《辛德勒的名單》在這裡取景拍攝，吸引遊客前往朝聖。如今的卡茲米爾林立餐廳、咖啡廳、酒吧，更有博物館、藝廊、商店、旅館、書店進駐，而其中還有數個歷史悠久且仍在運作的猶太會堂，值得參觀。

猶太人在此地居住留下的痕跡及文化，持續被

保留下來也讓卡茲米爾又成為猶太文化中心，其內的許多歷史遺跡更列入聯合國世界文化遺產名單中。漫步其間，將可發現豎立在此處紀念被納粹屠殺的猶太人紀念碑，同樣也有波蘭人為保護猶太人而被處決的石碑。目前約有3千名猶太人住在這裡，不妨選一間風格餐廳享用道地的猶太人菜式，或是到新廣場(Plac Nowy)嚐嚐波蘭批薩「Zapiekanka」，當地人通常拿來當午餐，或是晚上肚子餓時當點心的食物，口味選擇眾多，不妨一試。

卡茲米爾猶太區周邊

MAP ▶ P.91A3

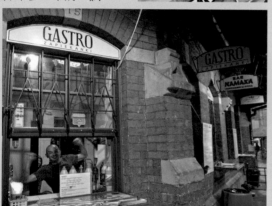

瓦維爾山丘

Wawel Hill

昔日波蘭王室的象徵

🚇 從克拉科夫火車總站步行約24分鐘可達。

克拉科夫是波蘭歷史上著名的古都，南部山丘上的瓦維爾自然記載了克拉科夫千年來的興衰繁榮。居高臨下眺望克拉科夫舊城，更讓人為波蘭的顛沛國史感到唏噓不已。

早在10世紀，瓦維爾在政治及宗教上就扮演重要角色；到了11世紀第一個大教堂被設立在山丘上，並且還有皇家宅邸；接著於14世紀成為波蘭

的首都。瓦維爾的全盛時期從國王卡茲米爾三世開始(Kazimierz III Wielki, 1333~1370年)，一直到15、16世紀，即使後來波蘭的政治中心移到華沙，瓦維爾仍維持著一定程度的象徵意義。

瓦維爾皇家教堂
Wawel Royal Cathedral

MOOK Choice

波蘭皇室在此長眠

🚶 從克拉科夫火車總站步行約24分鐘可達。 🏠 Wawel 5 ☎ (12)422-5155 🌐 www.katedra-wawelska.pl 🕐 教堂及博物館4~10月週一~六9:00~17:00，教堂週日12:30~17:00；11~3月週一~六9:00~16:00，教堂週日12:30~16:00。博物館於週日一律休館。 💲 教堂、教堂博物館、皇家陵墓及鐘塔全票22PLN、優待票15PLN。

瓦維爾山丘大致分為瓦維爾皇家教堂(Wawel Royal Cathedral)和瓦維爾城堡(Wawel Castle)兩大部分。數百年來，波蘭皇室在皇家教堂加冕、在這裡埋葬，瀏覽這些存放在教堂裡的華麗石棺，彷彿走過一趟波蘭歷史。今天所見到的大教堂大約建於14世紀，外觀大致採哥德式建築風格，不過後來蓋的禮拜堂卻都風格各異。

其中的矚目焦點便是在南面牆的西格蒙德禮拜堂(Kaplica Zygmuntowska)，波蘭歷任國王和皇室都長眠在此，混合義大利文藝復興建築風格與波蘭宗教特色，金黃色的圓頂是最大特色，號稱阿爾卑斯山以北最美麗的文藝復興禮拜堂。教堂一側的教堂博物館存放天主教相關宗教物件和寶物。此外，聖十字禮拜堂(Holy Cross Chapel)的拜占庭濕壁畫也是精華所在。

另一個不能錯過的是展示5個吊鐘的鐘塔，其中一個西格蒙德塔的巨型吊鐘，這是全波蘭最大的吊鐘，高2公尺、直徑2.5公尺、重達11公噸，於16世紀時開始服務瓦維爾城堡，不過只用於重大典禮或宗教儀式上。傳說一邊摸著鐘，一邊在心中許願，願望就會實現，也因此吸引遊客們輪流摸鐘許願。

MAP ▶ P.91A3

MOOK Choice

瓦維爾皇家城堡

Wawel Castle

波蘭珍藏大觀園

🚶 從克拉科夫火車總站步行約24分鐘可達。 🏠 Wawel 5 📞
(12) 422-5155 🌐 www.wawel.krakow.pl 💬 遊客中心售
票處4月1~28日週一9:00~11:45、週二~五9:00~15:45、
週六及日9:30~15:45；4月29、30日9:30~18:45；5、6月
9:00~17:45，週六、日9:30~17:45；7、8月9:00~18:45，
週六、日9:30~18:45；9、10月9:00~16:45，週六、日
9:30~16:45；11~3月9:00~14:45，週日9:30~14:45，週一
休館。其它休館日請逕上官方網站查詢。 💲 各廳室門票分別
收費，沒有聯票，且同一廳室淡旺季的票價又略有不同，約在
10~35PLN之間，免費參觀日淡旺季亦有不同，有時還會限制
參觀人數，相當複雜，建議出發前逕上官方網站查詢。

　　進入皇家城堡前會先經過一座龍的雕像，隔一
段時間就會噴出火來，傳說這隻龍會吃下城裡
的人民，後來被一位學徒用計終於成功殺死這條
龍。如今這條龍就站在牠的洞窟前。想要參觀噴
火龍的洞穴(Dragon's Den)，可以從城堡往下走
60公尺長的階梯到城堡西側的山丘，從這裡還可
以俯瞰整條維斯瓦河。繼續往上走會在城門旁看
到一座雕像，他是波蘭第一次獨立起義的領導者
T. Kościuszko。

　　目前瓦維爾皇家城堡是建於16世紀的建築，結
合了文藝復興及哥德式風格，各個廳室都已規劃
成博物館，是欣賞波蘭珍貴寶物的最佳地點。皇
家城堡內擁有各種華麗的擺飾、肖像、繪畫及刺
繡壁畫，美不勝收，大致規劃成五大部分包括統
治者接見朝臣的皇家廳(State Rooms)、皇家私人
宅邸(Royal Private Apartment)、皇冠寶物室及
軍械室(Crown Treasury & Armoury)、東方藝
術博物館(Museum of Oriental Art)、失落的瓦
維爾(Lost Wawel)等。而之前在此處展出的達文
西名畫《抱銀貂的女子》已結束，移至克拉科夫
國家博物館展出。

奧斯卡‧辛德勒工廠

Fabryka Emalia Oskara Schindlera

電影辛德勒的名單故事發生地

搭3、20、24號電車可抵。　ul. Lipowa4　(12) 257-0095　muzeumkrakowa.pl/oddzialy/fabryka-emalia-oskara-schindlera　4月~10月週一10:00~16:00，週二~日10:00~20:00；11月~3月週一10:00~14:00，週二~日10:00~18:00。博物館每月第一個週二休館。　全票28PLN，優待票24PLN，週一免費。

電影《辛德勒的名單》在1993年來到克拉科夫取景拍攝，這部電影故事說的就是德國企業家奧斯卡‧辛德勒如何從他的工廠中，拯救出上千名波蘭猶太人的故事。這部電影拿下7座奧斯卡金像獎，也因為這部電影，才讓這段歷史成為眾所周知的故事。

奧斯卡‧辛德勒工廠內部展覽主題是1939~1945年間，克拉科夫被納粹占領下波蘭人及猶太人生活的情形。目前博物館內以展覽為主，工廠原先的模樣不多，這些包括工廠大門入口、1及2樓間的階梯，在1樓還陳列一些當時使用的機具，而辛德勒的辦公室就位在3樓，在抵達他辦公室之前，會先經過一小間祕書室，辛德勒辦公空間內部陳列簡單的木製辦公桌椅，上頭擺放著他的照片，在桌椅後方牆上，則掛著大幅的世界地圖。

博物館展間非常多，總共有3樓層，展示內容包括剛占領時的生活情形，緊接著而來是首波納粹恐怖行動如逮捕亞捷隆大學教授等，到占領後人民每日的生活情景、猶太隔離區的設立、集中營的情形還有波蘭地下組織反抗的故事等等，藉由老照片、歷史文物、重建的場景以及老人家口述的影片，帶人回顧那段悲慘的生活，其中可見納粹士兵在大街上抓走無助的猶太人，還有站在吊死犯人旁邊微笑入鏡的照片等，不言而喻地呈現出當時整座城市籠罩在死亡的陰影之下。

維利奇卡

MAP　P.11B6

維利奇卡鹽礦

MOOK Choice

Wieliczka Kopalnia Soli

歷史悠久岩鹽產地

可從克拉科夫火車總站旁邊搭乘往Wieliczka Rynek方向的小巴士，在Wieliczka Kopalnia Soli站下即可，車程約20分鐘；或從市中心位於ul. Kurniki街上的克拉科夫購物中心(Galeria Krakowska)搭乘304號巴士，同樣至Wieliczka Kopalnia Soli站下；亦可搭乘火車在Wieliczka Rynek Kopalnia站下，然後再步行前往。 ul Daniłowicza 10, Wieliczka (12) 278-7302 www.kopalnia.pl 4月~10月7:30~19:30；11月~3月9:00~17:00、元旦、復活節、11月1日、12月24~25日休館。 全票109PLN、優待票89PLN起。

距離克拉科夫市區東南方約15公里的維利奇卡鹽礦，與克拉科夫於1978年一起躋身世界遺產之林。維利奇卡鹽礦的開採從中世紀就展開，一直到1996年為止。鹽礦的參觀也自15世紀就開始了，至今來訪的旅客不乏政治領袖、科學家及藝術家們，每年都有大約一百萬名旅客從世界各地來訪。

維利奇卡鹽礦礦坑通道密密麻麻，鹽礦與鹽礦之間的通路頗為複雜，為了怕遊客迷路或不小心進入到工作中的鹽礦發生危險，維利奇卡鹽礦特別為遊客規劃出參觀路線，一定要在解說員的帶領下進行參觀，有各種語言的導覽團可參加。

整個鹽礦區由9層密密麻麻、彷彿迷宮般的隧道所構成，深度自64公尺一直到最深的327公尺。遊客目前參觀的是64到135公尺之間的最上面3層。在解說員的帶領下，搭乘電梯或沿著樓梯不斷往地底走去，到達64公尺深的第一層開始參觀，然後經過一個又一個鹽坑，可以陸續看到用鹽製成的禮拜堂和聖人雕像，都是長年在此採鹽的工人在工作之餘慢慢雕琢出來的，讓虔誠的信徒即使不能到教堂去，也可以在鹽坑中禱告。

據說鹽礦在13世紀被發現時有一個傳說，當時匈牙利公主慶加(Kinga)要嫁給克拉科夫公爵

時，他父親送她一座鹽礦當嫁妝，她於是將訂婚戒指投入了礦坑中，結果奇蹟發生，戒指竟來到了波蘭。公主於是命人開挖地底尋找她的戒指，結果戒指找到了，也發現這座鹽礦，在礦坑中，還特別雕刻了這段故事場景。

沿途更可經過地底鹹水湖泊、高達36公尺的大廳，以及餐廳、會議室、博物館等，其中最壯觀的就是聖慶加禮拜堂(St. Kinga's Chapel)。

遊客最後再搭電梯回到地面，整個參觀路線需時2~3小時左右。由於鹽礦內終年均溫為攝氏12~14度，冬暖夏涼，也因此，參觀鹽礦區時，夏天要準備薄外套，冬天則得卸除大衣。礦坑內部設有自助式餐廳，位在地底下125公尺處，供應在地主菜及甜點，值得一試；而出口處的紀念品店，販售各式鹽製紀念品，如保養品、沐浴鹽、按摩油及香皂等，種類眾多，價格也非常經濟實惠。

聖慶加禮拜堂St. Kinga's Chapel

這座壯觀的禮拜堂，總是聚滿了觀光客，四周盡是精彩的雕刻作品，全數都是由岩鹽雕鑿而成，而鹽晶做成的水晶吊燈從天花板垂吊下來，更顯華麗。

整座教堂長54公尺、寬15~18公尺，高10~12公尺，從1896年到1963年，花了將近70年的時間，由礦工接續雕刻而成，移出2萬噸岩鹽。禮拜堂裡，從主祭壇的聖慶加神像、前教宗若望保祿二世雕像、達文西所繪的大師巨作《最後的晚餐》，以及聖經故事如加利利的神蹟、耶穌出生地伯利恆等壁畫，雕工細緻，人物表情逼真，令人嘆為觀止。

國王卡茲米爾三世廳
The Casimir The great Chamber

除了宗教的需求外，有些鹽洞記載的是採礦工人的工作情形，並以模型展示當時是如何將巨大圓筒狀的鹽塊，從地底用垂吊的方式運至上層。每天數小時在地底下挖礦的工作非常辛苦，別以為這是奴隸的工作，因為古代鹽礦是非常有價值的產業，能當礦工的可都是貴族並且有不錯的薪水，14世紀時，國王卡茲米爾三世(Kazimierz III Wielki)還下了一道寫下礦工權利的命令，這個展廳就以國王的名字命名，並展示了他的雕像。

聖十字禮拜堂The Holy Cross Chapel

在這個禮拜堂裡可見許多木製品，包括祭壇裡的木雕耶穌像，這裡還有一尊精美的聖母像，這是17世紀出自當地一位巴洛克大師之手。而內部由木頭及鹽晶做成的吊燈，則是19世紀的作品。

奧斯威辛

MAP　P.11B6

奧斯威辛集中營

Oświęcim(Auschwitz)

慘無人道的殺人工廠

🚌 從克拉科夫巴士總站搭巴士前往，車程約1個半小時；亦可從克拉科夫火車總站搭火車到奧斯威辛火車總站，車程約是1個半小時，不過下車要再轉當地巴士前往。　🏠 ul Więźniów Oświęcimia 20　☎(33) 844-8099　🌐 www.auschwitz.org　🕐 12月7:30~14:00，1月、11月7:30~15:00，2月7:30~16:00，3、10月7:30~17:00，4、5、9月7:30~18:00。6~8月7:30~19:00　💲英語導覽行程全票85PLN，優待票75PLN。　🎫 參加當地的旅行團行程，費用每人約155PLN左右，包括來回交通、兩座集中營的導覽參觀。

　　1940年4月，納粹德軍在奧斯威辛郊外的前波蘭軍隊營房設立了這座集中營，最早的時候，本來只打算用來關波蘭的政治犯，沒想到後來卻變成歐洲猶太人的滅絕中心，也成為人類史上最大的實驗性集體屠殺場所，據估計，超過150萬人、27個國籍的人死於這座「殺人工廠」，也可以說是人類最大的集體墳場。而最初的營房已經不敷使用，於是1941年在奧斯威辛西方3公里處的畢爾克瑙(Birkenau)又設立了面積更大的奧斯威辛(Auschwitz II)。集中營內的房屋內部展示成堆的囚犯頭髮，還有犯人遺留下來的皮箱、眼鏡、假牙、衣物……等不計其數。證據顯示被送進毒氣室的人表情都是平和的，因他們被告知是要進去洗澡，猶太人死後，納粹黨便剝除死者身上的物品，最後才丟到焚化爐燃燒。

MAP　P.91A3

Niebieski Art Hotel & Spa

溫馨空間讓人一覺好眠

🚌 從火車站搭公車152、192及電車2號可抵。　🏠 Flisacka 3　☎(12)297-4000　🌐 www.niebieski.com.pl

　　飯店位於舊城區外步行約25分鐘距離，矗立於河畔旁，沿河邊可漫步至瓦維爾山，感受克拉科夫靜謐的風光。

　　飯店裝潢舒適新穎，接待人員說著流俐的英文，而最值得推薦的，就是飯店供應早餐的香草天空餐廳（Vanilla Sky Restaurant），透明的玻璃窗能俯瞰整個市區景致，而自助式的早餐更有豐富多樣的選擇，值得早起慢慢享受克拉科夫的美好時光。另外，飯店還設有Spa中心、健身房、義大利餐廳及酒吧，全方位的設施為旅人提供如家般溫暖的環境。

Where to Eat in Kraków
吃在克拉科夫

MAP ▶ P.91A2 **Szara Ges**

🎵 從克拉科夫火車總站步行約15分鐘可達。 ⌂
RynekGłówny17 ☎(12)430-6311 🌐www.szarages.
com 🕐週一~日12:00~23:00

餐廳名稱翻譯中文為「灰鵝」之意，位置就在觀光客聚集
的中央市集廣場旁，非常容易尋找。餐廳位於14世紀的建
築，內部空間古色古香，哥德式的拱形柱由吊燈提供溫暖光
源，桌上也擺著由復古燈飾罩著的白色燭火，進入其中讓人
彷若身處中古世紀時空。位於落地窗旁的座位，能夠看到市
集廣場遊人如織的景象，更具悠閒之感。

與典雅用餐空間相匹配的，還有講究擺盤的廚藝，受歡迎
的主菜以鵝腿料理，更是優雅得就像一朵盛放的花朵，與供
應的前菜及家鄉風味麵包一樣，都能嘗到主廚細心搭配的細
緻風味。 餐廳融合傳統與現代烹飪技巧，再搭配依時令供應
的新鮮食材，創作出別出心裁的波蘭風味，近期還榮獲廚藝
競賽的獎項。

MAP ▶ P.91A3 **Pizzeria Fresco**

🎵 從火車站搭公車152、192及電車2號可抵。 ⌂ul.
Flisacka 3 ☎(12)297-4040 🌐www.pizzafresco.com.
pl 🕐週一~日12:00~23:00

這間是飯店Niebieski Art Hotel & Spa附設的餐廳，位在一棟
歷史建築的地下室裡，可從餐廳大門或飯店直通過來。像家
般溫馨的空間，供應使用在地食材製作的義大利批薩。批薩
份量非常大，可與朋友共享一份，再加點其他菜式。餐廳內
有一般的白批薩，及加了香草番茄醬汁的紅批薩口味可選，
另外也有其他非批薩的主餐。批薩皮吃起來薄而酥脆，加上
新鮮野菜及餡料，口味清爽，價格約在19~32PLN，也非常經
濟實惠。

MAP ▶ P.99A2 **Ptaszyl**

🎵 從舊城步行前往約20分鐘。 ⌂Szeroka 10 ☎513-
313-445 🌐ptaszyl.pl 🕐週一~五11:00~23:00，週六、
日10:00~23:00。

餐廳位在卡茲米爾區猶太區觀光客聚集的廣場裡，又分露天
及室內座位區，供應猶太、波蘭料理，另外也有素食餐點，
猶太料理主菜價格約在18~49PLN之間。在猶太安息日之際，
尤其是週六，猶太人開的餐廳多數休息，來到這區用餐要特
別注意。這間餐廳在安息日時仍舊營業，並不時有音樂現場
演奏。

@波蘭旅遊局

格旦斯克
Gdańsk

文●李欣怡‧蒙金蘭‧墨刻編輯部　攝影●周治平‧墨刻攝影組

位在波蘭國土北端的格旦斯克，就是歷史課本裡曾經提到的但澤(Danzig)，它的歷史和波蘭一樣悠久，又因為位於流貫波蘭的維斯瓦河(Wisła)入海口，扼守波羅的海的航運要衝，在漢薩同盟時期是高度發展的城市，16、17世紀時更是波蘭的第一大城。

格旦斯克自古以出產和運輸琥珀聞名，16到18世紀發展到達巔峰，被譽為「世界的琥珀之都」，全球第一個琥珀匠公會於1477年出現在格旦斯克，目前舊城裡不但有琥珀博物館，甚至有一條「琥珀街」。富裕的格旦斯克吸引日耳曼、瑞典、荷蘭等漢薩同盟的商人到此成家立業，整條皇家大道上各種建築型式的豪宅林立，充滿燦爛的國際色彩。

但是正因為這樣優越的地理位置，福禍雙至，這個城市飽受列強覬覦，好幾個世紀在波蘭、德國、普魯士等政權手中來來回回，每回戰爭爆發都躲不過戰火的摧殘，第二次世界大戰它甚至是第一場戰爭的引爆點。

和華沙一樣，今日的格旦斯克也是從廢墟中戮力重建起來的浴火鳳凰，舊城裡眾多極力恢復原貌的美麗建築令人驚艷、也令人不勝唏噓。

除了舊城外，約1小時車程距離的馬爾堡(Malbork)，長久以來是兵家必爭之地，全世界規模最大的磚造建築群寫下無數頁滄桑史，同樣值得特地走上一遭。

INFO

如何到達

◎航空

格旦斯克的機場全名為格旦斯克萊赫・瓦文薩機場 (Gdańsk Lech Wałęsa Airport)，位於市區西方距離約8公里的雷比赫瓦(Rębiechowo)，國內及國際航線皆在此起降。

機場到格旦斯克市區，可搭乘每半小時一班的SKM(Szybka Kolej Miejska)火車，車票可在T2航廈東邊的售票機購買，班次時刻查詢：skm.pkp.pl。

另外在機場到格旦斯克火車站(Gdańsk Główny)，可搭乘210號巴士，夜間可搭乘N3號公車。

在機場入境大廳的出口前，可以搭乘合法的排班計程車，計費方式公開、清楚，可安心搭乘，每公里2.7PLN，夜間及假日每公里4.05PLN。

格旦斯克萊赫・瓦文薩機場

🏠ul. Słowackiego 200　☎24小時服務電話(525)673-531　🌐airport-gdansk.com

◎火車

格旦斯克火車站位於舊城的西北方，波蘭國內各路線的火車都在此靠站，其中往華沙火車班次頻繁，約一小時一班，車程約兩個多小時到4小時；最晚一班夜車23:41左右出發，隔天清晨3:34抵達華沙，頭等艙每人259PLN、二等艙169PLN，亦有臥鋪可供選擇，不妨多加利用。往托倫火車在同一條路線上，車程約兩個多小時到4.5小時，票價59PLN。正確班次、詳細時刻表及票價可上網或至火車站查詢。

🌐intercity.pl/en

◎長途巴士

格旦斯克長途巴士站(Dworzec PKS)位在火車站的西北側，有地下道相通。從華沙出發每天7個班次，車程約4.5~6小時左右；這裡也有許多出發前往歐洲城市，例如德國慕尼黑、立陶宛的考納斯與維爾紐斯，淡季與旺季發車的日期不同，最好事先了解清楚，以免耽誤到行程。

🌐www.flixbus.com

市區交通

格旦斯克市區內有巴士與路面電車，交通相當方便。但是因為景點相當集中在舊城裡面，如果住在靠近火車站或舊城，都在步行可達以內的距離。

🌐www.ztm.gda.pl

◎巴士與路面電車

票價計費方式相同，單程票分一般票價4.6PLN及

夜間、快速、特殊巴士票價4.8PLN；75分鐘內可多次使用限時票分一般票價5PLN及夜間、快速、特殊服務巴士票價6PLN，1日券20PLN。

車票可在書報攤、自動販賣機或上車後向司機購買，向司機購買需自備零錢，購票後第一次使用時記得一上車就把票放入車上的驗票機，打上開始使用的日期、時間後才算生效，否則視同未購票乘車，萬一被查到會遭罰款。

◎郊區快速電車

從格旦斯克到索波特車程約15分鐘，單程票5€左右。車票可在自動販賣機或一些較大的車站購買，購票後同樣記得一上車就把票放入車上的驗票機，打上開始使用的日期、時間後才算生效。

旅遊諮詢

◎遊客服務中心

分店一

🏠ul. Długi Targ 28/29(位於舊城長市集街)　☎(58)301-4355　🕐5~8月9:00~19:00；9~4月9:00~17:00。🌐www.visitgdansk.com、www.gdansk.pl

分店二

🏠ul. Podwale Grodzkie 8 (位於車站旁的地下道裡)　☎暫時關閉，靜候通知。

◎導覽行程

如果不想錯過格旦斯克的每個細節，或想對格旦斯克的過往歷史有更深入的了解，不妨交給當地的旅行社帶路，價格依路線、天數、人數會有所不同。

Omnibus Tourist

☎601-632-096　🌐www.omnibustourist.com.pl

Joytrip Travel & Event Agency

☎(58)320-6169　🌐pl.joytrip.eu

MAP | P.109A2

監獄塔樓
Katownia i Wieża więzienna

歷盡滄桑一塔樓

從高原門步行不到1分鐘即至。　Targ Węglowy 26

高原門的後側，又有兩座相連的建築物，它們原本是14世紀後期城堡的一部分，

但是16世紀城堡向外擴建後，它們失去了原有的防禦功能，於是西元1593到1604年間又整修過，轉作為監獄和刑場，一直到19世紀。

由於在第二次世界大戰中遭受嚴重毀損，經過大力整修才恢復成今日的面貌。

MAP | P.109A2

高原門
Brama Wyżynna

皇家大道的起點

從火車站步行約10分鐘可達。火車站前的巴士、路面電車皆有經過。　ul. Wały Jagiellońskie

位於和格旦斯克火車站同一條大道上，有一座城門模樣的建築物，它的確是1588年所建的城牆堡壘的一部分，周圍原本環繞著寬達50公尺的護城河，居高臨下的態勢，所以命名為「高原門」。

古時候當波蘭國王蒞臨格旦斯克時，都會從高原門經過黃金門、長街、長市集街一路抵達綠門，因此這條路線被稱為「皇家大道」(The Royal Way)，它就在皇家大道的起點。門的上端猶可見到華麗的雕飾，包括由天使守護象徵波蘭王權的皇冠、以及由獅子守護的格旦斯克的皇冠。

這座城門歷盡戰火的摧殘，2012年才完成大整修，目前的所在位置正是舊城西端的起點，城門的內部則設置成遊客服務中心。

黃金門
Złota Brama

17世紀藝術展現

⊙從高原門步行約1分鐘即至。 🏠ul. Długa

　　進入熱鬧的長街之前，還有一道門，門頂站立著四座雕像，分別代表和平、自由、財富與榮譽等四大追求；穿過門來到另一側，門頂又有四座雕像，分別代表謹慎、虔誠、公平與和諧。

　　這座黃金門建於1612~14年間，而這些雕像出自名雕刻家Piotr Ringering之手，於1648年加上去的。第二次世界大戰期間同樣損毀慘重，1997年終於修復完成。

波蘭⋯格 旦斯克Gdańsk

MOOK Choice

市政廳
Ratusz Głównego Miasta

從14世紀開始見證歷史

⊙從高原門步行約8分鐘可達。 🏠ul. Długa 46/47 ☎(58)573-3128 🌐muzeumgdansk.pl ⏰週一、三、五~日10:00~16:00，週四10:00~18:00，週二休館。 💲全票16PLN、優待票12PLN。

　　屋頂有一尊16世紀波蘭國王齊格蒙特・奧古斯特(Zygmunt August)黃金雕像複製品的市政廳，位於長街(ul. Długa)和長市集街(ul. Długi Targ)的交界處，最早建於14世紀，歷史上接待過多任國王。無奈在第二次世界大戰中幾乎全毀，如今費盡千辛萬苦終於重新面見世人。

　　結構呈哥德、文藝復興式的市政廳，目前屬於格旦斯克歷史博物館的主館，18世紀型式的大門口有兩隻莊嚴的石獅鎮守，內部則裝飾著華麗的天花板畫、濕壁畫、珍藏的家具和雕刻等，其中紅廳(Sala Czerwona)、白廳(Sala Biała)和珠寶室(Skarbiec)最為可觀，頂樓展示著戰前當地人的日常生活情景，可一窺當年格旦斯克市民們居家和商業生活的概況。

MAP P.109B2

長市集街

MOOK Choice

ul. Długi Targ

美麗的建築博覽廣場

從高原門步行約8分鐘可達。 ul. Długi Targ

西起市政廳、東到綠門這一段，名為長市集街，事實上比較近似一個長方形的廣場，四周都是很華麗、各具特色的建築，比肩而立，儼然中古世紀樓房的競艷場，被譽為「歐洲最美的廣場之一」完全理直氣壯。

在漢薩同盟時期，格旦斯克因為扼守波羅的海水路交通的要衝，貿易鼎盛，長市集街曾是許多豪賈鉅富、紅頂商人的家，紛紛蓋樓房彰顯身分地位，例如亞瑟宮(Dwór Artusa)、黃金屋(Złota Kamienica)等，各具美感、特色，誰也不讓誰專美於前。

長市集街上還可以看到一些以「Fahrenheit」命名的餐廳、商店，是為了紀念華氏溫度計量單位的發明人丹尼爾加布里耶・華倫海(Daniel Gabriel Fahrenheit)。他雖然是德國人，但在格旦斯克出生，廣場南側還可看到一個大型的華氏溫度計。

海神噴泉Fontanna Neptuna
📍ul. Długi Targ

由於格旦斯克是座海洋城市，奉海神(Neptuna)為守護神，因此1549年在市政廳旁立了一尊海神的銅像，1633年又轉變成一座噴泉。第二次世界大戰期間，這個格旦斯克城市的象徵被拆除並藏了起來，直到1954年才又重現原地。

傳說因為人們喜歡把錢幣丟進噴泉裡，把海神惹毛了，於是憤而舉起三叉戟刺入水中，力道之大把錢幣敲成一片片碎金箔，就成了格旦斯克聞名的「黃金水」(Goldwasser，一種掺入金箔的伏特加)。所以黃金水是海神發明的！

黃金屋Złota Kamienica
📍ul. Długi Targ 41/42

黃金屋是1609年當時的市長兼富商Jan Speyman所建，他和妻子都是觀念先進的藝術贊助者，這幢由Abraham van den Blocke主導設計的民宅，正面布滿華麗的浮雕，門頂和屋頂還有雕像守護，貴氣逼人，被譽為全格旦斯克最漂亮的樓房。

亞瑟宮Dwór Artusa
📍ul. Długi Targ 43/44 ☎789-449-654 🌐muzeumgdansk.pl/oddzialy-muzeum/dwor-artusa ⏰週一、三、五~日10:00~16:00，週四10:00~18:00，週二休館。💲全票16PLN、優待票12PLN。週一免費參觀。

亞瑟宮始建於14世紀，目前的外觀是1617年以後的面貌，16、17世紀的富豪、貴族們用它來當作集會與交換訊息的場所，效法傳說中亞瑟王和圓桌武士的精神，所以也以此命名。亞瑟宮的裡外同樣美輪美奐，目前是格旦斯克歷史博物館的一部分。

綠門Zielona Brama
📍ul. Długi Targ 24 ☎(58)307-5912 🌐www.mng.gda.pl

底層有4個拱門通道的綠門，其實並不是城門，而是1568~1571年間所建的文藝復興式宮殿，本是為了作為接待國王等貴賓蒞臨格旦斯克時的住所，不過並沒有任何一位國王真正住在裡面過，倒是波蘭的第二任總統萊赫·華勒沙(Lech Wałęsa，也是1983年諾貝爾和平獎的得主)曾經把這裡當作辦公室。

綠門位於長市集街東端、同時也是皇家大道的東端，面臨摩特拉瓦運河(Kanal Motława)，門外連接綠橋即可抵達對岸，目前作為國家博物館的場館之一。經過仔細修復後，現在的綠門看起來竟然有點像阿姆斯特丹的中央火車站！

MAP　P.109B1

起重機

MOOK Choice

Żuraw

港運繁榮最佳見證

從高原門步行約13分鐘可達。 ul. Szeroka 67/68 (58)301-6938 www.en.nmm.pl/crane 週二~日 10:00~16:00、週三13:00~16:00，週一休館。 全票 15PLN、優待票10PLN。交通船單程4PLN。

　　格旦斯克的海事博物館由4個獨立的個體所組成，包括中央海事博物館、海洋文化中心(Maritime Culture Centre)、起重機與Sołdek船，都是締造這個河港歷史的重要元素。

　　摩特拉瓦運河畔的起重機，是格旦斯克最具代表性的象徵，訴說著這個城市的港口貿易曾經如何繁忙、發達。它是中世紀全歐洲最大的港口起重機，專門負責搬運貨物和搭建船桅，同時也是個特殊的城門，置放在城門裡的驅動機械是個巨大的木輪，早期需靠人力推動，直到現在還可以正常運作。

　　格旦斯克最晚從1367年就開始使用木製的起重機，第一座毀於1442年一場大火，目前保留著的是15世紀中葉所建的，包含兩座磚塔和中間一個木造的驅動機械。

MAP　P.109B1

中央海事博物館

Centr. Muzeum Morskie

認識波蘭航運史

從高原門步行約27分鐘可達。 ul. Ołowianka 9/13 (58)301-8611 www.en.nmm.pl 週二~日 10:00~16:00、週三13:00~16:00，週一休館。 全票 15PLN、優待票10PLN。

　　中央海事博物館的主體是位於摩特拉瓦運河右岸的3幢文藝復興式穀倉，建築正面布滿小窗口，是為了方便直接從窗口運送貨物上下；河畔還有許多類似的建築，猛一看有點像荷蘭阿姆斯特丹的運河畔，格旦斯克建築型式受荷蘭的影響顯而易見，因此綠門和阿姆斯特丹的中央火車站相像也就不難理解了。

　　博物館內部展出相當多航運興盛時期的繪畫作品、從沈船起出的寶物、古早的加農砲、巨幅油畫、魚叉槍等，還有專廳展出海底考古、列寧造船廠的造船者裝備、眾多船隻模型等，可大致了解波蘭完整的航海史。

MAP　P.109A2

軍火庫

Wielka Zbrojownia

文藝復興式建築傑作

從高原門步行約5分鐘可達。 Targ Węglowy 6 目前不對外開放。

　建於1600~1609年的軍火庫，外觀呈精巧的文藝復興式，是當時名設計師Antoni van Opperghen的傑作，也是他在格旦斯克最出色的作品。它佔據的位置在中世紀時代正是城牆的所在，1800年代之前都稱職地擔任軍火庫的重任。

MAP　P.109B2

琥珀街

MOOK Choice

ul. Mariacka

豪宅競妍的美麗小街

🚇從高原門步行約9分鐘可達。 🏠ul. Mariacka

在聖母瑪莉亞教堂前一路延伸至運河邊的這條瑪莉亞街，石塊鋪設整齊的街道兩旁，每幢房子正面都有華麗的雕飾、彰顯尊貴的階梯與圍籬，階梯兩旁還有類似東方的抱鼓石，屋頂則有造型別出心裁的滴水嘴，然後門前都有櫥窗展售著各式各樣的琥珀飾品，因此又被暱稱為琥珀街(Amber Street)。

這條街大約從14世紀開始發展，這些房子之前都是紅頂商人、富有的金匠們的豪宅，就在自家門前做起生意。同中求異、互相爭妍的建築格式，可說是格旦斯克城市規劃的最佳範例，也無疑是格旦斯克最美的一條街道。可惜在第二次世界大戰中損傷慘重，極力修復後，如今又成了琥珀店和咖啡廳的最佳駐所，也是當地有名的「戀人街」。

波羅的海的黃金——琥珀(Amber)

全世界琥珀產量最大的地方，就在波羅的海沿岸；大約占了全世界總量的80%。早在史前時代，人類就懂得用琥珀來作首飾或燃料；西元前1600年以後，波羅的海沿岸的住民開始以琥珀作為貨幣，與南方地域的部落交易，因為交易琥珀，發展出繁複的貿易路線，稱為琥珀之路。波羅的海琥珀也經由愛琴海，輾轉流傳到地中海東岸，考古學家就曾在敘利亞挖掘出古希臘邁錫尼文明時期的陶罐裡發現波羅的海琥珀項鍊。13世紀日耳曼條頓騎士團征服波羅的海地區之後，宣稱所有的琥珀都是屬於他們的，但他們自始至終都無法知道哪裡可以開採出更多的波羅的海黃金。

琥珀誕生於4000萬至6000萬年前，屬於地質學上所稱的始新世紀(Eocene)，是松樹樹脂在歷經地球岩層的高壓、高熱擠壓作用之後，產生變化的化石。琥珀屬於非結晶質的有機物半寶石，大部分的琥珀是透明的，顏色種類多而富變化，以黃色最普遍，也有紅色、綠色和罕見的藍色。

波羅的海琥珀的礦源分佈於瑞典、丹麥、德國、波蘭、俄羅斯、愛沙尼亞、拉脫維亞、立陶宛各國的海岸，有的琥珀掩埋在地表以下30至100公尺，稱為「礦珀」；也有一大部分是懸浮於海水之中，稱為「海珀」。

波羅的海琥珀以金黃色系為主，質感細膩。近代最早建立琥珀工業的國家就在波羅的海附近，包括英國、波蘭、丹麥和荷蘭等國。波羅的海地區堪稱目前世界最大的琥珀產地，其中以夾在立陶宛和波蘭之間的加里寧格勒(Kaliningrad)，屬俄羅斯的一部分）產量最豐，再來是立陶宛，波蘭和拉脫維亞次之。

MAP P.109B2

啤酒街
ul. Piwna
名符其實特色街道

🚶 從高原門步行約7分鐘可達。 🏠 ul. Piwna

琥珀街南側有一條平行的街道，沿途兩旁啤酒釀造廠、啤酒屋一家挨著一家，路名就乾脆直接叫作「啤酒街」，想品嘗波蘭生產——尤其是格旦斯克本土釀造的新鮮啤酒，來這裡準沒錯。

MAP P.109B2

瑪莉亞街咖啡廳
Café Mariacka
琥珀街上品嘗黃金水

🚶 從高原門步行約12分鐘可達。 🏠 ul. Mariacka 21/22
📞 (58)301-9960 🕐 10:00~22:00

位於「琥珀街」上的瑪莉亞街咖啡廳，開業已超過50年，是一家小巧卻很受歡迎的咖啡廳兼酒吧。以簡餐、甜點和飲料為主，也可以喝到格旦斯克有名的香料伏特加酒「黃金水」；復活節等特殊節日會推出以波蘭特有的白香腸熬煮的今日濃湯。由於歷史悠久、氣氛溫馨，經常有明星、政治家光臨。

MAP　P.109B2

聖母瑪莉亞教堂

Bazylika Mariacka

全球最大磚造教堂

從高原門步行約7分鐘可達。 ul. Podkramarska 5 (58)301-3982 bazylikamariacka.gdansk.pl 週一～六8:30~17:30，週日11:00~12:00、13:00~17:30；塔樓10:00~20:00。依季節而有不同，確切時間請上官網查詢。 教堂加登塔樓全票14PLN、優待票7PLN。

位於格旦斯克舊城的聖母瑪莉亞教堂，長105公尺、寬66公尺、高33公尺，還有一座高達82公尺的塔樓，被認為是世界上最大的磚造教堂，最多可容納2萬5千人，動亂時期成了人們最佳的避難所。

聖母瑪莉亞教堂最初是建於12世紀的一幢木造教堂，目前所見的哥德式磚砌結構大致完成於1343~1502年間。拱頂支撐的內部空間相當廣闊，有7道門、37扇窗、300多塊墓碑、31間禮拜堂。第二次世界大戰期間被嚴重損毀，濕壁畫甚至還被洗掉。

教堂裡有一座1464年所製的天文大鐘，它能同時顯示時間、日期、月亮的圓缺、太陽與月亮在黃道面的相對位置、聖徒的行事曆等。每個整點，亞當與夏娃都會定時敲鐘。此外，1511~1516年完成的哥德式高壇、16世紀中葉石造的洗禮池、1617年所建的巴洛克式講壇等都是矚目的焦點。

塔樓的頂端設有瞭望臺，可全視野俯瞰格旦斯克舊城。

MAP　P.109B2

Qubus Hotel Gdańsk

舊城南方便利基地

🚃 從火車站搭3、8或9號路面電車可達，在Chmielna站下；步行約需23分鐘。從舊城的綠門步行約11分鐘可達。 🏠ul. Chmielna 47-52 📞(58)752-2100 🌐www.qubushotel. com

位於舊城南方，屬於波蘭當地的四星級商務飯店連鎖系統，共有110間客房與套房，相當舒適、現代化，往返火車站、舊城交通尚稱方便，服務人員英文溝通沒有困難，2009年開幕以來就經常獲獎，飽受肯定。

飯店裡健身中心、三溫暖等設施齊備，附設的餐廳也頗受好評。全飯店內皆可免費無線上網。

©波蘭旅遊局

©波蘭旅遊局

©波蘭旅遊局

索波特

MAP　P.109A1

索波特

MOOK Choice

Sopot

濱海優美度假小城

🚃 從火車站北側的SKM站搭郊區快速電車，車程約15分鐘。 📞790-280-884 🌐www.sopot.pl、sts.sopot.pl

距離格旦斯克北方約12公里的索波特，加上格旦斯克、更北的格丁尼亞合而為一，稱為三聯市(Trójmiasto)才成為全波蘭的第四大城。

索波特城市範圍很小巧，人口也只有4萬人，海面上有一條515.5公尺的木棧橋碼頭(Molo)，深入格旦斯克灣(Gdańsk Bay)，是歐洲最長的木棧橋。主要因為充滿北國難得的悠閒度假風情，甚至被認為是全波蘭最美的城市。有機會前往格旦斯克，不妨到索波特體驗一下。

©波蘭旅遊局

馬爾堡

MAP　P.109A1

馬爾堡

MOOK Choice

Malbork

歷盡滄桑世界文化遺產

從格旦斯克搭火車，車次頻繁，車程約半小時左右；再從火車站步行約15分鐘可達。　ul. Starościńska 1, Malbork　(55)647-0978　www.zamek.malbork.pl　4月24日~9月30日室內9:00~19:00。10月1日~4月20日室內10:00~15:00，詳情請逕上官方網站查詢。　全票70PLN，優待票50PLN。

©波蘭旅遊局

馬爾堡是個距離格旦斯克南方約60公里的小鎮，山丘上有一座迷人的中世紀建築、鐵幕時期的怪物與許多特別的教堂和紀念物。

1309年，條頓騎士團來到馬爾堡，佔據一座小堡壘，之後加以擴建作為他們的軍事及政治總部，全盛時期面積達21公頃，不但成為全世界最大的紅磚城堡，更曾經是足以號令鄰近120座城堡的指揮中心。

從1457年之後的300年間，馬爾堡屬於波蘭皇室的居所，作為從華沙到訪格旦斯克途中的行宮，直到1772年波蘭第一次被列強瓜分，馬爾堡落入普魯士手中，城堡又變成了軍營。1933年之後，納粹、俄羅斯接連入侵，城堡再度遭殃，第二次世界大戰後幾乎變成一片廢墟。直到1961年，艱鉅的修建工程開始進行，1997年終於修復完成，馬爾堡城堡博物館被聯合國列入世界遺產保護名單。馬爾堡城堡由高城(High Castle)、中城(Middle Castle)與外廓(Outer Bailey)三大建築群所組成，建築本身、珠寶與武器等珍貴收藏皆頗可觀。

托倫
Toruń

文●蒙金蘭‧李欣怡
攝影●周治平‧墨刻攝影組

位於華沙西北方的托倫,是波蘭最美的中古世紀城鎮之一,舊城裡眾多的哥德式建築,洋溢著中古世紀的氛圍,也留存著當年經濟、科學、文化高度發展的見證,西元1997年被聯合國教科文組織列入世界文化遺產保護名單。

托倫位於維斯瓦河(Wisła)畔,擁有超過八百年歷史,也是前條頓騎士團(Teutonic Order)勢力範圍的南緣,目前是個人口約20萬人的小城市。

托倫雖然沒有靠海,但是位於把波羅的海沿岸出產的琥珀運往華沙或克拉科夫的重要路線上,古代是多條貿易交通要道的交會點,扮演著維繫北歐和西歐間、以及中歐和東歐間溝通的重要角色,所以在漢薩同盟時期成為歐洲最繁榮的城市之一。

除此之外,托倫更廣為世人所知的一點,就是它是偉大天文學家哥白尼(Mikołaja Kopernika)的故鄉。不但哥白尼出生的故居改設成博物館開放給大眾參觀,所有觀光資源都刻意跟哥白尼扯上關係:哥白尼雕像、哥白尼飯店,就連當地販賣薑餅的名店也叫作哥白尼,不知情的人還誤以為哥白尼以前是做薑餅的呢!

托倫幸運之處,在於兩次世界大戰中都沒有遭受到太大的破壞,所以古蹟保存得相當完善,也讓它保有濃得化不開的中古世紀氣息。

INFO

如何到達
◎火車

從華沙、克拉科夫、格旦斯克等波蘭城市往返托倫可搭乘火車,從華沙出發平均每2~3小時有一班車,車程約2小時多至3小時50分鐘;從格旦斯克出發平均每3小時有一班車,車程約2.5小時~3.5小時。正確班次、詳細時刻表及票價可上網或至火車站查詢。

🌐intercity.pl/en

托倫火車總站(Toruń Główny)位於市中心區的南方,與舊城之間隔著一條維斯瓦河,可搭乘22、25或27號公車進入市區,過橋後第一站pl. M. Rapackiego廣場下車,即可抵達舊城的入口,單程票3.4PLN。車站前有排班計程車,進入市區車資約25PLN左右。步行單程約需30分鐘。

◎長途巴士

托倫與波蘭各城鎮及一些歐洲主要城市之間,有長途巴士往返。從華沙出發班次頻繁,車程約3~4小時;從格旦斯克出發,每天約有5個車次,車程約2.5小時。

長途巴士站(Dworzec Autobusowy)位於市中心,距離舊城北方約1公里,步行12~15分鐘可達。

☎703-303-333 🌐路線與班次查詢mzk-torun.pl

市區交通

托倫市區內有巴士、路面電車等,不過重要的景點幾乎都集中在舊城裡面,除了從火車站往返舊城這段路較遠,可能需要利用巴士或計程車外,其他都在步行可達的距離。電車跟巴士票價都是3.4PLN,營運時間為5:00~23:00。計程車資為起跳價5.5PLN,每公里加收2PLN,夜間則為每公里加收2.6PLN。計程車叫車電話:(56)19333。

旅遊諮詢
◎托倫遊客服務中心
Ośrodek Informacji Turystycznej w Toruniu
🏠Rynek Staromiejski 25
☎(56)621-0930
🌐www.torun.pl/en

MAP P.122B1

舊市政廳

Ratusz Staromiejski

舊城古今地標

從pl. M. Rapackiego公車站步行約2分鐘可達。 Rynek Staromiejski 1 (56)660-5612 www.muzeum.torun. pl 5~9月12:00~18:00，10~翌年4月10:00~16:00，週一休館；塔樓1~3月及11、12月10:00~16:00，4及10月10:00~18:00，5~9月10:00~20:00。 博物館全票21PLN、優待票16PLN，固定展室週三免費；塔樓全票21PLN、優待票16PLN。

托倫的舊市政廳是一幢建於1391年的哥德式建築，位於舊城中心處，是遊覽舊城最佳地標和起點。

幾世紀以來，舊市政廳一直是托倫的政治、商業指揮中心，早年波蘭國王或是條頓騎士團的團長蒞臨托倫時，都是住在這裡。1703年，瑞典軍隊大舉入侵托倫，砲火不但毀了建築本身，也毀了許多內部珍藏的藝術品。1722到1738年間，重建的工作持續不斷，1869年西側的建築也改設計成新哥德式。

從1946年開始，舊市政廳轉變成一處博物館，東南側的塔樓由於居高臨下，俯瞰舊城視野絕佳，對大眾開放成為瞭望塔。

哥白尼Mikołaja Kopernika

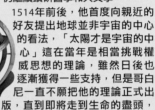

西元1473年2月19日，哥白尼（Mikołaja Kopernika）出生在波蘭托倫一個富有的家庭，父親是來自克拉科夫的商人，母親則是托倫的商人之女，他是四兄妹裡的老么。

18歲時，哥白尼赴克拉科夫求學，開始對天文學產生興趣，之後又前往義大利深造，對法律、醫學、神學、數學和天文學都頗有涉獵。1503年，他獲得法學博士的學位，並在弗龍堡（Frombork）這個地方擔任神父，工作之餘，仍繼續鑽研醫學和天文學。

1514年前後，他首度向親近的好友提出地球並非宇宙的中心的看法，「太陽才是宇宙的中心」這在當年是相當挑戰權威思想的理論，雖然日後也逐漸獲得一些支持，但是哥白尼一直不願把他的理論正式出版，直到即將走到生命的盡頭，他的《天體運行論》才終於出版。

在他去世之後，《天體運行論》引發相當多爭議，具有顛覆性影響，也為天文學研究開啟了全新的視窗。

MAP　P.122A1

哥白尼的家

MOOK Choice

Dom Kopernika

偉大天文學家在此誕生

🚶 從舊市政廳步行約3分鐘可達。　🏠 ul. Kopernika 15/17 ☎ (56)660-5613　🌐 www.muzeum.torun.pl　🕐 5~9月12:00~18:00，10~翌年4月10:00~16:00，週一休館。　💲 哥白尼的家全票21PLN、優待票16PLN，週三免費；4D影片全票21PLN、優待票16PLN。

位於命名為「哥白尼街」的這兩幢15世紀的哥德式豪宅，正是哥白尼誕生的地方，經過精心修復，牆壁、格局和擺設力求呈現哥白尼家當年的氣氛，可以想見漢薩同盟城市富豪家庭的日常生活。

博物館內目前主要展出他的畫像、讀過的書籍、古代天文儀器模型等，尤其是他的手稿副本、他所使用的天象觀測儀器、甚至他所拉過的小提琴等，似乎都閃耀著智慧的光芒。

舊城廣場

Rynek Staromiejski

美麗建築環繞

🚲 從pl. M. Rapackiego公車站步行約2分鐘可達。　🏠舊市政廳四周

　舊市政廳是古代當地的生活重心，四周寬闊的廣場自然發展成為最熱鬧的居民活動空間，即使時至今日，每到假日就成為熙來攘往的市集，一些重要的節日慶典、表演活動、競技比賽等，也都會在廣場上舉行。

　舊城廣場的中央是舊市政廳，四周則包圍著不少獨特而搶眼的建築，包括亞瑟會館(Dwór Artusa)、聖靈教堂(Kościół Św Ducha)、聖母馬莉亞教堂(Kościół NMP)、郵局、星星之屋(Kamienica pod Gwiazdą)等。郵局是一幢新哥德式時期的建築；星星之屋目前設為遠東藝術

博物館；而亞瑟會館是一座新文藝復興式的禮堂，許多音樂會和展覽都在這裡舉行。

　舊市政廳的塔樓旁邊，150多年前增加了一座哥白尼的雕像，再度強調它是「哥白尼的城市」。

MAP P.122B1

聖約翰大教堂

Katedra śś. Janów

見證托倫輝煌年代

🚩 從舊市政廳步行約2分鐘可達。 🏠 ul. Żeglarska 16 📞(56) 657-1480 🌐 www.katedratorun.pl 🕐4~10 月9:00~17:30，週日和假日14:00~17:30 💲教堂全票 8PLN、優待票6PLN。

聖約翰大教堂始建於13世紀中葉，一直到200多年後才修建完成，它見證了托倫最輝煌的年代，也是全波蘭最古老、最大的教堂之一。

聖約翰大教堂高達27公尺，現在所見到的三通道的大廳與兩側的禮拜堂和門廊，是15世紀中期所建；內部最重要的寶藏包括完成於1502到1506年間的主聖壇、珍貴的壁畫、巴洛克與洛可可式的聖壇等。此外，它更是托倫代表人物哥白尼受洗的教堂。

教堂的塔樓可以俯瞰整個托倫舊城，視野很棒，每到旅遊旺季會開放給大眾登樓眺望。

MAP P.122A2

斜塔

Krzywa Wieża

功成身退的防禦塔

🚩 從舊市政廳步行約4分鐘可達。 🏠 Pod Krzywą Wieżą

在舊城的西南隅，可看到一座傾斜的塔樓，它是典型的加強防禦塔，屬於14世紀所建城牆的一部分。高達15公尺的它當時應該很「正直」，只因立基於不穩定的地層，才開始逐漸傾斜，雖然傾斜現象早已停止，卻成了舊城裡的一項奇景。目前的傾斜度約有146公分。

18世紀前後，這座塔不再被當作防禦堡壘，轉充作女子監獄，19世紀又陸續成為鐵匠的工坊。

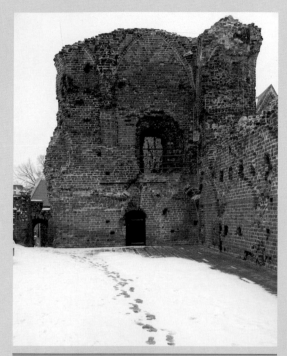

條頓城堡遺跡

MOOK Choice

Ruiny Zamek Krzyżacki

托倫歷史的起源

從舊市政廳步行約8分鐘可達。 ul. Przedzamcze 3
(56)621-0889 www.tak.torun.pl 10月~翌年4月中
週一~五10:00~16:00，週六、日10:00~18:00；4月中~9月
10:00~18:00。 全票20PLN、優待票12PLN。

在托倫舊城的東端，有一處殘留的建築廢墟，
這是1231年12位條頓騎士團的騎士和指揮官越
過維斯瓦河來到托倫，決定在這裡興建一座城
堡，以這裡為基地，開始進攻當時還是異教徒
的普魯士，1233年並向教廷正式註冊這裡名為
「托倫」，托倫的歷史正式展開。城堡的輪廓呈
特殊的馬蹄形，以紅磚為主體，有些地基也運用
更堅硬的石塊。1454年，托倫的居民們起而對
抗條頓騎士團，不惜拆毀城堡，目前除了一間塔
樓尚稱完整地保留下來外，已成一片廢墟。不過
由於氣氛與眾不同，不少音樂會、慶典仍喜歡在
這裡舉辦。

條頓騎士團Teutonic Order

12世紀末，第三次十字軍東征期間，來自德意志
地區的騎士們屢次立功，陸續從法國和神聖羅馬帝
國手中獲贈不少土地、城堡、修道院等產業，逐漸
形成一股勢力。1198年3月5日，條頓騎士團在今日
以色列境內的阿卡(Acre)正式成立，獲得教宗的認
可，因為屢建戰功又獲得不少產業和特權。

1226年，條頓騎士團與神聖羅馬帝國的腓特烈二
世達成協議，爭取到普魯士境內與貴族相同的所有
特權；1231年在托倫興建防禦堡壘，作為進攻普魯
士的基地；直到1285年，條頓騎士團終於真正征服
普魯士地區，迫使普魯士人改信天主教。

1308年，條頓騎士團攻占格旦斯克(Gdańsk)，
箝制了波蘭的出海通道，掀起與波蘭之間的長期
戰爭，騎士團團長甚至在1309年開始住在馬爾堡
(Malbork)；雙方的衝突直到1343年才算告一段落。

條頓騎士團的全盛時期，控制了整個波羅的海東
岸地區，包括現在的愛沙尼亞、拉脫維亞、立陶
宛，以及東西普魯士、部分義大利、法國、西班
牙、希臘的屬地。

15世紀初，條頓騎士團與波蘭、立陶宛、俄羅斯
所組成的聯軍作戰，條頓騎士團大敗，團長與高級
指揮官全部陣亡，從此步入衰落之途。

MAP P.122B2

托倫要塞

MOOK Choice

Twierdza Toruń

波蘭最堅強的防禦工事

🚶從舊市政廳步行約4分鐘可達。　🏠維斯瓦河畔沿岸

　　托倫的防禦工事發展可以追溯到13世紀，從16世紀開始又沿著舊城外圍築起堅固的堡壘，曾經是全波蘭最堅強的要塞之一，有效嚇阻過不少敵人的入侵，尤其是拿破崙時代及19世紀普魯士第三階段瓜分波蘭時期。在普魯士人的主導下，托倫在1872年前擁有內城、外廓、15座堡壘和上百個規模不同的防禦工事，雖然僥倖躲過第一次世界大戰的戰火，不過還是有遭受第二次世界大戰的摧殘。

　　目前這些城牆遺跡保留得最好的部分，就在沿著維斯瓦河畔、圍繞著舊城南端的一長列，可看到甕城、防禦塔頭和3個非常具有特色的城門。

MAP P.122A1

哥白尼薑餅店

Kopernik Toruńskie Pierniki

傳統口味現代包裝

🌐www.piernikowysklep.pl

　　向波蘭人提起「托倫」，對方往往脫口而出「薑餅！」當地第一家薑餅工坊是由Jan Weese於1763年在Strumykowa街上創立的，目前全城最知名的哥白尼薑餅店的主人，正是他的後代。

　　哥白尼薑餅店光是在範圍不大的舊城裡就有4、5家分店，無須刻意尋找，幾乎走到每個角落都可以看到它的招牌的蹤跡。

　　哥白尼薑餅店以傳統的配方製作出各種模樣、口味的薑餅，有心型的、球狀的、哥白尼頭像的、馬車圖像的、外面裹一層巧克力的或是裡面包有冰淇淋的，每種價格不等，並利用現代化的包裝推出不同禮盒，可說是托倫最具代表性的伴手禮。

MAP ▸ P.122A1

薑餅博物館

MOOK Choice

Żywe Muzeum Piernika

趣味學習薑餅DIY

🚇從舊市政廳步行約4分鐘可達。 🏠ul. Rabiańska
9 ☎(56)663-6617 💻www.muzeumpiernika.pl 🕐
10:00~18:00 💲全票29PLN、優待票22PLN起。 ❗目前尚
無中文導覽，若不通波蘭語、英語或德語可能比較無法有參與
感。

　　遠從13世紀開始，托倫因為是漢薩同盟貿易
頻繁的重要城市，一些從中東、亞洲運來的香
料經過這裡傳入歐洲各地，所以當地逐漸有人利
用生薑、荳蔻、丁香、肉桂、黑胡椒等香料加上
蜂蜜、麵粉，製作成薑餅。最早關於薑餅的文獻
記載與1380年托倫一位名叫尼可斯‧陳(Niclos
Czan)的麵包師傅有關，不過一般認為應該更早
從13世紀就已經開始了。托倫也因此被認為是薑
餅的發源地之一。

　　這間成立7年的薑餅博物館，內部設置成16世
紀的薑餅烘焙室，由導覽人員以生動活潑的方式
帶領參觀者每個人都親手做出薑餅的成品來。這
些導覽人員多半都是年輕的歷史學者，對薑餅的
淵源了解深入，即使針對小朋友也能以最深入淺
出的方式讓大家認識香料、清楚製作程序。每個
人親手做好的薑餅，都可以帶回家做紀念，並可
獲得一張學習製作薑餅的結業證書。

　　博物館裡亦有販賣多種形狀、口味的薑餅，可
隨自己的喜好選購。

MAP ▶ P.122B1 **Hotel 1231 Toruń**

🚶 從舊市政廳步行約8分鐘可達。 📍ul. Przedzamcze 6
📞(56)619-0910 🌐www.hotel1231.pl

　　位於條頓城堡遺跡旁，紅色的瓦頂讓人一時錯以為它是城堡的一部分，以「1231」為名，正是紀念城堡興建的年代。

　　Hotel 1231是一幢刻意復古的四星級精品飯店，只有23間客房，服務態度非常親切；客房時尚，薄型電視等現代設施齊全，並可免費無線上網；餐廳古典高雅，韻味十足。

MAP ▶ P.122A2
哥白尼飯店
Copernicus Toruń Hotel

🚶 從pl. M. Rapackiego公車站步行約6分鐘可達。 📍Bulwar Filadelfijski 11 📞(56)611-5700 🌐
www.copernicustorunhotel.com

　　哥白尼飯店建築大量運用玻璃採光，線條明亮、流暢，整體充滿設計感，「天體運行」的意象不斷出現，果然符合「哥白尼」盛名，不愧是托倫最新、最高等級的飯店。

　　哥白尼飯店的位置相當優越：窗外就是維斯瓦河，順著河邊悠閒地漫步，不到十分鐘就可以來到舊城迷人的城牆外；河畔還有一座綠意盎然的公園，穿越公園亦可抵達舊城的入口。

　　飯店空間寬敞，薄型電視、免費無線上網等先進設施齊備外，名家設計的燈飾、家具更為室內增添風采。部分房間還有陽台，可以隨時欣賞河畔美景。

　　一樓的Sfera餐廳，特聘曾經獲獎無數的名廚Sebastian Krauzowicz主持，他擅長運用本土的新鮮食材，烹調出符合健康與美味需求的波蘭佳餚。也不要小看同附設的美髮沙龍，裡面聘請的都是曾在比賽中獲獎的美髮高手！

　　哥白尼飯店的休閒設施相當齊全，從餐廳和飯店的許多角落即可望見偌大的室內溫水泳池，還可享受多種角度的水柱按摩，大池旁還有幾個小型的按摩池和三溫暖設備，健身房和Spa中心也在左近。地下室特別附設了保齡球場、兒童遊樂室，各方需求設想周到。

波蘭⋯⋯**托**倫Toruń

129

愛沙尼亞

愛沙尼亞

Estonia

文●李欣怡・墨刻編輯部
攝影●周治平

愛沙尼亞在波羅的海三小國中雖然面積最小，卻是經濟實力最強的國家，儘管他們一同於2004年加入歐盟，也都被稱為「波羅的海之虎」，然而不管國民所得、還是經濟成長力道，愛沙尼亞都遠遠領先其他兩國。通訊軟體Skype技術便源自愛沙尼亞，這裡已被視為矽谷的延伸，許多專家認為是歐洲資訊技術發展最活躍的國家。

在蘇聯時代，愛沙尼亞一直都是最能接受西方文化的國家，從歷史、民族、文化、語言來看，愛沙尼亞其實更接近北歐。他們的民族和語言都與芬蘭十分接近，因為地理位置上，隔著芬蘭灣，愛沙尼亞的首都塔林與芬蘭的首都赫爾辛基只有80公里的距離。

儘管歷史上曾經被丹麥、瑞典、德國、俄羅斯先

後統治過，愛沙尼亞人依然強烈地堅持著他們的國家身分認同，其中首都塔林最能代表愛沙尼亞的精神，它彷彿皇冠上的寶石，幾乎所有最耀眼的旅遊資源，都集中在這座中世紀的古城裡。

愛沙尼亞之最 Top Highlights of Estonia

塔林舊城Old Town
被列入世界文化遺產的舊城，保存歐洲完整的中世紀城市風貌。遊客必經的市政廳廣場，自古以來即是塔林的社交中心，到處排滿露天咖啡座，有時舉辦露天音樂會、手工藝市集，以及舊城節慶，慶典期間，廣場上到處穿梭古代服裝的人們，彷彿回到中古世紀。（P.137）

羅特曼區
Rotermann Quarter
羅特曼區見證了19世紀塔林經濟的發展，當時的舊工廠經過改建後，如今已成為摩登的商業區。（P.149）

帕努海灘Pärnu Beach
帕努沙灘綿延好幾公里，夏季一到海邊便湧入大批觀光客，四周林立度假飯店及水療健身中心，是當地著名的海濱度假勝地。（P.160）

愛沙尼亞戶外博物館
Estonian Open Air Museum
博物館裡的傳統農家屋舍，曾是愛沙尼亞數百年來的生活住所，整個戶外博物館就像是一座小型原始村落。（P.151）

蘇聯時期遺跡
儘管蘇聯已經解體，在塔林仍留下些許遺跡，包括KGB總部以及設在Viru飯店一個隱藏樓層，帶人一睹蘇聯情報員的神祕工作。（P.39）

塔林
Tallinn

文●李欣怡・蒙金蘭・墨刻編輯室　攝影●周治平・墨刻攝影組

塔林是愛沙尼亞的首都，城雖不大，卻是波羅的海海濱、歐洲最迷人的城市之一。塔林的精華幾乎全都集中在中世紀的舊城區裡，儘管歷史命運多舛，走馬燈似的外來政權帶來連綿不斷的戰火，塔林依舊完整保留了中世紀的美麗與歷史氛圍，這得歸功於它那堅實的城牆、石造建築，以及城市現代化過程中沒有遭到破壞，在北歐地區，已經找不到像塔林這樣的城市。

1997年，塔林舊城被列為世界遺產，塔林可以說就是一座活生生的城市博物館，同時也是漢薩同盟(Hanseatic League)全盛時期的最佳典範。

塔林是歐洲保存得最完整的中世紀城市之一，蜿蜒錯綜的石子街道，大約從11到15世紀慢慢成形，今天幾乎一條不漏地保留下來；而那一棟棟教堂、穀倉、貨棧、商人會所、民宅，也幾乎都以原貌維持至今。至於塔林的黃金年代——15、16世紀因為加入漢薩同盟而在波羅的海扮演重要角色同時贏得聲望，強大的經濟除了使得塔林更有能力從防禦工事上保護自己，也更有機會在建築和藝術上發光發熱。

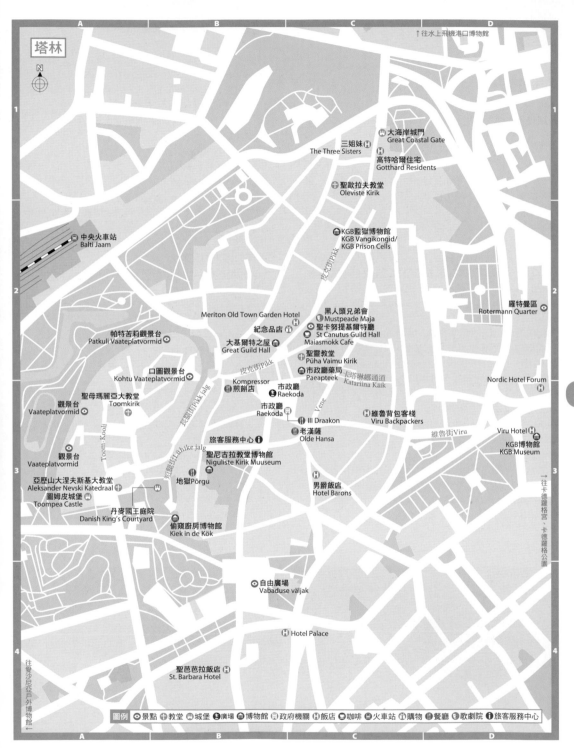

塔林

N

↑往水上飛機港口博物館

A **B** **C** **D**

三姐妹
The Three Sisters

🏛 大海岸城門
Great Coastal Gate

高特哈爾住宅
Gotthard Residents

✝ 聖歐拉夫教堂
Oleviste Kirik

🏛 KGB監獄博物館
KGB Vangikongid/
KGB Prison Cells

皮克街Pikk

中央火車站
Balti Jaam

羅特曼區
Rotermann Quarter

Meriton Old Town Garden Hotel

黑人頭兄弟會
Mustpeade Maja

帕特苦莉觀景台
Patkuli Vaateplatvormid

紀念品店

聖卡努提基爾特廳
St Canutus Guild Hall
Maiasmokk Cafe

大基爾特之屋
Great Guild Hall

聖靈教堂
Püha Vaimu Kirik

皮克街Pikk

口圖觀景台
Kohtu Vaateplatvormid

市政廳藥局
Paeapteek

卡塔琳娜通道
Katariina Käik

Nordic Hotel Forum

Kompressor
煎餅店

市政廳
Raekoda

聖母瑪麗亞大教堂
Toomkirik

長腿街Pikk jalg

市政廳
Raekoda

Vene

維魯背包客棧
Viru Backpackers

觀景台
Vaateplatvormid

🍴 III Draakon

老漢薩
Olde Hansa

維魯街Viru

Viru Hotel

Toom-Kooli

KGB博物館
KGB Museum

旅客服務中心
地獄Põrgu

觀景台
Vaateplatvormid

短腿街Lühike jalg

聖尼古拉教堂博物館
Niguliste Kirik Muuseum

亞歷山大涅夫斯基大教堂
Aleksander Nevski Katedraal

男爵飯店
Hotel Barons

圖姆皮城堡
Toompea Castle

丹麥國王庭院
Danish King's Courtyard

偷窺廚房博物館
Kiek in de Kök

自由廣場
Vabaduse väljak

↑往卡德羅格宮、卡德羅格公園

Hotel Palace

往愛沙尼亞戶外博物館←

聖芭芭拉飯店
St. Barbara Hotel

A **B** **C** **D**

圖例 ◉景點 ✝教堂 🏰城堡 ⬤廣場 🏛博物館 🏛政府機關 Ⓗ飯店 ☕咖啡 🚂火車站 🛍購物 🍴餐廳 🎭歌劇院 ⓘ旅客服務中心

愛沙尼亞… **塔** 林Tallinn

133

INFO

基本資訊

人口：約41萬人　**面積**：約159平方公里
區域號碼：無

如何到達

◎飛機

塔林國際機場(Tallinna Lennujaam)位於市中心東南方約4公里處，距離市區非常近。

塔林國際機場

🏠Lennujaama tee 12　📞24小時服務電話605-8888
🔗www.tallinn-airport.ee

可搭乘4號電車進市區，週一到六第一班發車時間為5:25，週日為5:45，最後一班車為00:45。電車車資為€2，可向司機購買，到市區車程大約需15~20分鐘。班次時刻表可上網查詢：soiduplaan.tallinn.ee/#tram/en。

或搭乘2號巴士連接市中心與機場，可在售票機或上車後向司機購票，單程車資€2，到市區車程大約需20分鐘。班次時刻表可上網查詢：soiduplaan.tallinn.ee/#bus/2/b-a/10606-1/en

若要搭乘計程車，為免不必要的糾紛，建議搭乘機場入境大廳的合法排班計程車，如Tulika Takso、Tallink Takso、Airport Taxi及Tulika Premium，進入市中心單程車資約€10，車程約10分鐘。

◎長途巴士

塔林的長途巴士總站(Autobussijaam)位於舊城東南方2公里處，國內和國際線的長途巴士皆在此停靠。從這裡可轉搭2號或4號電車前往舊城東側外圍的維魯街(Viru Tänav)。

長途巴士總站Autobussijaam

🏠Lastekodu tänav 46　📞12550　🔗www.tpilet.ee

以國際線而言，前往塔林可搭乘Lux Express及Ecolines的巴士。以Lux Express到鄰國拉脫維亞的首都里加(Rīga)為例，座位相當寬敞舒適，車上還免費無線上網，並免費供應各式咖啡及茶包，車上也有洗手間，車程4.5小時，車資€18~21。

Lux Express

🔗www.luxexpress.eu

Ecolines

🔗www.ecolines.net

◎火車

塔林火車站正式名稱是波羅的海火車站(Balti Jaam)，位於舊城區外的西北側，連接國內外各城市，但並沒有直達波羅的海其他國家的班次。

波羅的海火車站Balti Jaam

🏠Toompuiestee 35　📞384-8301　🔗www.edel.ee

◎輪船

塔林是座港口城市，有輪船往來赫爾辛基、斯德哥爾摩、聖彼得堡等，碼頭就在舊城區東北方1公里，可搭乘2號巴士，或電車1號及2號前往。

塔林碼頭Tallinna Sadam

🏠Sadama 25　📞631-8555　🔗www.portoftallinn.com

市區交通

塔林的精華幾乎全集中在舊城區，而且舊城內大多區域是行人徒步區，所以幾乎都只需要步行即可。出了舊城區，交通網也很發達，電車、公車從早上6時營運到午夜，當地市民可免費搭乘，不過旅客需購票，可上車向司機用現金購買，票價€2。

若搭乘次數較多，可考慮購買儲值卡Smartcard，每小時票價€1.5、24小時€4.5，購買時需先付押金

€2並儲值所需金額，每次搭車時在車上的驗票機刷一下即自動扣款。Smartcard可在有R-Kiosk標誌的售票亭及便利商店購買；退卡需至機場、火車站或巴士總站櫃台，退卡後剩餘金額及壓金會一併退還。購票處及其他票種選擇可上網查詢。

⦿tallinn.pilet.ee

◎塔林卡Tallinn Card

專為觀光客設計的觀光卡，持卡人可在限期內免費上下市區內大眾交通工具、進入超過40個特定博物館、參加1項導覽行程等，以及一些其他景點門票、行程、餐廳、商店消費等有折扣優惠。可以上官網計算出欲參觀的景點門票，加總後省下多少錢再決定購買的票種。購買地點在遊客中心、機場、巴士站及碼頭等。24小時卡全票€35、優待票€21，48小時卡全票€52、優待票€27，72小時卡全票€63、優待票€33。

⦿www.tallinncard.ee

旅遊諮詢

◎塔林遊客服務中心Tallinn Tourist Office

靠近市政廳廣場，提供各種語言的資訊手冊、地圖，同時也販售塔林卡。旅客中心會貼出免費的市區步行導覽訊息，從遊客中心出發，時間約2小時，不需事先預定，只要在公告的時間直接到集合地點會合即可。

⌂Niguliste tänav 2 ☎645-7777 ◷4月1日~5月31日週一~週六 9:00~18:00，週日9:00~16:00；6月1日~8月31日週一~週六 9:00~19:00，週日9:00~18:00；9月1日~9月30日週一~週六9:00~18:00，週日9:00~16:00；10月1日~3月31日週一~週六 9:00~17:00，週日10:00~15:00。 ⦿www.visitestonia.com、www.visittallinn.ee

城市概略City Guideline

塔林舊城大致分為兩大部分：稱為圖姆皮(Toompea)的上城區坐落在一塊石灰岩高地上，屬於統治階層和貴族的活動領域；下城區位於圖姆皮和塔林港之間，屬於舊城裡的平地區，因為漢薩同盟的關係，受到德國呂北克(Lübeck)法律的管制，居住在城裡的商人、中產階級統一由市議會管理。另外，塔林的現代市區包括了羅特曼區、KGB博物館所在的Viru Hotel及距離舊城2公里處的卡德羅格公園，卡德羅

格宮就坐落其中。在近郊還有愛沙尼亞戶外博物館，及塔林東方距離約1小時的廣闊拉黑瑪國家公園，這是愛沙尼亞第一個成立的國家公園。

塔林行程建議
Itineraries in Tallinn

如果你有1天

如果只有一天的時間，建議以舊城為主，不妨先參加遊客中心前免費的市區導覽行程，行程以漫步舊城為主，結束後再選擇幾個較有興趣的景點進入參觀，包括愛沙尼亞歷史博物館、聖歐拉夫教堂、偷窺廚房與堡壘隧道及KGB監獄博物館(P.40)等，不同的歷史典故，將更全面認識這座城市。接著步行到舊城外圍的羅特曼區來一趟建築巡禮，晚餐在這區的時尚餐廳用餐，享受創意異國料理，並感受塔林現代摩登的一面。

如果你有2天

第一天先以舊城景點為主，下午造訪羅特曼區前，如果對蘇聯時期的KGB機構有興趣，可以先到Viru Hotel預約KGB博物館的導覽參觀。

第二天上午搭車到愛沙尼亞戶外博物館或是水上飛機港口博物館一遊，愛沙尼亞戶外博物館內設有農村風味的餐廳，價格實惠，可以停留在這用過午餐後再接續後面的行程。接著依預定行程參加KGB博物館的導覽，揭開蘇聯間諜的神祕面紗，結束後搭車前往距離舊城有一段距離的卡德羅格公園，穿越公園的大片綠地可見中央有一棟俄國沙皇時代的宮殿，內部可見華麗的皇家建築及豐富的藝術品收藏。

塔林散步路線
Walking Route in Tallinn

塔林下城散步路線

從維魯城門進入①維魯街，就進入了塔林引以為傲、被列入世界文化遺產的歷史中心，街道兩旁眾多的商店、櫥窗、餐廳，很容易讓人流連忘返。不妨順著城牆彎進小路，去看一看獨特的②卡塔琳娜通道，街道的氣氛和兩旁的藝術工作室，比起一般商店更有吸引力。

再從小巷彎回維魯街，古色古香的③老漢薩餐廳吸

引住你的目光，穿著古裝的店員更想把你招攬進餐廳，如果想試試當地的野味，不妨走進去，但是最好先掂掂自己的荷包，以免不小心超出預算。

從這裡，就可望見④**市政廳**的尖塔，⑤**市政廳廣場**周圍盡是餐廳、咖啡廳，全世界持續經營最久的⑥**市**

政廳藥局一定要進去瞧瞧。

穿過小徑，來到⑦**皮克街**，交叉路口的⑧**聖靈教堂**及⑨**大基爾特之屋**，大基爾特之屋目前是愛沙尼亞歷史博物館，進入參觀能夠對當地歷史有全盤性的認識，接著到⑩**Maiasmokk Café**咖啡館小憩及購買紀念品，然後順著皮克街往東北方向走，不但沿途有⑪**聖卡努提基爾特廳**、⑫**黑人頭兄弟會**等知名建築，接著探訪蘇聯占領時期使用的⑬**KGB監獄博物館**，再到⑭**聖歐拉夫教堂**登頂一覽全城景觀，再回到皮克街順著往下走會經過⑮**三姊妹**，整個過程中會經過一些其他旅遊書沒有特別提及的建築物，都精緻得讓人讚嘆不已。而盡頭則是有肥胖瑪格利特暱稱的⑯**大海岸城門**，讓人忍不住想繞著城門看清楚它到底有多胖。
距離：全程約2公里

塔林上城散步路線

下城固然精采，上城同樣很有看頭，而且從上城居高臨下，有很多處地點都可俯瞰下城的街景，紅瓦屋層層疊疊，更是賞心悅目。

從①**自由廣場**出發，拾級而上，來到名稱逗趣的②**偷窺廚房博物館**，裡面不但收藏豐富，還有隱密的堡壘隧道，更可登高眺望，一舉好幾得。

繼續往上爬，來到③**圖姆皮城堡**，它目前也是愛沙尼亞國會的所在地，一旁巍峨的④**亞歷山大涅夫斯基大教堂**應該會讓你不禁狂按快門。

此時，你可以選擇繼續北進，先拜訪⑤**聖母瑪麗亞大教堂**，然後在蜿蜒的巷弄中找到⑥**口圖觀景台**，盡情擁抱塔林舊城的全景，之後再順著小路找到⑦**帕特苦莉觀景台**，從不同角度再擁抱一次塔林，最後順著另一端的陡峭階梯返回下城；也可以選擇從亞歷山大涅夫斯基大教堂穿過城牆進入⑧**丹麥國王庭院**，然後從⑨**短腿街**的上段再穿越一道城塔門，進入⑩**長腿街**，慢慢地散步回到下城。
距離：全程約2.5公里

塔林下城散步路線

- ⑯ 大海岸城門 Great Coastal Gate
- ⑮ 三姐妹飯店 The Three Sisters Hotel
- ⑭ 聖歐拉夫教堂 Oleviste Kirik
- ⑬ KGB監獄博物館 KGB Vangikongid
- 皮克街Pikk
- ⑫ 黑人頭兄弟會 Mustpeade Maja
- ⑪ 聖卡努提基爾特廳 St Canutus Guild Hall
- Maiasmokk Café ⑩
- ⑨ 大基爾特之屋 Great Guild Hall
- ⑧ 聖靈教堂 Püha Vaimu Kirik
- ⑦ 市政廳藥局 Paeapteek
- ⑥
- 卡塔琳娜通道 Katariina Käik
- ② 市政廳廣場 Raekija Plats
- ⑤
- ④ 市政廳 Raekoda
- ③ 老漢薩 Olde Hansa
- ① 維魯街Viru

- ⑦ 帕特苦莉觀景台 Patkuli Vaateplatvormid
- ⑥ 口圖觀景台 Kohtu Vaateplatvormid
- 長腿街Pikk jalg
- ⑤ 聖母瑪麗亞大教堂 Toomkirik
- ⑩
- 短腿街 Lühike jalg
- ⑨
- ④ 亞歷山大涅夫斯基大教堂 Aleksander Nevski Katedraal
- ⑧ 丹麥國王庭院 Danish King's Courtyard
- ③ 圖姆皮城堡 Toompea Castle
- ② 偷窺廚房博物館 Kiek in de Kök
- ① 自由廣場 Vabaduse väljak

塔林上城散步路線

舊城區—下城

MAP　P.133B3

市政廳

Raekoda

15世紀哥德式市政廳

從舊城東側外圍的維魯街(Viru Tänav)巴士站步行約7分鐘可達。 Raekija Plats 1 645-7900 raekoda.tallinn.ee 市政廳7、8月週一~週六11:00~16:00，其餘時間團體可預約參觀；鐘塔5月~9月中每日11:00~18:00，休館日期每年有變動，詳情逕上官方網站查詢。 市政廳全票€5、優待票€3；鐘塔全票€3、優待票€1。

　　塔林的市政廳是目前北歐地區唯一「存活」的哥德式市政廳，大約建造於1371到1404年之間，相對於上城的圖姆皮城堡，這裡就是下城區的權力中心。

　　市政廳最高的鐘塔外表看起來很像伊斯蘭教的叫拜塔，據說是參考一位探險家前去東方之後所畫的手稿而設計的。仔細看站在塔頂的風向標，那是一個手執長矛的衛兵，名為「老湯瑪斯」(Old Thomas)，也是塔林的標誌之一。面對廣場的屋簷有一對巴洛克式的龍形滴水嘴，不妨抬頭欣賞。

舊城區—下城

MAP　P.133B3

市政廳廣場

Raekija Plats

下城居民的活動中心

從舊城東側外圍的維魯街(Viru Tänav)巴士站步行約7分鐘可達。 Raekija Plats

　　開闊的市政廳廣場主宰了整個下城區，南來北往都要經過這裡，而市政廳又是下城區最高的建築，不論走到哪裡，都可以見到它的身影。

　　從11世紀以來，市政廳廣場曾經作為市場、商品展示及慶典集會場所等用途，舉凡遊行、騎士比武、射箭比賽，甚至罪犯執刑都在此舉行。今天，這座廣場仍是整個舊城區、甚至全塔林的社交中心，夏天時，到排處滿露天咖啡座，有時舉辦露天音樂會、手工藝市集，以及舊城節慶，慶典期間，廣場上到處穿梭古代服裝的人們，彷彿回到中古世紀；冬天時，這裡當然成為豎立耶誕樹的不二地點，每年都會持續一個月以上，而這個傳統已經從1441年延續至今。

　　市政廳廣場周邊有許多重要的歷史建物，包括市政監獄、歷史最悠久的藥局等，其中市政監獄已經改為愛沙尼亞影像博物館(Museum of Estonian Photography)。

愛沙尼亞⋯**塔**林 Tallinn

MAP P.133C2

市政廳藥局

MOOK Choice

Paeapteek

全世界最古藥房

🚶 從市政廳步行不到1分鐘即達。 🏠 Raekija Plats 11 ☎ 631-4860 ⏰ 週一～週六10:00~18:00，週日休息。

這間藥局不僅是愛沙尼亞最古老的藥局，在世界上應該也是數一數二；更不簡單的是，它從

1422年開張之後，到現在都還在營運當中！當然，今天藥局裡販售的都是現代藥品。

藥局坐落在廣場的東北角，在中世紀時，藥局的角色不只是供應藥材而已，同時也是一個重要的貨物交易中心，包括酒、紡織品、紙、火藥、蠟、香料、糖等，甚至治病用的各種寶石，在藥局裡都可以買得到。藥局內側的廳室，目前設置成博物館，展示從17到20世紀一些藥材、藥方、製藥工具等，相當有趣。

MAP P.133D3

維魯街

Viru Tänav

進入舊城的主要大道

🚶 從市政廳步行約2分鐘可達。 🏠 Viru Tänav

就像歐洲大多數的中世紀老城一樣，塔林的舊城區布滿了迷宮般的街道，其實這是經過好幾個世紀發展的結果，城市一開始的設計是非常合乎邏輯的，所有街道都是連接城市最重要的幾個地方，包括港口、市集、堡壘、塔樓、住宅區。其中市政廳所在的市集廣場主要由3條街道交會：庫寧加(Kuninga)通往上城、維內街(Vene)通往港口，而維魯街則連接維魯城門(Viru Gate)。

從市政廳廣場沿著維魯街一路向東走到盡頭，

便可看見維魯城門，塔林舊城共有6座城門，如今僅剩卜兩座城門——維魯城門和大海岸城門。維魯城門外，便是車水馬龍的現代塔林，也因為維魯街串連了中世紀和現代塔林的兩個市中心，今天已發展成遊客聚集的購物大道，石子鋪成的街道兩旁，盡是現代化的美麗櫥窗、手工藝品店、餐館和咖啡廳。

舊城區─下城

MAP　P.133C2

聖靈教堂

Pühavaimu Kirik

14世紀路德派教堂

從市政廳步行約2分鐘可達。　Pühavaimu 2　646-4430
1月1~14日週一~週五9:00~18:00，週六10:00~16:00；1月15月~3
月18日週一~週五12:00~14:00，週六10:00~16:00；3月19月~4月
30日週一~週五10:00~15:00，週六10:00~16:00；5~9月週一~週六
9:00~18:00；10月1~14日週一~週六10:00~16:00；10月15日~11月
30日週一~週五10:00~14:00，週六10:00~16:00；12月週一~週五
9:00~18:00，週六10:00~16:00。　全票€2、優待票€1。

　　從市政廳藥局旁的拱門，穿過狹窄的賽亞岡通
道(Saikang Passage，意即白麵包通道)，或是
沿著皮克街(Pikk)走，會在這座14世紀的哥德式教
堂交會，聖靈教堂屬於路德教派，整座教堂的視
覺焦點便是白色外牆上那口藍、金相間的巴洛克
式木雕古鐘，約雕刻於1684年，也是塔林年代最
久遠的公共計時器。教堂裡所有的雕刻幾乎都是
藝術珍藏，包括15世紀的木雕祭壇，以及16世紀
文藝復興式的講道壇等。

舊城區─下城

MAP　P.133C2

皮克街(長街)

Pikk Tänav

橫貫舊城的昔日幹道

從市政廳步行約2分鐘可達。　Pikk Tänav

　　「皮克」街的愛沙尼亞文是「長」街的意思，
它的確是舊城區裡最長的一條街道，可以從上城
開始順著這整條街，出了城門直達港口。過去這
條路是舊城區的主要街道，所以許多重要的公共
建築物都集中在皮克街兩旁，特別是行會組織活
動所在的「基爾特之屋」。

　　基爾特是「會館」的意思，起源於中世紀的宗
教和貿易組織，成立之初，是為了祈禱或是慈善
的目的，後來慢慢發展成經濟和宗教兩種不同的

組織。以貿易、工藝為主的經濟基爾特控制了中
世紀城鎮的生活，而宗教性的基爾特在城市和鄉
村都很蓬勃。

　　中世紀時的塔林，許多德國商人和上流社會人
士都住在這條街上，所蓋的房子多半為3、4層
樓，下面兩層作為居住和會客之用，上層則是貨
棧、倉庫；商人聚集，基爾特自然是他們的生活
重心，而貿易和工藝的基爾特公會多半由德國商
人主導。

愛沙尼亞…**塔**林Tallinn

MAP　P.133B2

大基爾特之屋
Great Guild

冠蓋雲集的會堂

從市政廳步行約2分鐘可達。 Pikk Tänav 17 641-1630 www.ajaloomuuseum.ee 5月~9月每日10:00~18:00；10月~4月週三~週日10:00~18:00。國定假日休館。 全票€12、優待票€8。

大基爾特之屋就位於聖靈教堂對面，過去是地位最顯赫的商人所有，塔林最早的基爾特紀錄可追溯到1325年，而這棟建築約建造於1410年，只有城裡最富有、最受敬重的居民才允許進入，成為大基爾特的成員。而當時的塔林高官和議員，有大半是由大基爾特的成員所選出。

大基爾特之屋裡的穹頂大廳經常作為婚禮、宴客之用，目前則改為愛沙尼亞歷史博物館(Eesti Ajaloo Muuseum)，展示愛沙尼亞從史前時代一直到20世紀末的歷史。一進入左手邊的展間，依年代陳列過去使用過的錢幣，而主要的展間，

一開始就從最早的起源說起，人們在愛沙尼亞生活已經超過11000年，不過卻是直到700年前才在世界地圖出現。博物館內介紹範圍涵蓋了人們生活、宗教信仰、戰爭，以及大基爾特之屋的歷史，來到這裡能先對當地歷史文化有進一步認識。

聖卡努提基爾特廳

St Canutus Guild Hall

昔日工匠的會館

從市政廳步行約3分鐘可達。 Pikk Tänav 20

這間屋子最明顯的標誌便是立面2樓的兩尊黑色雕像，其中右手邊手持聖經的是馬丁路德(Martin Luther)，左手邊拿劍的是聖卡努提(St Canute)，也就是丹麥國王，現在所看到的外觀是1860年代改建過的，呈現英國都鐸式(Tudor)的樣貌。

當年這裡是德國工匠的基爾特，舉凡金匠、鞋匠、麵包師傅、製手錶師傅等，都是會員。

黑人頭兄弟會

Mustpeade Maja / House of Black Heads

年輕外國商人的會館

從市政廳步行約3分鐘可達。 Pikk Tänav 26 669-9947
www.mustpeademaja.ee 視活動而定。

黑人頭兄弟會大約出現於1399年，指的是年輕單身的商人，在還沒被大基爾特接受之前所組的同業行會，就像外國商人一樣，他們只是長住塔林，而非永久。

之所以取名為黑人頭，因為他們所信仰的守護神聖摩里西斯(St. Mauritius)本身是位黑人武士，是早期基督教的殉道者，後來祂的人頭便成了黑人頭兄弟會徽章上的圖騰。黑人頭兄弟會活躍於愛沙尼亞和拉脫維亞，歐洲其他地方則比較少見。

這間黑人頭兄弟會之屋是塔林僅存、仍保留完好的文藝復興式建築，大約16世紀時，黑人頭兄弟買下來作為會所，不僅紅綠相間的大門上有黑人頭，大門正上方的石雕，也是兩頭石獅拱著兩顆聖摩里西斯的人頭。黑人頭兄弟會之屋目前作為音樂廳使用，並對外開放出租舉辦結婚典禮。

愛沙尼亞…塔林Tallinn

141

舊城區一下城

MAP　P.133C1

聖歐拉夫教堂

MOOK Choice

Oleviste Kirik

13世紀全球最高的建築

🚇從市政廳步行約4分鐘可達。 🏠Pikk Tänav 48 📞641-2241 🌐www.oleviste.ee 🕐4~6、9、10月10:00~18:00，7、8月10:00~20:00。開放時間時有變動，詳情逕上官方網站查詢。 💲參觀教堂免費，登塔頂全票€5、優待票€3。

　　聖歐拉夫教堂坐落在皮克街的北端，那高達124公尺高的尖塔，讓人無法忽視它的存在。13世紀時，它是全世界最高的尖塔；即使到了今天，它依然傲視全塔林，而且仍舊是塔林的象徵性建築。

　　聖歐拉夫教堂鶴立雞群的尖塔，原是表達對上帝的禮敬，在蘇聯時代卻被拿來裝設天線，做為干擾基地台，阻止愛沙尼亞人接收來自芬蘭的電視及收音機訊號，據說干擾信號強大到連一海之隔的赫爾辛基市民要看電視都會受到影響，相當諷刺。

　　從塔頂觀景台俯瞰，不僅腳底下的下城景觀讓人目眩神迷，更遠一點的上城和塔林港都一覽無遺。也因為它居高臨下，蘇聯時代這裡還是KGB(蘇聯國家安全委員會)監視全城的地方。

　　教堂名為聖歐拉夫，正統的說法是獻給15世紀的挪威國王歐拉夫二世，不過還有另一說法，這座教堂的建築師也叫歐拉夫，卻在完工之際，從塔頂摔下死亡，所以取名聖歐拉夫作為紀念。

MAP　P.133C1

三姊妹
The Three Sisters

17世紀巴洛克式民宅

🚇 從市政廳步行約5分鐘可達。　🏠 Pikk Tänav 71　☎ 630-6300

　　沿著皮克街往北走到盡頭，即將出大海岸城門前，左手邊有3幢緊緊相連的中世紀民宅，俗稱「三姊妹」，每幢房子有自己的山牆、屋頂，建築年代大約在15世紀，是典型的中世紀商人住宅。它們有各自的門廊、小型的煙囪和廚房、主人辦公室、起居室和臥室；貯藏室則在起居室上方，也就是山形屋頂的位置，從房子立面可以看到突出的支架，那就是貯藏室吊掛物品的橫梁。裝飾華麗的巴洛克式大門大約從17世紀中葉保留至今。

愛沙尼亞…**塔**林 Tallinn

MAP　P.133C1

大海岸城門
Paks Margareeta / Great Coast Gate

不平衡的美感

🚇 從市政廳步行約8分鐘可達。　🏠 Pikk Tänav 70　☎ 620-0550　🌐 www.meremuuseum.ee　🕐 10~4月週二~日10:00~18:00；5~9月週一~日10:00~19:00。　💲 全票€15、優待票€8。

　　這座城門是舊城通往塔林港的主要出入口，從城外看城門，左右極不協調，右手邊是一座瘦高的城塔，左手邊則連接著一座肥胖的堡壘，直徑達25公尺，又被封名為「肥胖瑪格利特」(Fat Margaret)，塔林所有城塔之中，她的知名程度大概僅次於上城的「皮克‧赫曼」。連接著「肥胖瑪格利特」的城牆，有些地方厚達6.5公尺。當舊城的城牆和堡壘軍事用途不再像過去那麼重要時，銅牆鐵壁般的「肥胖瑪格利特」於19世紀改成一座監獄，一直使用到20世紀初，目前則屬於愛沙尼亞國家海事博物館。

舊城區─下城

MAP ▶ P.133B3

聖尼古拉教堂博物館

Niguliste Kirik Muuseum

宗教珍藏博物館

🚇 從市政廳步行約4分鐘可達。 🏠 Niguliste Tänav 3 ☎ 631-4330 🌐 www.nigulistemuuseum.ekm.ee 🕙 5~9月週二~週日 10:00~17:00；10~4月週三~週日 10:00~17:00。 💲 全票€15、優待票€8。

哥德式的聖尼古拉教堂是塔林另一座中世紀瑰寶，始建於13世紀，不過1982年遭大火嚴重毀損、1944年遭受蘇聯炸彈攻擊，目前所看到的宏偉建築是後來重建的，並把內部規劃為博物館。愛沙尼亞有4件最珍貴的中世紀宗教藝術品，聖尼古拉教堂就收藏了3件，其中最知名的作品是Bernt Notke的《跳舞的骷髏》。

舊城區─下城

MAP ▶ P.133B3

長腿街

Pikk jalg

階級隔閡世仇之牆

🚇 從市政廳步行約4分鐘可達。 🏠 Pikk jalg

長腿街和短腿街這兩條起始點一樣、幾乎平行的街道，一長一短銜接上城圖姆皮與下城的舊城區。顧名思義，長腿街較寬且長，可以通行車輛；相對的，短腿街只能供行人步行，而且相當陡峭。

長腿街最明顯的地標便是橘紅色屋頂的長腿街城塔門，這座3層樓的建築可追溯至1380年，是過去控制下城進入上城圖姆皮的重要閘門，而一道高牆就從塔門延伸出去，隔開上城與下城，從過去的歷史看來，上下城之間關係並非那麼融洽，反倒是經常發生衝突，夜間必定緊閉城門，因此這道牆又被稱為「世仇之牆」。

舊城區─下城

MAP ▶ P.133B3

短腿街

Lühike jalg

陡峭階梯通道

🚇 從市政廳步行約4分鐘可達。 🏠 Lühike jalg

短腿街的歷史比長腿街更為悠久，應該在1230年代便已存在，是當時住在下城的德國商人前往上城的主要通道。

短腿街也有一座塔門，約建於1454年，長腿和短腿街也在此結合，這座4層樓的門塔呈長菱形，一樓的拱門通道有兩個入口並附有厚重大門。然而關於這座塔門幽靈的傳說卻甚囂塵上，包括有人看過被釘在十字架上的僧侶、眼睛會噴火的黑狗等。

MAP P.133B3

偷窺廚房與
堡壘隧道

**MOOK
Choice**

Kiek in de Kök ja Bastionikäigud

塔林的防禦工事博物館

🚶 從市政廳步行約7分鐘可達。 🏠 Komandandi tee 2
📞 644-6686 🌐 linnamuuseum.ee/kok ⏰ 週二~日
11:00~18:00，週四11:00~20:00；週一及國定假日休館。
💰 博物館全票€8、優待票€5；堡壘隧道全票€8、優待票€5；
兩者聯票全票€12、優待票€6。 ⚠ 隧道裡平均溫度在攝氏
7~10度間，參觀時記得帶件保暖的外套與穿著一雙便於走山路
的鞋。

這座位於前往上城的山腰處的堡壘，是建於
1470年代的防禦工事，之後迅速加以擴建，現在
看到的城牆厚達4公尺。高達38公尺的塔樓便於監
看下城的動靜，負責的兵士們開玩笑說足以偷窺到
家家戶戶的廚房了，所以有了這個逗趣的名字。

「偷窺廚房」目前開闢成博物館，展出塔林歷
史上城牆與堡壘防禦系統的發展過程、曾經發生
過的重要戰役、昔日的作戰武器以及一些刑罰的
器具等。

此外，堡壘底下暗藏好幾條順著山勢挖掘的祕
密通道，是1630年代開始陸續挖掘的，以便避開
敵人的耳目、加強防禦的能力。

愛沙尼亞…**塔**林 Tallinn

MAP P.133B3

丹麥國王庭院

**MOOK
Choice**

Danish King's Courtyard

丹麥國旗誕生地

🚶 從市政廳步行約7分鐘可達。 🏠 Lühike jalg 9a

在短腿街塔門旁就是所謂的丹麥國王庭院，根
據傳說，1219年丹麥人征服愛沙尼亞的一場戰役
中，就在敗戰邊緣，一面擁有白色十字架的紅色旗
子突然從天而降，丹麥國王不僅贏得勝利，還統治
了塔林及北愛沙尼亞超過一個世紀。今天丹麥的國
旗正是白色十字架的紅旗，塔林也以紅底白十字架
作為市徽，丹麥國王庭院裡就有這個標誌。

圖姆皮城堡(國會大廈)
Toompea Castle(Parliament)

歷任統治權力的象徵

從市政廳步行約10分鐘可達。　Lossi plats 1　631-6357(導覽之旅預約電話)　www.riigikogu.ee　免費國會英文導覽之旅週五11:00開始，約導覽45分鐘。

圖姆皮城堡是塔林留存至今最古老、也最雄偉的建築群，挺立在海拔50公尺的陡峭石灰岩海岸邊。幾個世紀以來，每當來自八方的統治者在征服愛沙尼亞之後，都以圖姆皮城堡作為權力統治的象徵。

目前遊客來到圖姆皮城堡，大致可以發現這裡的建築主要分成3個時期。早期的建築建於13世紀的丹麥國王時期，不過多半已不復存在，只有幾座其繼任者所建的城塔和城牆還保留著。

與亞歷山大涅夫斯基大教堂隔著廣場遙遙相對的粉紅色巴洛克式立面，是俄國時期所留下，為18世紀時凱薩琳大帝(Catherine the Great)所建。至於隱藏在最裡面的建築名為Rigikogu，大約是1920年代的產物，目前愛沙尼亞國會正坐落於此。

目前保留最完整的城塔為位於西南角落的「皮克‧赫曼」(Pikk Hermann，意為高大的士兵)，建於1371年，每天清晨，愛沙尼亞國旗緩緩升起，迎風飄盪在48公尺的高塔上。

口圖觀景台
Kohtu Vaateplatvormid

擁抱塔林最佳高處

從市政廳步行約12分鐘可達。　Kohtu 12

位於圖姆皮山坡的東側、垂直下方就是長腿街的口圖觀景台，是擁抱塔林的最佳地點：層層疊疊的紅瓦屋頂與聖尼古拉教堂近在眼前，順著長腿街下坡的方向，可以找到市政廳廣場、長街上的聖歐拉夫教堂、甚至更遠處的塔林電視塔(Tallinn TV Tower)；轉一個方向，還可眺望港口與波羅的海。

由於遊客絡繹不絕，觀景台旁邊出現小販和露天咖啡廳；夏日的傍晚，還經常會舉辦露天舞會。這個角落受歡迎的程度可見一斑。

舊城區一上城

MAP　P.133A3

MOOK Choice

亞歷山大
涅夫斯基大教堂

Alexander Nevsky Cathedral

19世紀東正教穹頂

🌐從市政廳步行約8分鐘可達。　🏠Lossi plats 10　☎644-3484　🕐週一~五8:00~18:00。

　　基督信仰分別從東方和西方傳進愛沙尼亞，無疑地，來自西方的是天主教，從東方傳進來的，自然是俄羅斯東正教。證據顯示，13世紀時，塔林就已經有東正教教堂的存在，當初首座東正教堂的原址可能就在今天舊城區維內街(Vene)的聖尼古拉教堂(Niguliste Kirik)。

　　目前矗立在圖姆皮(Toompea)山丘上的亞歷山

大涅夫斯基大教堂，是在19世紀末時俄國沙皇亞歷山大三世(Alexander III)和尼古拉二世(Nickolas II)時所建的，所有建造費用均來自俄國，也為19世紀下半葉，整個波羅的海地區面臨俄羅斯化風潮影響留下明證。當年之所以選擇這個地點，自然是它居高臨下，可以俯視整座塔林城。

　　亞歷山大涅夫斯基大教堂是塔林最大、也最宏偉的穹頂式教堂，由來自聖彼得堡的藝術學院建築師所設計，屬於傳統俄羅斯式的教堂，共有5座洋蔥式圓頂，立面裝飾著一幅幅黃金馬賽克鑲嵌畫。教堂鐘塔上的鐘也是一大特色，由11座鐘所組成，其中最重的一座達16噸，也是塔林最大的鐘，每逢彌撒時刻，會響起沉厚的鐘聲，東正教信徒魚貫前來，或立、或坐、或跪，守著淡淡柔和燭光虔誠祝禱，拔高的教堂內迴盪著俄羅斯東正教深沉幽緩的合唱歌聲。

MAP P.133A3

聖母瑪麗亞大教堂
(圓頂教堂)

Toomkirik

昔日貴族長眠地

🚌 從市政廳步行約10分鐘可達。 🏠 Toomkooli tänav 6 ☎ 644-4140 🌐 toomkirik.ee ⏰ 週二~日10:00~16:30。開放時間時有變動，詳情還上官方網站查詢。 💲 全票€5、優待票€3。

聖母瑪麗亞大教堂是愛沙尼亞最重要的路德教派教堂，也是從中世紀到現在仍然在運作的三座教堂之一。

雖然又名為圓頂教堂，但外觀一點也不像，其實它是經過不斷改建，才有今日的樣貌。教堂最早建於1219年，原本只是一座木造建築，也就是因為這座教堂(Toomkirik)，才有後來「圖姆皮」(Toompea，意思是大教堂的山丘)這個名稱。今天教堂的主結構約完成於15到17世紀之間，至於巴洛克式的尖塔是1779年才加上去的。

目前教堂內部是13到18世紀許多貴族及名人埋葬的地方，同時珍藏了上百個波羅的海德國貴族的盾形徽章。這些擺放在教堂裡、雕飾得十分華麗的石棺，其中較知名的包括了瑞典國王約翰三世的公主Sophia Gyllenhelm、凱薩琳大帝的情人Samuel Greigh、瑞典國王旗下的法國貴族Pontus de la Gardie夫婦、俄國第一位航行地球一圈的海軍上將Johann von Krusenstern等。

MAP P.133B2

帕特苦莉觀景台

Patkuli Vaateplatvormid

俯瞰波羅的海

🚌 從市政廳步行約10分鐘可達。 🏠 Rahukohtu 3

位於圖姆皮山坡北側的帕特苦莉觀景台，是另一處擁抱塔林的好地方，布滿舊城的紅瓦屋頂同樣層層相疊，觀景的角度和口圖觀景台略有不同，火車站近在眼前，欣賞波羅的海又更近了一些。

塔林可以說是北歐地區保存最好的中世紀防禦工事，將近2公里長的原始城牆依舊完好挺立著。這個觀景台的左手邊，是一片石灰岩峭壁，順著1903年鋪設的陡峭的階梯，沿途可欣賞蜿蜒的城牆。

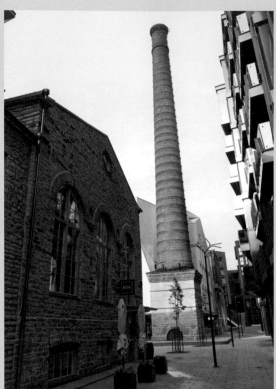

現代市區

MAP　P.133D2

羅特曼區

Rotermann Quarter

新舊交融的建築巡禮

從市政廳步行約15分鐘。 Rotermanni 8 www.rotermann.eu 週一~六10:00~20:00，週日11:00~18:00，依各店家營業時間而定。

羅特曼區是將19世紀舊工廠建築經過改建後，賦予新功能及摩登外觀的地區。如今林立時尚商家與異國料理餐廳，裝置藝術則散見在各個角落。

這區的發展要從一位企業家羅特曼(Christian Barthold Rotermann)說起，他將父親經營的公司業務，全集結到了羅特曼區。在19世紀時，這裡陸續設立了百貨公司、澱粉工廠、鹽倉、蒸氣動力鋸木廠、義大利麵工廠、木材廠、羊毛廠等等。到了20世紀，這區的發展就和國家一樣，

經歷了動盪波折的時期，一場大火更延燒了兩個星期才撲滅，即便如此仍不影響當地的商業發展及建設。直到戰爭爆發後，在蘇聯占領之下，羅特曼區也跟著重組，所有私人企業全收歸國有，公司名稱也被變更。蘇聯時期該區的建築物被嚴重破壞，愛沙尼亞獨立後，一切建設重新展開之際，羅特曼區一度被認為要修繕完成的難度相當高。

1996年，重建了羅特曼區的鹽倉，成為了愛沙尼亞建築博物館，同年當局宣布這區有著文化保存價值，羅特曼區開始受到保護並注入新功能。

如今的羅特曼區就像一個偌大的文創園區，競相爭奇的建築吸引遊客目光，不妨來一場建築巡禮，或是到愛沙尼亞在地品牌的服飾店家血拼，而裝潢別致新穎的餐廳，則提供最佳的休憩選擇。夏季，在羅特曼廣場將有食品市集舉行，12月則是換耶誕市集登場。

MAP P.133D3

卡德羅格宮

MOOK Choice

Kadrioru Loss / Kadriorg Art Museum

俄羅斯沙皇的紀念

位於舊城東邊2公里，搭乘1號、3號電車在Kadriorg下車後，再步行穿過卡德羅格公園即可達。　Weizenbergitänav 37　606-6400　kadriorumuuseum.ekm.ee　週二、四~日10:00~18:00，週三延長開放至20:00，週一休。每年時間不定請上官網查詢。　全票€9、優待票€7；加上米可博物館聯票全票€22、優待票€9。

不同於塔林舊城區，卡德羅格是俄國沙皇時代的產物。卡德羅格宮坐落在森林般的卡德羅格公園正中央，這座18世紀的巴洛克式宮殿，是俄國皇帝彼得大帝(Peter the Great)於1710年征服愛沙尼亞之後所蓋的，由義大利建築師Niccolo Michetti所設計，據說宮殿建造時，彼得大帝本人還親自放下第一塊基石。1930年代，愛沙尼亞短暫獨立時，這裡曾經作為總統的私人官邸。2006年2月，宮殿對外開放，並改為美術館。

美術館裡珍藏了16到20世紀荷蘭、德國、義大利以及俄羅斯的藝術品，總計約9千件。除此之外，宮殿周邊的幾座附屬建築也改成博物館，例如過去的廚房現在稱為米可博物館(Mikkel Museum)，展示收藏家Johannes Mikkel捐贈給博物館的畫作及瓷器等。

卡德羅格這區還有塔林歌唱音樂節的表演場地，這是愛沙尼亞人心中「歌唱革命」(Singing Revolution)的發源地。1988年，愛沙尼亞反蘇聯統治的音樂活動就在這裡展開。

現代市區
MAP ▶ **P.133A4**

愛沙尼亞戶外博物館

Estonian Open Air Museum

傳統生活的縮影

🚌 從自由廣場搭乘21、21B號巴士前往Rocca al Mare站下車;亦可搭21A號巴士在Rocca al Mare下車;或22、42、43號巴士在Zoo站下車,然後再步行約15分鐘可達。 🏠 Vabaõhumuuseumi tee 12 📞 654-9100 🌐 www.evm.ee ⏰ 旺季(4月23~9月28日)10:00~20:00,淡季(9月29~4月22日) 10:00~17:00。每年旺季起迄時間不一,詳情運上官方網站查詢。 💲 旺季全票€12、優待票€9。淡季全票€10、優待票€8。

　　愛沙尼亞戶外博物館坐落在塔林市區西方的一片森林裡,臨著波羅的海(芬蘭灣),占地80公頃,展示許多愛沙尼亞不同時代、不同地區、不同生活水平的鄉間建築。

　　博物館總共分成西愛沙尼亞、北愛沙尼亞、南愛沙尼亞及島嶼愛沙尼亞等地的傳統村落,從農場、農舍、風車、水車、消防隊、木造小禮拜堂、鄉村學校等,展示過去兩百年來,總共近兩百棟建築,一切型式依照傳統風貌,愛沙尼亞西部及北部農莊,是排成一列的形式;島嶼農莊是圍著村落聚集在一起,而南愛沙尼亞的農莊則是分散開來。博物館裡的傳統農家屋舍,曾是愛沙尼亞數百年來的生活住所,除了各種形式的農莊外,也有漁民的屋舍,以及公共建築,諸如學校、教堂、商店、消防隊等,整個戶外博物館就像是一座小型村落。

　　館內最古老的建築是1699年的教堂,近年也持續有新的農場開放參觀。有些房舍或學校可見工作人員穿著古代服裝,示範過去愛沙尼亞人的日常生活和工作情形。遊客能在此買到愛沙尼亞的傳統手工藝品,也可以在經濟實惠的餐廳裡,感受農莊用餐的氛圍及嘗嘗傳統美食。

MAP P.133C1

水上飛機港口博物館
Lennusadam / Seaplane Harbour
航海工具大觀園

搭乘73號巴士到Lennusadam站下即抵；或是搭3號巴士、1號及2號電車在Linnahalli站下，再步行前往。 Vesilennuki 6 620-0550 www.lennusadam.eu/en 10~4月週二~日10:00~18:00；5~9月週一~日10:00~19:00。 全票€15、優待票€8。

位在塔林港畔，距離市中心約2公里的水上飛機港口博物館陳列著愛沙尼亞自古以來的航海工具演進史，由於館外不遠處就是從前水上飛機的專用碼頭，博物館裡也有水上飛機的實體模型，但最引人注目的是高掛在半空中的潛水艇藍畢號(Lembit)，這艘愛沙尼亞海軍史上第一艘潛艇，曾參與過二次世界大戰任務，如今功成身退，遊客不僅可以登船參觀，以架高方式陳列的藍畢號就像是在天空中遨遊的一頭大藍鯨，加上不時有水上飛機的身影掠過天花板和震耳欲聾的螺旋槳引擎聲，讓人彷彿置身戰場。

MAP P.10D1

MOOK Choice

拉黑瑪國家公園
Lahemaa National Park
山光水色包羅萬象

由於國家公園內幅員廣大、景點眾多，塔林的旅遊局網站推薦有多種行程，包含健行或騎自行車遊國家公園等，選擇眾多，不妨擇一報名參加。 Palmse, Vihula vald, Lääne-Virumaa www.visitestonia.com 成人€69、優惠票€39。

愛沙尼亞境內領土的一半被森林覆蓋，有著一望無際的綠意，即使全國最高峰也不過海拔318公尺。其中距離塔林東方約1小時車程、濱臨波羅的海的拉黑瑪國家公園，占地達725平方公里，是全國最大的國家公園，也是塔林附近最熱門的一日遊目的地。

在愛沙尼亞文裡，「拉黑瑪」是「海灣旁的陸地」的意思。拉黑瑪國家公園裡有美麗的森林、海灣、沙灘、半島、沼澤、瀑布、湖泊等，景觀相當多元。還有許多中世紀莊園，由當時往來波羅的海經商的巨賈富商們所建造，每一幢都造型優雅、占地廣大，較有名的包括帕姆士莊園(Palmse Manor)、沙卡迪莊園(Sagadi Manor)、擁有森林步道的維胡拉莊園(Vihula Manor)等，都有導覽行程。拉黑瑪國家公園境內還有許多風情迷人的小漁村，坐在海邊的小木屋裡，享用漁人們剛捕獲的鮮美魚蝦，佐以波羅的海的粼粼波光，氣氛分外浪漫。

愛沙尼亞…**塔** 林Tallinn

舊城區—下城

MAP ▶ P.133C2 **Maiasmokk Café**

從市政廳步行約2分鐘可達。 Pikk 16 646-4079
www.kohvikmaiasmokk.ee 週一～日9:00~21:00。

Kalev是全愛沙尼亞知名度最高的糖果公司，以製作和銷售手工巧克力廣受歡迎，它還有一項傲視全球的特產，就是遵循古法製造的手工杏仁糖(Marzipan)。

根據一種廣為流傳的說法，杏仁糖其實是市政廳藥房一位藥師所發明的，用來幫客戶中和藥的苦味，並有調養身體的功效；藥房在1695年的產品價格表裡就有記載到杏仁糖。此外，同為漢薩同盟城市的呂北克也很早就出現杏仁糖，所以塔林和呂北克都被視為杏仁糖的發明地。

早從西元1806年開始，Kalev就以製作糖果為業，18世紀開始接手杏仁糖的配方，同時也經營咖啡廳。它所出產的杏仁糖受歡迎的程度，連聖彼得堡的俄羅斯沙皇都是忠實擁護者。蘇聯

中央總書記布里茲涅夫(Leonid Brezhnev)70歲和75歲大壽前夕，都還特地從莫斯科向Kalev大量訂製。

目前Kalev除了販售杏仁糖和巧克力外，附設的咖啡廳也依舊存在，是塔林最老、至今仍營業的咖啡廳。

舊城區一下城

MAP ▶ P.133B3 | **Kompressor煎餅店**

🚶 從市政廳步行約2分鐘可達。 🏠Rataskaevu 3 ☎
646-4210 🌐www.kompressorpub.ee ⏰週一～日
11:00～22:00。

名為「壓縮機」，外觀平凡得很容易被忽略；內部寬闊的空間
裡擺著多張大圓桌，沒有服務員會來招呼你，想吃什麼自己到吧
檯拿菜單自己點，氣氛極端隨性。然而向塔林人請教好吃的餐
廳，幾乎每個人都不忘推薦這家酒吧的煎餅。

煎餅內餡的口味變化多端，包括起司加碎肉、蘑菇加藍起司、
燻雞肉、燻鱒魚、蝦仁等，也有甜口味像是藍莓果醬、香蕉蜂
蜜、覆盆子煉乳等，而且大大一片只要5歐元左右。

舊城區一下城

MAP ▶ P.133B3 | **地獄Põrgu**

🚶 從市政廳步行約3分鐘可達。 🏠Rüütli 4 ☎644-0232
🌐www.porgu.ee ⏰週三、四17:00～24:00，週五、六
17:00～凌晨2:00；週日～週二公休。

與聖尼古拉教堂隔著一條小街道的Põrgu位於地下室，布置得
像中古世紀的地窖一般，鐵製的椅子重得移動得很吃力，燈光也
昏暗得很難拍照，刻意營造出宛如「地獄」的氣氛。基本上，這
是一處標榜啤酒選擇眾多的酒吧，但是廚藝超過平常酒吧的水
準，無論選哪一道主菜，嘗一口都會眼睛一亮，立即體會到主廚
的深厚造詣，不枉特地到「地獄」走一遭。

舊城區─下城

MAP ▶ P.133B3 **老漢薩Olde Hansa**

📍從市政廳步行不到1分鐘即達。 🏠Vana Turg 1 ☎627-9020 🌐www.oldehansa.ee 🕐週一~四12:00~24:00，週五~日11:00~24:00。

從遊客中心往市政廳方向這條要道經過，會看到一幢中古世紀的城堡式建築，尖尖的紅瓦屋頂下是3層樓的樓房，門外不時

還有身著中古世紀服裝的人向你發優惠券傳單、邀請你進去坐坐，它就是塔林最有名的老漢薩餐廳。

老漢薩整體而言噱頭十足，裡裡外外妝點成漢薩同盟時期富商的豪宅，特色十足，就連菜單也引人好奇：愛沙尼亞由於森林面積廣闊，愛吃野味的人不少，老漢薩最令人好奇的招牌菜就是熊肉，不過一客就要55.2歐元。當然並非每道菜都這麼貴，但平均而言消費的確不便宜，門口有放置菜單，不妨先研究一下，再決定要不要進去當標準的觀光客。

舊城區─下城

MAP ▶ P.133C3 **III Draakon**

📍就位於市政廳地面層。 🏠Raekija Plats 1 🌐www.kolmasdraakon.ee 🕐11:00~23:00

經過市政廳，會看見某個角落總是有穿著古代傳統服裝的女子一直向你招手、傳遞友善的眼神，不要以為是什麼豔遇，她們只是希望你走進III Draakon喝一碗麋鹿湯。

愛沙尼亞人喜好野味，麋鹿也是森林裡常見的動物之一，III Draakon刻意布置成中古世紀的客棧氛圍，香噴噴的麋鹿湯則是店裡的招牌，還可以搭配牛肉派、蘋果派、熱紅酒等簡單餐飲，穿著古裝的服務人員還不時跟你打情罵俏，演得跟真的一樣。價格便宜，每樣單品只要1~2歐元，可以充當點心或下午茶，但是吃飽有點困難。

現代市區

MAP ▶ P.133D3 Nordic Hotel Forum

🚌 從舊城東側外圍的維魯街（Viru Tänav）巴士站步行約1分鐘可達。　🏠 Viru Väljak 3　☎ 622-2900　🌐 www.nordichotels.eu/en

位於維魯城門旁，屬於北歐四星級連鎖管理系統的時髦飯店，共有267間舒適的客房及套房，簡單的紫色與橘色對比色系相間，感覺清爽而高雅。全飯店皆有方便的免費無線上網。健身中心、Spa水療、室內泳池、餐廳、酒吧等休閒設施齊全，進入舊城就在步行可達的距離，非常方便。

現代市區

MAP ▶ P.133B4 聖芭芭拉飯店St. Barbara Hotel

🚌 從舊城西側外圍的Tallinn-Paldiski大道上的巴士站步行約1分鐘可達；從市政廳步行約8分鐘可達。　🏠 Roosikrantsi 2a　☎ 640-0040　🌐 www.stbarbara.ee/en

雖然位在舊城外，St. Barbara Hotel獨特的石灰岩外牆顯得古色古香，它始建於19世紀末，由當時的名建築師Erwin Bernhard所設計，20世紀初曾經改建為一幢私人醫院，1997年才又改成目前的飯店型式。

全飯店皆可免費無線上網，網站更貼心的提供正體中文版本。整體呈德國巴伐利亞風，有單人房、雙人房、三人房到親子房，屬於頗超值的中價位飯店。附設的餐廳Baieri Kelder也以提供德國料理和啤酒聞名。

舊城區—下城

MAP ▶ P.133C2 Meriton Old Town Garden Hotel

🚌 從市政廳步行約3分鐘可達。　🏠 Lai 24　☎ 664-8800　🌐 meritonhotels.com

位於舊城皮克街上的Meriton Old Town Garden Hotel，是Meriton系統旗下最新的飯店，建築本身是一幢16世紀的商人宅邸，內部經過整修，已經成為融合復古風的時髦飯店。

Meriton Old Town Garden Hotel每間房間的格局都不太一樣，各具風格特色，房客皆可免費使用健身中心和三溫暖等休閒設施。樓下附設了一間高雅的餐廳，一到夏天，露天座位擴充到皮克街上，感覺分外浪漫。

舊城區—下城

MAP ▶ P.133C3 男爵飯店Hotel Barons

🚌 從市政廳步行約3分鐘可達。　🏠 Suur-Karja 7　☎ 616-5700　🌐 hestiahotels.com/barons/en

位於舊城的中心位置，步行不到1分鐘即可抵達遊客服務中心。建築本身是一幢建於1912年的銀行，歷史堂堂跨越百年，外觀呈新藝術(Art Nouveau)風格，2003年改建成小巧、優雅的商務型飯店，只有33間客房或套房，所以能提供相當個人化的貼心服務。

舊城區─下城

MAP ▶ P.133C1 | **高特哈爾住宅Gotthard Residents**

🚶 從市政廳步行約5分鐘可達。　🏠 Pikk 66　📞 611-8080　🔘
www.gotthard.ee

　　旅館位於皮克街上，從機場方向過了大海岸城門沒多久即抵，三姐妹建築就在其對面。這間旅館的歷史可追溯到14世紀，從外觀、大門及雕刻細節上，還是可以看出它悠久的歷史。內部裝潢溫馨舒適，豐富的自助式早餐，能嘗到道地的美食，旅館內也提供不少旅遊資料可供索取。

舊城區─下城

MAP ▶ P.133C3 | **維魯背包客棧Viru Backpackers**

🚶 從市政廳步行約2分鐘可達。　🏠 Viru 5　📞 644-6050　🔘
toth.ee/viru-backpackers

　　位於熱鬧的維魯街上，地理位置相當優越，屬於自助型態的便宜青年旅館，但是以單人房或雙人房為主，所以比一般的青年旅館更安靜、乾淨些。廁所、浴室共用，也有可利用的廚房和免費無線上網，早上提供簡單早餐。服務人員的英語能力強，能有效提供食、遊、交通等各方面的諮詢。

●帕努

帕努
Pärnu

文●李欣怡・蒙金蘭・墨刻編輯部
攝影●周治平・墨刻攝影組

帕努位於愛沙尼亞中部偏西，距離塔林約128公里，是愛沙尼亞的第二大港，因為濱臨波羅的海、有長長的金黃沙灘，溫和的氣候和充足的陽光，又被稱為愛沙尼亞的夏季之都(Summer Capital of Estonia)。

愛沙尼亞地處緯度高，全年度氣溫偏低，而帕努拜海水的調節所賜，氣候相對溫暖。

西元1234年，東征的十字軍經過這裡，帕努開始出現在歷史記載裡；14世紀，它成為漢薩同盟的城市之一，開始迅速發展，舊城裡留下不少曾經繁榮的痕跡；自從西元1838年首座為了海濱度假而興建的浴場出現之後，帕努的盛名不脛而走。

帕努　Pärnu

帕努河　Pärnu River

旅客服務中心
馬爾雅人民公社藝術村
Maarja-Magdaleena Craftsmen Guild

漢薩小棧
Hansalinn

Pikk
Malmo

🚌巴士總站

聖凱薩琳教堂
Katariina Kirik /
St. Catherine's Church

市政廳
Town Hall

Ruutli

商人莫爾的家與穀倉
Merchant Mohr's house & barn

Kuninga

🏨維多利亞飯店
Hotel Victoria

Trahter Postipoiss

Lõuna

聖伊莉莎白教堂
Eliisabeti kirik /
St. Elizabeth's Chruch

Vee

Nikolai

雪絨花餐廳
Edelweiss Restoran

◎泥浴遺址
Mud Bath

帕努灣　Pärnu Bay

帕努海灘
Pärnu Beach

圖例　◎景點 ✝教堂 ❶旅客服務中心 ✚政府機關
🍴餐廳 🏨飯店 🚌巴士站

INFO

如何到達

◎長途巴士

帕努的長途巴士總站(Autobussijaam)位於舊城的東北方,步行很快就可以抵達舊城,是前往帕努最理想的管道。塔林到帕努之間有多家長途巴士經營,班次密集,單程不到2小時,視巴士公司而有不同,票價在€9~12之間;從鄰國拉脫維亞的首都里加到帕努,每天約有5~8班車,車程約2.5小時,票價在€11~28之間。

🔗 www.busbud.com/en/parnu-bussijaam/s/14864

◎火車

帕努的火車站距離市中心區大約5公里遠,所以搭火車前往帕努並不方便。

🔗 www.edel.ee

◎航空

帕努的機場位於市區北端,距離市中心7公里左右,可搭乘23號巴士往返市區;計程車資單程約€7~10上下。現階段航線很少,觀光客利用率不高。

🔗 parnu.tallinn-airport.ee

市區交通

帕努的市中心規模不大,精華區集中在舊城到波羅的海海濱之間,所有景點步行幾乎皆可抵達。

旅遊諮詢

◎遊客服務中心

位於市政廳的地面層,提供地圖、摺頁等資訊,並提供遊客關於住宿、餐廳、交通、購物等相關問題諮詢。

🏠 Uus 4 ☎ 447-3000 ⏰ 6~8月週二~五11:00~18:00,週六11:00~14:00;9月~翌年5月週二~五11:00~17:00,週六11:00~14:00。 🔗 www.visitparnu.com

---

👁 Where to Explore in Pärnu
賞遊帕努

MAP　P.158B2

市政廳

Town Hall

認識帕努最佳起點

🚌 從長途巴士站步行約5分鐘可達。 🏠 Uustänav4 ☎ 447-3000 🔗 www.visitestonia.com/en/parnu-town-hall

位於舊城差不多入口位置的市政廳,正面是一幢1797年所建、新古典式(Neoclassical)的建築,而背面還多了一幢石頭牆面的別館,看起來更古樸,但其實是1911年才加上的,兩者風格不太一致,但都頗搶眼。市政廳的地面層目前作為旅客服務中心,是了解帕努很好的起點。

帕努海灘
Pärnu Beach
夏季之都活動重心

🚶 從市政廳步行約15分鐘可達。　🏠 Ranna Pst

　　春夏旺季一到，觀光客通常一抵達帕努就是直奔海灘。帕努海灘位在舊城南方，綿延好幾公里，沙灘的腹地很廣、淺水域很大，非常適合戲水。

MOOK Choice

　　帕努海濱分布著許多度假飯店、水療健身中心以及遼闊的公園綠地，可以從事各式各樣的水上活動。

　　和世界上其他地方的度假勝地比較起來，帕努的地理緯度偏高，冰封時間長，若是冬季前來，整個波羅的海凍結成冰，根本看不到什麼叫作「海」；可是沿著冰上走，走到衛星顯示腳底下踏著的是海而不是陸地，卻不用擔心會突然沉下去，因為連車輛都還在上面行駛無虞，這也是世界上其他地方很難得的奇妙體驗！

聖凱薩琳教堂
Katariina Kirik / St. Catherine's Church
帕努舊城最亮點

🚶 從市政廳步行約1分鐘可達。　🏠 Vee 8　📞 444-3198　🌐 www.hramy.ee/Parnu_Church-of-St-Catherine-the-Great-Martyr_est.html

　　位於舊城西北隅的聖凱薩琳教堂是在俄羅斯的凱薩琳大帝(Empress Catherine II)命令下，於1764~1768年興建完成的，因此以她的名字命名。有著5個綠色洋蔥頭、上面還飾以黃金十字架的東正教堂，被譽為愛沙尼亞最美的巴洛克式教堂建築。它的出現，對波羅的海地區的東正教造成不小影響，後來的教堂興建紛紛以它為藍本。

如特莉街
(騎士街)

MOOK Choice

Rüütli tänav

商店雲集徒步街

從市政廳步行約1分鐘可達。　Rüütli tänav

　　愛沙尼亞文裡Rüütli是騎士的意思。東西延伸長約400公尺的如特莉街可說是帕努舊城區裡最主要的街道，目前規劃成行人徒步區，兩旁散落著17到20世紀一些歷史悠久的建築，並穿插著服飾、藝品等商店。

　　街道西端，設計成帕努昔日的碼頭景象，有貝殼狀的石板路、像燈塔般高高的路燈、波浪狀的長椅等。街上的21與23號，是一幢建於1681年的

商人莫爾的家與穀倉(Merchant Mohr's house & barn)，1820年又重建，外觀呈古典式，據說瑞典國王卡爾十二世(Karl XII)和俄羅斯的凱薩琳大帝都曾經在此駐足。

　　門前的雕像，則是為了紀念愛沙尼亞文的報紙創辦人J. V. Jannsen。

庫寧格街
(皇冠街)

MOOK Choice

Kuninga tänav

有故事的建築林立

從市政廳步行約2分鐘可達。　Kuninga tänav

　　與如特莉街平行的庫寧格街，昔日是富商們最愛居住的地方，所以道路兩旁頗具特色的豪宅一幢挨著一幢，頗有看頭。

　　像是門牌24號有著這條街上最古老的石造屋，

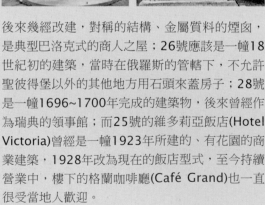

後來幾經改建，對稱的結構、金屬質料的煙囪，是典型巴洛克式的商人之屋；26號應該是一幢18世紀初的建築，當時在俄羅斯的管轄下，不允許聖彼得堡以外的其他地方用石頭來蓋房子；28號是一幢1696~1700年完成的建築物，後來曾經作為瑞典的領事館；而25號的維多莉亞飯店(Hotel Victoria)曾經是一幢1923年所建的、有花園的商業建築，1928年改為現在的飯店型式，至今持續營業中，樓下的格蘭咖啡廳(Café Grand)也一直很受當地人歡迎。

愛沙尼亞⋯帕努Pärnu

MAP P.158B2

聖伊莉莎白教堂

Eliisabeti kirik / St. Elizabeth's Chruch

俄政下的路德教會

🚇 從市政廳步行約2分鐘可達。 🏠 Nikolai 22 ☎ 443-1381 📠 www.eliisabet.ee 🕐 6月1日~8月30日週二~六12:00~18:00，週六、日9:00~12:00，週一公休；9月1日~5月31日週二、三、五9:00~10:00，週四18:00~19:00，週日10:00~11:00，週一公休。

聖伊莉莎白教堂是俄羅斯的伊莉莎白女皇（Empress Elizabeth）於1744年下令所建，擁有哥德式的木雕講壇、低垂的水晶燈和精巧的祭壇，屬於路德教派的教會。教堂裡的管風琴被推崇為愛沙尼亞最棒的管風琴，目前這裡是很受歡迎的音樂會舉辦場地。屋頂上銅製的公雞從1747年屹立至今。

MAP P.158B2

馬爾雅人民公社藝術村

Maarja–Magdaleena Craftsmen Guild

手工藝創作家的天堂

🚇 從市政廳步行不到1分鐘即達。 🏠 Uus 5 ☎ 5887-2790 📠 maarjamagdaleenagild.ee/en 🕐 週二~五10:30~17:00，週六11:00~15:00。

這幢隱身靜巷裡的兩層木造屋，是從中世紀的商會演變而來，共產時期當然也做為人民公社使用過，2009年起轉型為非營利組織，將此處改造成手工藝創作家的天堂，目前有包括裁縫、紡織、陶藝等手工藝師傅，每人擁有一個小房間，在自己的天地裡創作，既是工作坊也是店面，遊客可以跟創作者交流、欣賞他們創作的過程，當然也能購買這些手工藝品。馬爾雅公社也會定期舉行學習課程、拍賣市集以及演講集會，讓曾經受過基督教及共產、資本主義洗禮的這個小天地，在手工創作領域留下自己的足跡。

漢薩小棧Hansalinn

📍從市政廳步行約1分鐘可達。 �🏠Malmö 15 ☎507-0672 🌐www.hansalinn.ee

位於市中心區的漢薩小棧本身是一間餐廳兼小型民宿，由於業主的本業是家具商，所以把空間布置得非常雅致，每項家具都頗有設計感，整體感覺溫馨舒適。共有11間房，每間分別以漢薩同盟的城市例如里加、布魯日等來命名，凸顯出帕努曾經是漢薩同盟城市的特色。

Trahter Postipoiss

📍從市政廳步行約5分鐘可達。 🏠Vee 12 ☎446-4864 🌐www.trahterpostipoiss.ee ◐週日~四12:00~22:00，週五、六12:00~凌晨2:00。

位於市中心區西緣的Trahter Postipoiss看起來像間古老的酒館，在1834年時其實是一間俄羅斯典型的肉舖，1844年經過重建，成為專供信差們騎馬奔波途中休息的驛站。1978年再度翻修，目前是一家提供斯拉夫風格菜色的餐廳。

愛沙尼亞⋯帕 努Pärnu

雪絨花餐廳Edelweiss Restoran

📍從市政廳步行約2分鐘可達。 🏠Kuninga tänav 15 ☎442-0600 🌐www.edelweiss.ee ◐週日~四11:00~22:00，週五、六11:00~23:00。

在帕努想買東西，就到如特莉街；想找好吃的，就到庫寧格街。庫寧格街上的昔日豪宅後來紛紛改建成餐廳，但是若在街頭多站一會，就不難發現其中有一家生意特別好，用餐時間客人絡繹不絕，就是位於中心地帶的雪絨花餐廳。

雪絨花顧名思義，以來自瑞士、奧地利、德國等阿爾卑斯的料理為主，內部空間相當遼闊，有兩層樓，以木頭為主要建材和裝潢隔間。

拉脫維亞

拉脫維亞

Latvia

文●李欣怡・墨刻編輯部
攝影●周治平・墨刻攝影組

P. 166　里加Rīga

拉脫維亞就像三明治一樣，南北夾處在愛沙尼亞和立陶宛之間，西臨波羅的海，東邊則與俄羅斯和白俄羅斯接壤。

和其他兩個波羅的海國家一樣，拉脫維亞於2004年加入歐盟和北約組織，其經濟成長力道僅次於愛沙尼亞；在民族、語言方面，和立陶宛的命運一樣，是公元2000年前印歐民族來到波羅的海地區之後，僅存的兩支部族。歷史上，德國、瑞典、俄羅斯、波蘭都曾經覬覦並統治過拉脫維亞，幾個世紀以來，一直是個多民族國家，目前拉脫維亞境內拉脫維亞人占了6成，俄羅斯人將近3成。

拉脫維亞的首都里加是波羅的海三小國中最大的城市，對遊客來說，里加似乎就等於拉脫維亞，就算是出了城，也都離不開里加一天之內可

以到達的地方，例如波羅的海沿海度假勝地猶瑪拉(Jūmala)，以及南部接近立陶宛的隆黛爾宮(Rundāle Palace)，這是拉脫維亞境內最重要的一座巴洛克式宮殿。

拉脫維亞之最 Top Highlights of Latvia

隆黛爾宮Rundāle Palace
由義大利巴洛克天才大師巴托羅米歐所設計，他也是俄羅斯聖彼得堡冬宮的建築師。成立之初是作為皇家的夏宮，改建為博物館後，成為拉脫維亞不可錯過的一級景點。（P.188）

里加舊城區Vecrīga
舊城區是里加觀光精華，保留完整的中世紀建築，從哥德、文藝復興到巴洛克風格都能看得到。（P.172）

中央市場Centrāltirgus
里加中央市場大型圓拱造型建築矗立在河畔，非常醒目，20世紀開始啟用即被視為歐洲最大及最好的市場之一，也被列為世界文化遺產。（P.192）

新藝術建築Art Nouveau
里加市內擁有超過800棟新藝術建築，而且都是大師作品，每棟建築精心雕琢的立面，呈現出強烈的戲劇性與華麗風格，是新藝術建築的代表城市之一。（P.182）

⊙猶瑪拉旅遊服務中心

猶瑪拉Jūrmala
猶瑪拉號稱波羅的海畔最大的度假勝地，有綿延數十公里的金黃色沙灘及茂密松林，街道更遍布浪漫的木造小屋。（P.187）

里加
Rīga

文●李欣怡・蒙金蘭・墨刻編輯室
攝影●周治平・墨刻攝影組

800年的歷史，形塑出里加獨特的城市風貌和豐厚的傳統。

地理位置上，里加位於東西歐交會的波羅的海岸邊，500公尺寬的道加瓦河(Daugava)貫流而過，幾個世紀以來，一直是拉脫維亞最重要的商業、金融和文化中心，13世紀末開始，成為漢薩同盟城市之一，然而也因為如此，德國、瑞典、俄國、波蘭等不同國籍的人頻繁進出、甚至住在這裡，而把里加視為自己的城市。

在文化方面，里加似乎更接近西歐，自從1201年亞伯特主教建立了里加城之後，里加在音樂、藝術、文學、建築的發展，一是隨著西歐的文化脈絡前進。

特別是建築方面，里加可以說是一座建築博物館，不只是舊城區保留完整的中世紀建築，從哥德、文藝復興到巴洛克都能看得到，後來19世紀末在市中心發展出來的新藝術建築(Art Nouveau)及木造建築，都成為里加獨一無二的價值，1997年，里加歷史中心被列入世界遺產名單。

這座如童話故事般的城市一度被稱為東歐的巴黎，然而因為發展過於迅速，玻璃帷幕的旅館、精品店、商業中心不斷進駐，也使得聯合國教科文組織曾提出警告，如果里加不能控制這種發展，將不惜撤除其世界遺產的資格。

儘管如此，遊客來到里加不只是看建築，寬敞的花園和公園、豐富多元的博物館與藝廊、世界級的歌劇和音樂會，以及多采多姿的市集、購物街、咖啡廳、特色餐廳、俱樂部、酒吧夜生活……里加始終是一座吸引力十足的城市。

里加

里加法律大學
Rīgas Juridiskā augstskola

斯德哥爾摩經濟學院里加分校
Rīgas Ekonomiskā augstskola

里加新藝術博物館
Rīgas Jūgendstila Muzejs

亞伯達街Alberta iela

Art
Nouveau
Riga

新藝術建築區
Jūgendstila Kvartāls

伊莉莎白街Elizabetes iela

●33

10a、10b

醫藥歷史博物館
P. Stradiņa Medicīnas Vēstures Muzejs

拉脫維亞國立藝術博物館
Latvijas Nacionālais Mākslas Muzejs

伊莉莎白街Elizabetes iela

Dzirnavu iela

往KGB博物館

Radisson Blue Hotel

K. Valdemāra iela

耶穌誕生東正教堂
Kristus Piedzimšanas Pareizticīgo Katedrāle

里加劇場電影院
Riga Teātris Kino

K. Valdemāra iela

V Kuze

里加城堡
Rīgas Pils

聖雅各教堂
Svētā Jēkaba Katedrāle

Jēkaba iela

瑞典門
Zviedru Vārti

國會
Saeimas Nams

火藥塔
Pulvertornis

拉脫維亞自由廣場
Brīvības Piemineklis

維瑪內斯公園
Vērmanes Dārzs

大基爾特之屋
Lielā Ģilde

三兄弟
Trīs Brāļi

貓之屋
Kaķu Nams

小基爾特之屋
Mazā Ģilde

萊瑪時鐘
Laimas Pulkstenis

里加大教堂
Doma Baznīca

里維廣場
Līvi Laukums

Kalķu iela

里加俄羅斯戲劇院
Riga Russian Drama Theatre

拉脫維亞國家歌劇院
Latvijas Nacionālā Opera

里加歷史暨航運博物館
Rīgas Vēstures un
kuģniecības Muzejs

Rātes Pasāža

裝飾藝術與設計博物館
Dekoratīvās Mākslas
un Dizaina Muzejs

修道院庭院
Konventa Sēta

藥學博物館
Farmācijas Muzejs

Hotel Man-Tess

華格納音樂廳
Vāgnera Concert Hall

Rixwell Irina Hotel

羅蘭雕像
Statue of Roland

Province

市政廳廣場
Rātslaukums

Salve

聖約翰教堂
Sv. Jāņa Baznīca

Galerija Centrs
購物中心

拉脫維亞步兵廣場
Latviešu Strēlnieku Laukums

旅客服務中心

黑人頭之屋
Melngalvju Nams

聖彼得教堂
Sv. Pētera Baznīca

紅鼻子旅社
Red Nose Hostel

中央火車站
Centrālā Dzelzceļa Stadja

旅客服務中心

拉脫維亞占領博物館
Latvijas Okupācijas Muzejs

曼千朵伐之屋
Mencendorfa Nams

拉脫維亞攝影博物館
Latvijas Fotogrāfijas Muzejs

旅客服務中心

國際長途巴士總站
Starptautiskā Autoosta

←往猶瑪拉、拉脫維亞國家圖書館

往里加猶太區暨
拉脫維亞大屠殺博物館

中央市場Centrāltirgus

圖例

景點　學校　博物館
教堂　城堡　巴士站
餐廳　飯店　火車站
購物　公園　歌劇院
廣場　咖啡　政府機關
旅客服務中心

拉脫維亞…里加Riga

167

INFO

基本資訊

人口：約63.96萬人　　**面積**：約304平方公里
區域號碼：無

如何到達

◎航空

里加國際機場(Starptautiskā lidosta Rīga)位於距離市中心西南方10公里處的Skulte，可利用普通巴士、迷你巴士或計程車往返市中心和機場之間。

里加國際機場

☎2931-1817　🌐www.riga-airport.com

進入市區可搭乘22號巴士，每10~20分鐘一班，車程約25分鐘。車票可以在機場櫃台或是車站的售票機購買，票價€2。

另外，也可搭乘迷你巴士222號，平均每10~30分一班，及迷你巴士241號，平均每20分到一小時一班，週末假日班次通常較平日少，時刻表可上網查詢。

迷你巴士

🌐marsruti.lv/rigasmikroautobusi　☎8000-1919

在機場入境大廳的出口前有合法的排班計程車，進入市中心車程約20分鐘，費用大約€10~15。

◎長途巴士

里加的長途巴士站(Rīgas Starptautiskā / Riga International Coach Terminal)位於里加中央火車站斜後方，舊城外圍的南緣。有國際直達車可聯繫華沙、帕努、塔林、維爾紐斯、考納斯、莫斯科、聖彼得堡等鄰國的大城。經營長途巴士的公司相當多，可參考下列各公司路線及票價。

里加長途巴士站

📍Prāgas iela 1　☎9000-0009　🌐www.autoosta.lv
Lux Express 🌐www.luxexpress.eu
Ecolines 🌐www.ecolines.net
Nordeka 🌐www.nordeka.lv

◎火車

里加的鐵路交通不算發達，以里加為核心的近郊線比較綿密，對當地通勤族而言比較實用，對國際旅客來說只有少數城市有直達車可至。從俄羅斯的莫斯科每日有兩個班次，從聖彼得堡及明斯克也有班次過來。詳細時刻表及票價可上網或至火車站查詢。中央火車站(Centrālā Stacija)位於里加舊城東南角落、運河外圍。

中央火車站

📍Stacijas laukums 2　☎8002-1181　🌐www.ldz.lv

市區交通

里加市區範圍相當大，不過主要的景點相當集中在舊城區，步行即可。出了城外，公車、電車、無軌電車都算方便，每天清晨5:30營運到深夜23:30，車票可向司機購票，單程€2。另外也有限時車票可選，24小時車票€5，3日車票€10。

◎迷你巴士

除了一般巴士外，里加還有路線眾多的迷你巴士，穿梭市區聯絡市外郊區，例如前往猶瑪拉即可選擇火車或迷你巴士。迷你巴士總站位於里加火車站對面，上車後向司機購票即可。

旅遊諮詢

◎遊客服務中心Tourist Information Centre (TIC)

里加市區有不少旅客服務中心，提供豐富的旅遊資訊及免費地圖，服務人員英文流俐，可向服務人員

提出行程、住宿、餐廳等相關問題，並協助旅客訂購服務。此外，里加有各式步行導覽行程，有些是免費參加，由於是非政府舉辦，結束後可以捐款或給小費。相關免費導覽訊息也會公告在遊客服務中心。💿 www.liveriga.com

市政廳廣場遊客服務中心
🏠Rātslaukums 6 ☎6703-7900 ⏰10:00~18:00，5~9月9:00~19:00。

里加長途巴士站遊客服務中心
🏠Prāgasiela 1 ☎6722-0555 ⏰10:00~18:00，5~9月9:00~19:00。

城市概略City Guideline

里加是波羅的海三小國中最大的城市，這座中世紀古城從哥德、文藝復興到巴洛克及新藝建築都看得到，經過蘇聯及德國占領，城市也完整保留下KGB博物館(P.42)及昔時的猶太隔離區供參觀。

舊城區(Vecrīga)位於火車站的西北方，占地廣大的行人徒步區，是里加觀光的精華地帶；市中心區(Centrālā)位於舊城區東側，有不少頗具特色的街道、博物館及購物中心等，也在步行可抵的距離，值得踏出舊城繼續探索。

在里加近郊的猶瑪拉(Jūrmala)，是距離里加西方33公里的海濱度假勝地；更遠處的包斯卡(Bauska)位於里加南方約70公里，從包斯卡再往西行12公里的皮斯隆達雷(Pilsrundāle)有一座美輪美奐的隆黛爾宮，是拉脫維亞不可錯過的一級景點。

里加行程建議
Itineraries in Rīga

如果你有2天

第一天先參觀被列入世界文化遺產的舊城區，接著前往里加長途巴士站附近的中央市場感受熱絡買氣及購買伴手禮，當地除了展售在地特產、肉類、服飾及紀念品外，也有鄰近小農前來販售自家種植的蔬果，價格就清楚標示在上頭，不用擔心語言不通。接著走訪里加猶太區暨拉脫維亞大屠殺博物館，若對建築有

興趣，回程再跨過道加瓦河，前往里加的綠建築拉脫維亞國家圖書館一遊。

第二天以市中心區的景點為主，過了拉脫維亞自由廣場後左轉，這區有拉脫維亞占領博物館臨時展館、拉脫維亞國立藝術博物館及新藝術博物館等，都是當地代表的博物館，迥然不同的內容展示，能對當地文化、歷史有更進一步的認識。在新藝術博物館四周，遍布新藝術建築，競相爭妍競豔的大師作品，也將花上不少時間。這區同時還有前蘇聯國家安全委員會KGB所在地改建的博物館，展館免費參觀，不過建議還是參加定時舉行的導覽解說，將能深入未開放免費參觀的牢房、廚房、運動場及刑場等。

如果你有3~4天

在里加若有較充裕的時間，除了參觀市區重要的景點，行程可以安排搭車到鄰近的景點，包括波羅的海度假勝地猶瑪拉，或是義大利巴洛克天才巴托羅米歐打造的隆黛爾宮。

里加散步路線
Walking Route in Rīga

遊里加有兩大重點，一個是名列世界文化遺產的舊城，一個是新藝術建築巡禮。前者景點集中在道路彎彎曲曲、密密麻麻的方寸之地，即使地圖在手，也很容易一不小心就錯亂了方向，然而舊城不時有導覽行程舉行，跟著導覽團走就能到達知名景點；而後者相當集中在亞伯達街和伊莉莎白街兩條路上，只要走到這兩條街，就不會錯過最具代表性的特色建築。

新藝術建築路線

位於市中心地帶的①**維瑪內斯公園**，是里加第二古老的公園，也是當地居民日常休閒的最愛。想要前往新藝術建築集中區，可以維瑪內斯公園為起點，公園裡眾多雕像，包括拉脫維亞民歌之父Krišjānis Barons、花花公子藝術家兼設計師Kārlis Padegs、音樂家Alfrēds Kalniņš等，都是出自名家的雕塑作品，即使不熟悉這些人物，純欣賞也像是逛雕塑展。

然後順著伊莉莎白街，經過②**拉脫維亞國立藝術博物館**、③**拉脫維亞占領博物館臨時展館**，再往回走不久就可以找到④**門牌10a和10b以及對街33號**的民房，

這些都是建築大師Mikhail Eisenstein的作品，外牆充滿天馬行空的雕飾，屋頂還會出現巨大的頭像。

然後向北轉進亞伯達街，一整排的樓房就像是建築設計大賽一般，誰也不讓誰專美於前，建築大師的宅邸⑤**里加新藝術博物館**，內部新藝術裝飾跟外觀同樣精彩，街尾的⑥**里加法律大學**立面搶眼的人頭雕像，經常出現在里加的各式文宣之中，而轉進Strēlnieku街的⑦**斯德哥爾摩經濟學院里加分校**，花俏的外觀同樣吸睛。

距離：全程約2公里

舊城精華路線

以①**市政廳廣場**為起點，欣賞②**黑人頭之屋**及③**羅蘭雕像**之餘，先到附設在裡面的旅客服務中心收集好想要的地圖、資料及里加免費導覽行程訊息，即可正式展開里加舊城的探索之旅。向東邊走去，可以前往熱鬧的④**里維廣場**，左轉穿越廣場，經過⑤**小基爾特之屋**、⑥**大基爾特之屋**，記得抬頭望向右手邊，即可看見⑦**貓之屋**屋頂神祕的黑貓。

順著大、小基爾特兩屋之間的小徑，抵達⑧**里加大教堂**，教堂裡和身側的⑨**里加歷史暨航運博物館**都有豐富而珍貴的收藏。

轉進左手邊的小巷，會發現知名的⑩**三兄弟**，3幢不同時期的建築並肩而立，形成不對稱卻也協調的趣味畫面，繼續前進可抵達已經不太像城堡的⑪**里加城堡**，然後再北轉入小巷中，可發現⑫**聖雅各教堂**和⑬**國會**的身影，接著再穿越狹窄的Trokšņu街向北走，就會來到厚實的⑭**瑞典門**，這是瑞典統治時代防禦城牆的一部分，穿過瑞典門，順著美麗的Torņa街走去，左手邊是類似格旦斯克的琥珀街，可見成排的商店與餐廳，右手邊是火紅的Rāmera磚造城牆相伴，前方不遠處的⑮**火藥塔**目前屬於戰爭博物館的一部分，從這裡再往河的方向走去，不久即可來到對這個國家頗有重要象徵意義的⑯**拉脫維亞自由廣場**。

距離：全程約3公里

新藝術建築路線

⑤里加新藝術博物館 Rīgas Jūgendstila Muzejs
亞伯達街Alberta iela
⑦ ⑥
斯德哥爾摩經濟學院里加分校 Rīgas Ekonomiskā augstskola
新藝術建築區 Jūgendstila Kvartāls
④ 33
④
10a、10b
伊莉莎白街Elizabetes iela
里加法律大學 Rīgas Juridiskā augstskola
②
拉脫維亞國立藝術博物館 Latvijas Nacionālais Mākslas Muzejs
③ 拉脫維亞占領博物館臨時展館 Latvijas Okupācijas Muzejs
維瑪內斯公園 ① Vērmanes Dārzs

舊城精華路線

拉脫維亞自由廣場 Brīvības Piemineklis
⑯
國會 Saeimas Nams
聖雅各教堂 Svētā Jēkaba Katedrāle
⑫ ⑬ ⑭瑞典門 Zviedru Vārti
⑮火藥塔 Pulvertornis
⑪ 里加城堡 Rīgas Pils
大基爾特之屋 Lielā Ģilde
三兄弟 ⑩ Trīs Brāļi
⑥ ⑦貓之屋 Kaķu Nams
⑤ ④里維廣場 Līvi Laukums
小基爾特之屋 Mazā Ģilde
⑧
里加歷史暨航運博物館 Rīgas Vēstures un kuģniecības Muzejs
⑨ 里加大教堂 Doma Baznīca
市政廳廣場 ① Rātslaukums
③羅蘭雕像 Statue of Roland
②
黑人頭之屋 Melngalvju Nams

舊城區

MAP P.167B4

拉脫維亞步兵廣場

Latviešu Strēlnieku Laukums

蘇聯統治遺留的見證

🚇從中央火車站步行約12分鐘可達。 🏠Latviesu Strēlnieku Laukums

距離市政廳廣場只有幾步路之遙的拉脫維亞步兵廣場，正對著道加瓦河、阿克曼橋(Akmens Bridge)和渡船頭，過去這裡是里加的中央市場，現在廣場前是車水馬龍的11 Novembra

Krastmala大道，很多人都是從這裡開始里加舊城之旅。主宰廣場的就是這尊高大的暗紅色花崗岩步兵雕像，據說這個象徵性的步兵團在一次世界大戰期間曾對抗俄國皇軍，而俄國十月革命時，他們都支持布爾什維克(Bolsheviks，蘇聯共產黨的前身)，並為列寧組了一支禁衛軍，也是後來蘇聯紅軍的一支強悍隊伍，名為拉脫維亞紅色步兵。不過拉脫維亞脫離蘇聯獨立之後，很多人對這紀念物有不少意見。

舊城區

MAP P.167B4

黑人頭之屋

Melngalvju Nams

認識里加最佳起點

🚇從中央火車站步行約11分鐘可達。 🏠Rātslaukums 7 ☎6704-3678 ⓦwww.melngalvjunams.lv 🕐週二~日10:00~17:00，不定期休館請見官網。 💲全票€7、優待票€5。

里加最具紀念性的建築物，當屬這棟位於市政廳對面的黑人頭之屋，它的命運和市政廳一樣，都毀於第二次世界大戰，1999年12月28日重建之後，就像一隻從廢墟復活的鳳凰，再度展翅高飛。

里加和愛沙尼亞的塔林一樣，都有相同的「黑人頭」信仰，由一群海外年輕單身商人組織的基爾特(Guild，同業行會)，信奉黑人守護神聖摩里西斯(St. Mauritius)，行會所在地便稱為黑人頭之屋(House of Blackheads)。

位於市政廳廣場的黑人頭之屋最早建於1344年，當時和市政廳一起被稱為「新建築」，一開始就外觀像一般住家，但屋子裡倒是擁有一座節慶大廳；後來這棟建築經過幾次翻修，在16、17世紀之交，

荷蘭文藝復興風格轉濃，立面山形牆上誇張的石雕、金屬裝飾，源自於文藝復興晚期盛行的矯飾主義(Mannerism)，還有著名的天文鐘也在1622年安裝上去；19世紀末，山牆的壁龕上又加上漢薩同盟標誌及一些象徵著海神尼普頓(Neptune)、商業神墨丘利(Mercury)等4尊鍍鋅雕像。

黑人頭之屋2樓的節慶大廳，過去是黑人頭兄弟會舉辦音樂會及節慶的地方，如今也依照原貌恢復，大廳左手邊掛著一整排巴哈、韓德爾、海頓、莫札特、貝多芬、舒伯特、華格納、布拉姆斯等知名音樂家的畫像。

拉脫維亞…里加Riga

市政廳廣場

Rātslaukums

浴火重生的市民生活中心

🚶 從中央火車站步行約11分鐘可達。　🚇 Rātslaukums

根據歷史文件記載，1334年里加就擁有一座市政廳，從此成為里加的政治中心。4個世紀後，原址又重蓋了一座新市政廳，象徵著市民的自信和驕傲。直到1889年行政官員辦公室遷出市政廳之前，這裡都是官方和民間交集的地方。然而第二次世界大戰期間，市政廳幾乎被毀壞殆盡；蘇聯時代，更在此地蓋了一座醜陋的蘇聯式建築。還好拉脫維亞獨立之後，恢復舊城原貌的想法終

得實現，2002年仿自戰前的市政廳再度面對世人。

在歐洲，市政廳廣場幾乎是每個城市最重要的地方，然而1941年6月29日，二次世界大戰歐洲戰區開戰之初，里加市政廳廣場周邊建築被嚴重摧毀，經過半個多世紀的折騰，才在拉脫維亞於1991年獨立之後，根據照片、歷史文件一一重建，現在的市政廳廣場已經漸漸回復到舊時樣貌，2001年，里加市民終於能夠以重建的歷史建物，歡慶他們建城800週年紀念。

過去，在黑人頭之屋的大門上頭，曾經刻著一段文字：「如果有一天我倒塌了，你必須重新再把我豎立起來。」(Ja man kādreiz sagrūt būs, mani atkal celiet jūs!)這句話果真應驗，當然，里加市民也遵照銘文上的承諾，賦予老建築新生命。

羅蘭雕像

Statue of Roland

獨避戰禍的正義象徵

🚶 從中央火車站步行約11分鐘可達。　🏛 市政廳廣場前方。

第二次世界大戰期間，市政廣場周邊所有的建築物都被摧毀，唯有這尊舞劍的羅蘭雕像存活，14世紀時，羅蘭的雕像大量出現在北德地區，作為正義和自由的象徵，因為他被認為是一個公平的法官，經常捍衛被訴訟的人。

舊城區

MAP ▶ P.167B4

拉脫維亞
占領博物館

MOOK Choice

Latvijas Okupācijas Muzejs

記錄滄桑歷史

🔄 從中央火車站步行約12分鐘可達。 🏠 Latviesu Str Inieku Laukums 1 🌐 www.occupationmuseum.lv 🕐 週六~三 10:00~18:00 💲 全票€5、優待票€3；亦可參加定時導覽解說，每人€10。

這棟幽暗、呈墨綠色的方形建築，原本是1970年蓋來作為拉脫維亞紅色步軍的紀念館，後來作為拉脫維亞占領博物館，經過大規模整修之後，又重新對外開放。

拉脫維亞占領博物館是當地最大的私人博物館之一，館裡陳列的是1940年到1991年，長達50年被占領的歷史。在蘇聯、德國納粹相繼占領及第二次世界大戰影響下，大約有三分之一的拉脫維亞人民死亡，這些數字來自於納粹對猶太人的大屠殺、政治迫害、戰爭行動，以及蘇聯勞改營、納粹集中營的死亡人口。這段恐怖陰影直到1991年8月21日，拉脫維亞獲得獨立才終於散去。

一開始可以先觀看一段多語言的影片介紹有初步了解，接著再依序參觀各展間。其內主要展示德國納粹和蘇聯占領拉脫維亞期間，被殖民過程的照片、地圖、明信片、歷史文物等，也有人民抗爭過程的介紹，包括書信、個人物品、歷史文物陳列等，而這些受害者、抗爭者詳細的故事描述及物品陳列，更讓人深刻感受那段過程中人民生活的悲慘情形。然而博物館呈現的不只是那段傷痛的歷史，更是展現出人們如何在艱困中，靠著強大的毅力與努力生存下來，最後並爭取國家的獨立。

MAP ► P.167B4

聖彼得教堂

Sv. Pētera Baznīca

舊城的地理中心

🚶 從市政廳廣場步行約2分鐘可達。 🏠Skārņu iela 19 ☎ 6718-1943 🕐9月~4月週一~四10:00~18:00，週五~六10:00~22:00，週日12:00~18:00；5月~8月週一~六10:00~19:00，週日12:00~18:00。 💲全票€3。

里加舊城天際線最令人印象深刻的建築物，就是這座位於正中央的聖彼得教堂，123.25公尺高的尖塔直衝天際。不論從實際上、還是象徵性，聖彼得教堂都是里加舊城的正中心，位於教堂正殿的地板上，一塊銘牌就這樣清楚標示著。

顧名思義，教堂本身是為里加的守護神聖彼得而建造，最早於1209年出現在文獻中。從1491年起，高聳的尖塔和尖塔上的鍍金風向雞就一直是建設這座教堂的重心，有時風向雞掉下來，有

時整根尖塔傾倒，還曾經壓死過人，不過大致在1690年之後，聖彼得教堂的外觀就是今天所看到的樣貌，尤其那座尖塔，正是辨識巴洛克式建築的重要元素之一。

1721年，教堂遭到雷擊發生大火，當時俄國沙皇彼得大帝正好來到里加，下令要立即滅火，他曾著急地說：「如果教堂被焚燬，接下來同樣的命運也會發生在我的身上(同名)。」結果教堂還是燒掉了，彼得大帝立即指示重建，完工後的尖塔高達127公尺。

1941年第二次世界大戰爆發，6月29日，教堂又被焚燬，諷刺的是，這一天正好是聖彼得的紀念日，有人說是進犯德軍放的火，也有人說是撤退的紅軍做的，不論如何，1973年聖彼得教堂已從廢墟中重建，並從過去的木造改成今天的鋼鐵結構，遊客可以搭乘電梯直達72公尺的觀景台，一覽舊城全景。完工後的風向雞重158公斤，包覆在外的金箔達330公克。

舊城區

MAP　P.167A3

里加大教堂及廣場

Doma Baznīca & Doma Laukums

規模宏偉大教堂

從市政廳廣場步行約6分鐘可達。　Doma laukums 1　6721-3213　www.doms.lv　教堂5~9月週一~六11:00~16:00，週日15:00~17:00；10~翌年4月每日10:00~17:00。

里加大教堂廣場是里加舊城裡最大的廣場，不過並非一開始廣場就這麼空曠，1935到36年間，里加當局為了讓矗立在廣場上的大教堂有更佳視野，於是拆除掉周邊建築，大教堂因此更顯宏偉。

里加大教堂是波羅的海地區最大的教堂，從1211年接受主教的授任儀式之後，一直都扮演主教座堂的角色，同時也是大主教的居所。

大教堂不只一次翻新重建，因此建築本身融合了晚期文藝復興、早期哥德，以及巴洛克式風格，其中最高的尖塔遭到四次雷擊，每一次都重建，現在所看到的是1776年安放上去的，高90公尺，尖塔頂端有一隻風向雞，牠也是里加的標誌。中世紀時，里加居民的生活非常仰賴風向，因此會在風向雞上一邊鍍金，一邊塗黑，當鍍金的那邊面向城區時，就得趕緊跑向港口，反之則不必。今天塔尖的風向雞是1985年才換上去的。

教堂裡有幾個參觀重點，包括管風琴、講道壇、教堂座席、彩繪玻璃窗等。其中1881年向俄國沙皇請求允許更換的管風琴，達6718根管子，在當年可以說是全世界最大的管風琴，為此，匈牙利作曲家李斯特(Franz Liszt)還寫了一首合唱曲《讚頌上帝》。

此外，巴洛克式的木雕講道壇，從1641年就已安放在教堂內，超過3個半世紀，上頭雕飾著耶穌、十二使徒及福音傳道者。至於教堂的彩繪玻璃也是一景，從聖經故事到教堂和里加的歷史故事，片片栩栩如生，可惜南面的彩繪玻璃毀於二次世界大戰。

拉脫維亞⋯⋯里 加Riga

175

舊城區

MAP　P.167A3

里加歷史暨
航運博物館

MOOK
Choice

Rīgas Vēstures un kuģniecības Mūzejs

超過10個世紀的歷史珍藏

從市政廳廣場步行約6分鐘可達。 Palasta iela
4　6735-6676　www.rigamuz.lv　5~9月每日
10:00~17:00；10月~4月週三~週日10:00~17:00，週一、二
休館。 全票€8、優待票€5。

　　這間博物館早在1773年就開幕，原是一位里加
醫生的私人收藏品，也是歐洲最古老的博物館之
一。其位於里加大教堂側翼，共有16個展示廳，
訴說著里加800多年來發展的歷程，以及拉脫維亞
附近從第10世紀以來的航運發展史。

　　在這間博物館裡，可以看到古時候拉脫維亞人
的飾品、生活用具、武器等，還有一艘13世紀所
使用的船隻、漢薩同盟時代所使用的度量衡、里
加16世紀劊子手所用的劍、全世界最小的MINOX
照相機、里加銀匠的手藝傑作等，都是拉脫維亞
民族獨特的歷史遺產。

MAP　P.167A3

三兄弟

Trīs Brāļi

肩並肩忘年之交

🚉 從市政廳廣場步行約7分鐘可達。　🏠Mazā Pils iela 17, 19, 21　🌐www.vietas.lv

　　「三兄弟」緊緊相連，可以說是里加舊城最著名的中世紀民宅，不過他們的建築年代並不相同。

　　3幢並立的建築裡，以右手邊17號這幢年代最久遠，約建於15世紀，是目前拉脫維亞最古老的民居，山形牆的立面帶著濃濃的哥德式風格，大門入口處連接著兩條石長凳，俗稱「門邊石」，在那個年代，這是常見的建築形式，現在里加唯有此處看得到。此外，它的窗戶也很小，因為當時課徵「窗戶稅」，窗戶愈大，稅也愈高。

　　中間19號這幢於1646年重新整建過，風格顯然受到荷蘭文藝復興時期矯飾主義的影響，不過在大門上頭可以看到另一個數字1746，顯示一個世紀之後，立面又重新裝修過。至於左手邊最窄的21號也最年輕，直到18世紀才出現。

MAP　P.167A3

聖雅各教堂

Sv. Jēkaba Katedrāle

哥德式尖塔教堂

🚉 從市政廳廣場步行約7分鐘可達。　🏠Jēkaba iela 9　☎6732-6419　🕐每日7:00~18:30

　　聖雅各教堂哥德式的尖塔高80公尺，也是里加舊城中唯一一座至今仍維持著哥德式尖塔的教堂。比較特別的是，有好長一段時間教堂的鐘是掛在鐘塔外側，鐘的上頭還加蓋一個小小屋頂突出於尖塔之外，用來警告里加居民火災或水災。甚至還有一個傳說，如果一個女人對丈夫不忠，當她走過教堂時，鐘聲會自動響起。可惜這座鐘在第一次世界大戰時被俄國人奪走。

MAP　P.167A3

國會

Saeimas Nams

19世紀新古典主義建築

🚉 從市政廳廣場步行約7分鐘可達。　🏠Jēkaba iela 11　☎6708-7321　🌐www.saeima.lv/en

　　拉脫維亞國會與聖雅各教堂隔著一條街兩兩相對。這幢笨重的黃色建築在里加舊城的中世紀建築中顯得特別突兀，它也是新古典主義歷史時期的重要範例之一，建於19世紀中葉，屬於新文藝復興風格，外觀就像是義大利佛羅倫斯的王宮。從1920年起，這裡就成為拉脫維亞國會所在地。

舊城區

MAP　P.167B3

里維廣場

Līvi Laukums

五彩繽紛生氣蓬勃

🚇從市政廳廣場步行約5分鐘可達。 🏠位於Kalķu iela和
Vaļņu iela兩條街交界

　　這座位於舊城正中心、有著一片大草坪的廣
場，是第二次世界大戰之後拆除掉周邊房舍才出
現的。遊客在狹窄曲折的里加舊城巷弄間盤繞，
很容易就迷失了方向，直到鑽出巷子，看到這片
怡人的廣場，才總算有了呼吸空間。今天里維廣

場是民眾和遊客休閒活動最受歡迎的地方，尤其
夏天時刻，廣場上擺滿了露天咖啡座，加上一旁
Kalķu街整排的時尚名店，遊客自在散步其間，
更顯悠閒。

舊城區

MAP　P.167B3

大基爾特之屋

Lielā Ģilde

昔日公會活動中心

🚇從市政廳廣場步行約5分鐘
可達。 🏠Amatu iela 6 ☎
6722-4850

　　正對著里維廣場是一
整排色彩豐富的17世
紀住宅，帶著些許童話
故事的味道，當然，里
維廣場附近最重要的兩
棟建築，就是大小基爾特之屋。自從1201年亞
伯特主教建立了里加城之後，由貿易商、工藝
師所組成的行會組織如雨後春筍般迅速發展。
由德國富商組成的大基爾特(Great Guild)約出
現在1330年，過去幾個世紀，大基爾特一直在
一座哥德式會議大廳活動，直到19世紀中葉才
在舊建築的基礎上，打造了這幢新哥德式的大
基爾特之屋。大基爾特的活動一直活躍到第二
次世界大戰前，戰後大基爾特之屋已改為拉脫
維亞國家愛樂管弦樂團的表演大廳。

舊城區

MAP　P.167B3

小基爾特之屋

Mazā Ģilde

新哥德式精緻樓房

🚇從市政廳廣場步行約5分鐘可達。 🏠Amatu iela 5 ☎
6722-3772 🌐www.gilde.lv/maza

　　位於大基爾特之屋對面的則是由工匠藝師所
組成的小基爾特，同樣也是在19世紀中葉改建
的新哥德式風格，房子裡記錄著舊里加幾世紀
以來工匠藝術的發展軌跡。目前提供團體包場
進行會議、展覽、宴會等活動場地。

舊城區

MAP　P.167B3

貓之屋

Kaķu Nams

黑貓代言富豪之怒

從市政廳廣場步行約6分鐘可達。　Meistaru iela 10/12

　　無疑地，貓之屋是里加最逗趣的一間房子，於1909年由建築師Friedrich Schefel所設計，而委託設計的屋主是一位極富有的德國貿易商，他曾經被拒絕加入聲望地位極高的「大基爾特」，為了報復，他在附近蓋了這幢豪宅，並在房子兩旁的高塔頂端放上兩隻發怒的貓，把高高舉起的尾巴對準「大基爾特之屋」，為此雙方還告上法庭，直到第一次世界大戰開打，衝突方休，後來貓還是被轉了個方向。

　　無論如何，貓之屋已經成為里加知名度最高的建築物，只要在路上問當地人，誰都能清楚指出貓之屋的方位。

舊城區

MAP　P.167A3

里加城堡

Rīgas Pils

拉脫維亞總統官邸

從市政廳廣場步行約10分鐘可達。　Pils laukums 3　6709-2106　www.president.lv

　　始建於1330年的里加城堡，在1562年以前一直作為利沃尼亞騎士團(Livonian Order)團長的居所，期間由於戰亂頻仍，曾經多次遭受摧毀，最近的一次大重建可追溯到1515年。1922年，拉脫維亞共和國成立，它成了總統府；蘇聯統治期間，它歸屬於少年先鋒組織進駐的城堡；冷戰後拉脫維亞的第一任總統Guntis Ulmanis也把辦公室設在這裡。

　　最初，里加城堡擁有規則的布局和角落裡3座小望塔，到了15世紀又增加兩座圓塔，屬於典型的古典主義晚期建築。地面層主要以守衛為考量，之上的一層作為住宿區，再上面則有可發射砲彈的窄窗，是防禦的重地；地下還有秘密通道。20世紀初，在設計師Eižens Laube的主導下又進行了最新的一次翻修。如今作為拉脫維亞總統官邸使用。

拉脫維亞…

里

加Rīga

舊城區

MAP P.167C4

聖約翰教堂及約翰庭院

Sv. Jāņa Baznīca & Jāņa Sēta

融合多樣風格建築

從市政廳廣場步行約3分鐘可達。 Jāņaiela 7 6721-
7790 www.janabaznica.lv 週二～六10:00~17:00，週日
10:00~12:00，週一公休。 進入需捐款每人€1~2。

13世紀時，聖約翰教堂只是里加主教城堡內的
一座禮拜堂，到了16世紀末，才正式成為里加的
路德教派教堂，因為不斷改建，建築本身同時融
合了哥德、文藝復興和巴洛克風格。

就像其他教堂一樣，聖約翰教堂也有自己的傳
說，在教堂西南側外牆上頭有兩個張開口的僧
侶人頭雕像，據說牧師只要在其中一個頭像的後
面佈道，全里加城都可以聽到他的聲音。中世紀
時，人們非常迷信，他們相信如果把人活生生埋
到建築的牆裡，便能驅魔。後來在聖約翰教堂的
重建過程中，就發現了兩個僧侶的遺骸。

從聖約翰教堂旁的小巷子穿過一座古意盎然的
小門，便可來到約翰庭院，早期這裡是主教城堡
的庭院，後來則成為多明尼克修道院。夏天時，
這個空間成為街頭藝術家聚集表演的地方。

舊城區

MAP P.167B3

瑞典門

Zviedru Vārti

瑞典統治時期遺址

從市政廳廣場步行約9分鐘可達。 Torņa iela、Aldaru
iela兩條街交接處。

瑞典門是瑞典統治時代防禦城牆的一部分，建
築年代約在1698年，原本有25座城門，如今僅剩
這座。關於瑞典門還有這麼一則典故：一位里加
當地女孩愛上一位瑞典士兵，但不見容於地方；
有一天，兩人半夜約會之後被人發現，於是被抓
起來懲處，並塞到城門
的城牆裡。後來有此一
說：想要測試對方是否
愛你，只要半夜經過瑞
典門，如果能聽到兩位
戀人情話綿綿，那就表
示你已找到真愛。

城牆後來經過改建，
城門之上還蓋了一棟房
子，由建築師Alexander
Trofimov所設計，1927
年之後，成為拉脫維亞
建築師協會所在地。

MAP　P.167B3

火藥塔

Pulvertornis

飽經戰火的紅色堡壘

從市政廳廣場步行約7分鐘可達。 Smilšu iela 20 6722-3743 www.karamuzejs.lv 4~10月10:00~18:00，11~3月週三~日10:00~17:00。 免費

最早建於14世紀的火藥塔，在1621年瑞典大軍進犯摧毀之後，只剩下基石部分屬於原始建築，1650年為了保護內部的珍藏、加強防禦功能，重建成厚度達2.5公尺的城牆，果然成效卓越，目前它屬於戰爭博物館(Latvijas Kara Muzejs)的一部分。

拉脫維亞可說是歐洲戰火最頻仍的國家之一，舉凡十字軍、瑞典、波蘭、德國、俄羅斯等武力都先後入侵過。館內主要展出兩次世界大戰前後關於拉脫維亞追求獨立的戰爭照片與重要文獻，包括納粹與蘇聯占領時期。

MAP　P.167C3

拉脫維亞自由廣場

Brīvības Piemineklis

追求國家自由的渴望

從市政廳廣場步行約9分鐘可達；從中央火車站步行約8分鐘可達。 Brīvības bulvāris與Raiņa bulvāris兩條大道交接處。

拉脫維亞自由廣場位於里加新舊城交接處，聳立在廣場正中央的自由紀念碑可說是里加市區最顯眼的紀念性建築。

歷時4年，紀念碑於1935年由拉脫維亞人民的捐獻蓋成，深刻描繪出1930年代拉脫維亞人渴求的國家主義。整座紀念碑包含13組雕刻，包括「智慧的工作者」、「家庭」、「祖國的守護者」、「扔掉鎖鍊的人」等，分別象徵著拉脫維亞的過去、人民的智慧、獨立的願望，以及對

未來的希望。紀念碑最頂端站立著一尊面朝西方的自由女神像，雙手高舉著三顆鍍金星星，代表著拉脫維亞三個歷史區域——Kurzeme、Vizeme、Latgale，上頭同時刻著銘文：Tēvzemei un Brīvībai，意思是「為了祖國和自由」。

拉脫維亞…**里**加Rīga

市中心區

MAP　P.167B1

新藝術建築之旅

Art Nouveau

街道即建築競技場

從中央火車站步行約15~20分鐘可達。 ☗Elizabetes iela和Alberta iela

19世紀末、20世紀初，里加跟隨著歐洲許多城市發展的腳步，興起了一股新藝術(Art Nouveau，或稱青年風格Jugendstil)建築風潮，如今，更被聯合國教科文組織認定為是全歐洲同類型建築發展最好、保存得最完整的城市。

世紀轉換之交，新藝術的發展是當年對文學現代主義的一種回應和解答，強調完全的自由創作，因此通常混合著幻想性元素來表現出藝術唯美的價值。在建築方面，著重於流動的線條以及華麗的裝飾，包括怪獸、花朵、面具、怪誕的圖樣⋯⋯都可以拿來裝飾房子的外觀，而不同顏色磁磚的運用也使得整體的設計更顯突出。通常，建築平凡無奇的內觀和精心雕琢的立面呈現戲劇性的強烈對比。

當年里加所發展出的新藝術大致可分成兩種類型，一是裝飾性藝術，一是浪漫民族主義。在里加中心區，大約有三分之一的建築都受到這股風潮影響，其中一個重要原因，便是1901年為了慶祝里加建城700週年紀念。

里加的新藝術建築超過800棟，值得注意的

是，它們大多數都是拉脫維亞著名的建築師所設計、建造。裝飾性新藝術大多集中在伊莉莎白街(Elizabetes iela)

和亞伯達街(Alberta iela)兩條街，其中建築大師Mikhail Eisenstein的作品在伊莉莎白街的10a、10b和亞伯達街的2、2a、4、6和8號。至於浪漫民族主義新藝術主要可以在Tērbatas街15、17和Brīvības街47、58、62號看到，這些則是拉脫維亞建築師E. Laube、K. Pēkšēns和A. Vanags的作品。

斯德哥爾摩經濟學院里加分校
Rīgas Ekonomiskā augstskola

☗Strēlnieku iela 4a

Mikhail Eisenstein於1905年所建，1995年予以修復。

里加法律大學
Rīgas Juridiskā augstskola

☗Alberta iela 13

建築大師Mikhail Eisenstein所設計，是新藝術建築鮮明的典範，立面的人頭雕像更是令人想不注意都很難。

亞柏達街民宅
Tenement Building at Alberta iela

🏠 Alberta iela

門牌12號是建築師E. Laube 和K. Pēkšēns的作品；11號也是 E. Laube的傑作，屬於典型的 國家浪漫主義建築典範；左手 邊一整排建築也都各具特色， 令人目不暇給。

伊莉莎白街民宅
Tenement Building at Elizabetes iela

🏠 Elizabetes iela 10a、10b、33

建築大師Mikhail Eisenstein所設計，充滿天馬行空的裝飾性 新藝術風格。

市中心區

MAP P.167D3

維瑪內斯公園
Vērmanes Dārzs

市中心遼闊綠地

🚶 從中央火車站步行約7分鐘可達。 🏠 Elizabetes、 Krišjāņa Barona、Merķeļa、Tērbatas等街道包圍起來之 地。

位於市中心地帶的維瑪內斯公園從1817年開 始興建，是里加第二古老的公園，也是當地居 民日常休閒的最愛。公園的裡裡外外分散著眾 多雕像，包括慷慨捐贈土地和興建資金的富孀 Anna Gertrud Vērmanes、拉脫維亞民歌之父 Krišjānis Barons、花花公子藝術家兼設計師 Kārlis Padegs、音樂家Alfrēds Kalniņš等， 都是出自名雕刻家之手。

還有四季噴泉、木造的露天舞台。隔著 Merķeļa iela對面是建於1862年的拉脫維亞大 學(Latvijas augstskola)。

拉脫維亞…里 加Rīga

MAP　P.167B1

里加新藝術博物館

MOOK Choice

Rīgas Jūgendstila Muzejs

新藝術建築巨匠宅邸

🚶 從中央火車站步行約20分鐘可達。　🏠 Alberta street 12　☎ 6718-1465　🕐 週二~日10:00~18:00。　💲 一樓展區€6、整個展館€9、拍照€2。

欣賞豐富的新藝術建築外觀後，若不過癮，不妨來到里加新藝術博物館參觀內部同樣精彩的擺設。

這棟矗立在一片新藝術建築中的展館，原是拉脫維亞著名建築師K. Pēkšēns的宅邸，建於1903年，不過他只在這裡住到1907年。進入博物館參觀之前，遊客在大門口需自行按下門上標註的號碼才會開門，就像是進入一般人家中一樣，常令人有裡頭是否為博物館的遲疑。開門進入先經過令人驚豔的螺旋樓梯後，右手邊即是售票處。

在1樓可看到客廳、餐廳、臥室、廚房、儲物間及浴室等，其內展示的物品皆為20世紀的傢俱及用品。每個房間呈現出新藝術時期的風貌，包括隨處可見的壁畫、彩繪玻璃窗、廚房磁磚到橡木的牆板裝飾等。工作人員更身著當時的服飾，讓這棟房子的時光，彷彿就停駐在20世紀初期。

市中心區

MAP　P.167C2

拉脫維亞
國立藝術博物館

Latvijas Nacionālais Mākslas Muzejs

國家藝術寶窟

🚶 從中央火車站步行約16分鐘可達。　🏠 1 Janis Rozentāls Square　☎ 6732-4461　🌐 www.lnmm.lv/en/lnmm　🕐 週二~四10:00~18:00，週五10:00~20:00，週六、日10:00~17:00；週一休館。　💲 常設展全票€6、優待票€3。

　　建於20世紀初的拉脫維亞國立藝術博物館，外觀呈華麗的新巴洛克風格(Neo-Baroque)，這是里加首座為了收藏與展示畫作所建的建築物，也是拉脫維亞規模最大的國家藝術收藏館之一。

　　博物館在2016年重新整建後開放，融合新舊建築元素，也使得它甫一開幕就獲得拉脫維亞建築大獎。內部展品主要集結19到20世紀拉脫維亞藝術家們的作品，並依不同時期的演進，介紹各階段代表的藝術家及作品。展示從19世紀住在波羅的海的德國籍藝術家開始，一直至1915年藝術的發展，其他4個展間分別介紹1915~1940年、1920~30年代在俄羅斯的拉脫維亞現代主義藝術家、1945~1985年及1985~2000年等的藝術品，其中也可見藝術的演進受到了其他國家占領及世界大戰的影響。

市中心區

MAP　P.167B4

MOOK Choice

里加猶太區暨拉脫維亞大屠殺博物館

Rīgas Geto un Latvijas Holokausta muzejs

完整保留二戰猶太隔離區歷史

從中央火車站步行約15分鐘可達。　Maskavas 14a　6727-0827　www.rgm.lv　10:00~18:00，週六休館　建議捐款：成人€5、兒童€3。

博物館於2010年開幕，其目的是紀念在拉脫維亞的猶太人社區及二戰時死於納粹大屠殺的人，超過7萬名死於大屠殺的受害者故事在這裡被訴說著，其位置正好就在昔時猶太隔離區的邊界。

館內分為露天及室內總共9個展區，醒目的第三個展區是位於正中央的火車車廂，內部展示述說著從里加被德國納粹載向死亡之路的猶太人故事。

值得注意的還有第四展區，這是一棟兩層樓的木屋，這棟19世紀的木屋是2011年才從當時猶太隔離區所在位址移置過來，目前是整修過後的樣貌。這棟屋子總面積僅有120平方公尺，在當時就住進了大約30個人。1樓展示猶太隔離區的物品及從前猶太會堂的介紹；2樓是重建當時在猶太區裡人們的生活情形，包括當時的傢俱及每天的生活用品。數張簡陋的床、衣櫃、桌椅等，就陳列在狹小、昏暗的空間中，可看出當時人們克難、艱苦的生活方式。

其餘內容還包括從前里加猶太隔離區的照片、猶太人文化介紹、納粹在東及中歐對猶太人所進行的大屠殺等，館方以原物或現代藝術呈現那段過往，內容非常豐富。

市中心區

MAP P.167A4

拉脫維亞國家圖書館

Latvijas Nacionālā bibliotēka /
National Library of Latvia

現代綠建築典範

🌐 從中央火車站步行約25分鐘可達。 🏠 Mūkusalas iela 3 📞 6780-6110 🌐 www.lnb.lv 🕐 週三~五11:00~19:00，週六10:00~18:00；週日、一、二休館。 💲 免費

拉脫維亞國家圖書館位於道加瓦河左岸，內部收藏豐富的拉脫維亞國內外文學作品，並開放大眾借閱，館內不時有展覽活動，可上網查詢。

這座現代化建築於2014年開幕，它是世界知名建築大師，同時也是在里加出生的古納‧伯肯茲(Gunārs Birkerts)的作品。這座建築如山般造型的外觀，覆蓋上大面積的玻璃，天氣晴朗時分，在河岸邊顯得格外耀眼。圖書館的設計大量運用節能減碳科技，成為綠建築的典範，又被稱為「光之堡」(The Castle of Light)。

猶瑪拉

MAP P.167A4

猶瑪拉

Jūrmala

波羅的海畔度假勝地

🌐 從里加的中央火車站搭往Sloka、Tukums或Dubulti方向的火車，在瑪猶里(Majori)站下，車程約30分鐘，票價€1.43起；或從中央火車站對面的迷你巴士站搭車，在瑪猶里(Majori)站下，車程約30分鐘。 🏠 遊客中心Lienes iela 5, Majori 📞 遊客中心6714-7900 🌐 www.visitjurmala.lv/lv 🕐 遊客中心週一9:00~18:00，週二~五9:00~17:00，週六10:00~17:00，週日10:00~15:00。

位於里加西方33公里處、濱臨里加灣(Gulf of Rīga)的猶瑪拉，號稱波羅的海畔最大的度假勝地。早在1812年，法俄兩國作戰，受傷的俄羅斯軍官途經猶瑪拉，發現溫暖的海水對傷病具有療癒作用後，猶瑪拉便逐漸發展成為北國地區的水療度假中心。

猶瑪拉擁有綿延32.8公里的金黃色沙灘、相對溫和的氣候、茂密的松林，天然條件優越，今日的猶瑪拉擁有眾多設施先進的度假飯店、水療中心，尤其是有著精緻外觀、褶邊遮陽棚和雕飾塔樓的木造小屋如雨後春筍般出現在海岸地區。從19世紀到20世紀初，精雕細琢的木造小屋逐漸形成了吸引人的特色之一，目前這一帶類似的木屋多達4千多幢。

猶瑪拉的發展史，就等於猶瑪拉度假村的發展史，無論是本國人或是外國人，都衝著這裡的水療度假設備而來。浪漫的街道上松林遍布，並林立著窗櫺、陽台、屋頂等都讓人目眩神迷的度假小木屋，有些木屋甚至擁有花園、游泳池或是出自名家的雕像。

猶瑪拉共有14個村落，最熱鬧的非瑪猶里(Majori)莫屬。這裡有火車停靠站、旅遊服務中心的據點、長長的行人徒步街道猶瑪斯街(Jomas iela)、猶瑪拉城市博物館(Jūrmala City Museum)、琥珀森林主題樂園(Dzintari Forest Park)等。這裡的海水清澈、沙灘綿延，度假小木屋特別密集，春夏旺季更有風帆、遊艇、滑水、獨木舟等各式各樣的水上活動，還可賞鳥、蝙蝠、海獺等，分外受觀光客青睞。

拉脫維亞…里 加Rīga

MAP　P.10C3

隆黛爾宮

Rundāle Palace

大師打造華麗夏宮

🚌 從里加可搭乘往Rundāle pils的直達公車，車程約1小時40分鐘，參考網址：https://www.1188.lv/satiksme/saraksti/riga/rundales-pils/200001/102868。🏠 Pilsrundale, Rundales pagasts, Rundales novads 📞6396-2274 🌐rundale.net/en ⏰1~4月博物館10:00~17:00；花園10:00~17:00；5月博物館及花園10:00~18:00；6~8月博物館10:00~18:00，花園10:00~19:00；9月博物館10:00~18:00，花園10:00~19:00；10月博物館及花園10:00~18:00；11、12月博物館及花園10:00~17:00。💲短程(不包含公爵夫人起居室)全票€4、優待票€3；長程全票€8、優待票€6。

隆黛爾宮是由義大利巴洛克天才大師巴托羅米歐(Bartolomeo Rastrelli)所設計建造，他同時也是俄羅斯聖彼得堡冬宮的創造者。這座18世紀的奢華宮殿是巴托羅米歐於1730年為當時的柯爾蘭(Courland，拉脫維亞西南部大片區域)公爵Ernst Johann Biron所打造的夏宮，1795年俄國併吞柯爾蘭地區之後，凱薩琳大帝還曾經把這座宮殿送給她的情人Zubov王子。雖然地處偏遠，也不在拉脫維亞主要旅遊路線上，卻是拉脫維亞不可錯過的一級景點。

隆黛爾宮於1972年改成一座博物館，共有138個房間，其中約有40多個房間對外開放。宮殿的中間和東翼是公爵住的地方和活動範圍，西翼則是公爵夫人和其他成員居住的地方，不能錯過的是黃金廳、白廳、玫瑰室、公爵寢室、公爵餐廳、公爵夫人起居室，以及公爵家族的肖像和種種收藏。室內精華廳室參觀完畢，夏天時可以步行到宮殿後方的巴洛克式花園，也是一景。

白廳White Hall

白廳是專為舞蹈設計的舞蹈大廳(Ballroom)，純白色調更能襯托出盛裝打扮、翩翩起舞的紳士、淑女們。然而白廳的白絕非第一眼所看到那麼地樸實無華，再細看，它的天花板、牆壁上滿滿都是栩栩如生的浮雕，然而更機巧的是，乍看似乎所有雕刻都對襯，事實上，這上頭沒有一片是重複的，而且充滿想像力、張力及雕刻功力。其中門窗上頭的22幅浮雕大致是描繪農村風情，包括耕作、打獵、畜牧、種花、水果收成等。而抬頭仰望天花板正中央，是一幅鸛鳥哺育巢中雛鳥的浮雕，幾可亂真的畫面，已成白廳中的經典。

公爵寢室 The Duke's Bedroom

公爵寢室呈現綠色色調，床兩旁放著兩座青瓷火爐，天花板彩繪的主題則是維納斯女神、情人戰神，以及祂們的兒子愛神丘比特。除此之外，還有4幅巴洛克時期經常出現關於希臘羅馬神話故事中的情色畫作。目前陳列在公爵寢室的畫作雖不多，但都具象徵意義，包括公爵Ernst Johann夫婦的肖像。

公爵餐廳 The Duke's Dining Room

公爵餐廳又名為大理石廳，其名稱主要來自它的大理石灰泥裝飾牆壁，非常克制地僅僅用藍灰色調，不過相反地，天花板則是雕刻得華麗多彩，不同於其他廳室天花板多半為神話人物壁畫，公爵餐廳裡則是一整圈花彩裝飾，仔細看可以發現公爵姓名首字母組成的花押字。

黃金廳 Gold Hall

黃金廳是整座宮殿最豪奢的地方，也是當年公爵接見賓客的大廳，鑲著黃金的大理石牆面、巨大壯觀的彩繪天花板，讓初到者目眩神迷，這都是作為謁見廳不可或缺的裝潢。在這裡可以看到些許法國凡爾賽宮(Versailles)和德國夏洛滕堡宮(Charlottenburg Palace)的影子。與黃金廳相接的還有幾個小房間，包括瓷器室(Porcelain Cabinet)和大、小長廊(Grand & small Gallery)，其中細緻優雅的瓷器室恰與光彩奪目的黃金廳呈強烈對比，牆上陳列的中國瓷器都是清朝乾隆時期的作品。

玫瑰室 Rose Room

玫瑰室也是令人眼睛為之一亮的地方，其風格接近德國柏林和波茨坦宮殿的洛可可風，矯飾的大理石、色彩豐富的花朵、銀飾取代黃金，天花板彩繪的是春天、花之女神及其侍女，而這主題似乎又從天而降延伸在牆壁上，21條垂懸下來的玫瑰花環，更是灰泥粉飾的傑作。

公爵夫人起居室 The Duchess' Boudoir

公爵夫人的生活空間位於宮殿的西翼，大致包括起居室、寢室和浴室，雖然不像公爵生活區域那麼金碧輝煌，卻不失雅致。起居室的矚目焦點便是那環繞著兩根細細樹幹、上頭坐著2個撐傘天使的貝殼形壁龕，以及一旁灰泥粉飾的火爐；從起居室彎進臥室和浴室，其中浴室可以說是宮殿裡最小、天花板最低的房間，不過卻也設計得最精巧，牆壁是木片拼花，天花板則是灰泥粉飾、鑲金的網格棚架纏繞著彩色花環。

舊城區

MAP ▶ P.167B2 | **V Kuze**

🚶 從市政廳廣場步行約7分鐘可達。 🏠 Jekaba str.20/22 ☎
6732-2943 🌐 www.kuze.lv 🕐 週一～五9:00~18:00；週六~
日10:00~18:00

　這間咖啡廳成立於1930年代，室內設計運用裝飾藝術風格，
搭配古董傢俱，小小溫暖的空間，訪客總是絡繹不絕。咖啡廳供
應的咖啡種類不少，有一般義式拿鐵，也有加了酒的里加咖啡，
以及茶飲可選。不妨坐在落地窗邊，點一杯飲料再搭配可頌或甜
點，感受里加舊城的悠閒。

　而櫃台上擺滿造型可愛的黑巧克力、白巧克力及牛奶巧克力
等，可以單獨選購或包裝在禮盒中帶走。

舊城區

MAP ▶ P.167B4 **Salve**

🚶 從中央火車站步行約11分鐘可達。　🏠Rātslaukums 5　☎6704-4317　ℹ️www.salve.lv　🕐週一～五17:00~22:00；週六、日12:00~22:00。

　　在古拉丁文裡，「Salve」是「歡迎」的意思。位在黑人頭之屋旁、市政廳的對面，建築物本身也是知名的藍色部隊之屋(The Blue Troops House)的Salve，是當地非常知名的高級餐廳，烹調融合拉脫維亞的傳統手法，然後以摩登的面貌擺盤呈現，自詡為「里加城市美食的代表餐廳」。內部裝潢簡約中透著高貴。

舊城區

MAP ▶ P.167B4 **Province**

🚶 從中央火車站步行約11分鐘可達。　🏠Kaļķu iela 2　☎6722-2566　ℹ️www.provincija.lv　🕐12:00~22:00

　　位在市政廳與黑人頭之屋的對街，算是一家氣氛輕鬆的Pub，內部裝潢大量運用原木，布置得充滿拉脫維亞鄉下農家的風味，主要提供傳統的家常菜，也是品嘗咖啡、啤酒、雞尾酒等飲料的好地方。尤其是加了東方香料的熱紅酒、加了酒的咖啡、以莓果製造的甜酒等，選擇多樣化。坐在這裡欣賞市政廳廣場人來人往，地理位置不錯。

Where to Buy in Rīga
買在里加

市中心區

MAP ▶ P.167C4 中央市場**Centrāltirgus**

🚇從中央火車站步行約10分鐘可達。 🏠Nēģuiela 7 ☎6722–9985 Ⓦwwwr.rct.lv ⏰5~9月每日9:00~19:00；10~4月10:00~18:00，營業時間依各區而有不同。

若搭乘巴士來訪里加，從巴士下車即可見數個白色圓拱造型建築並排在一起，這裡即是中央市場(Central Market)。里加從前的市場位於道加瓦河附近，由於規模不敷使用，便計畫蓋起如今的中央市場。

1930年中央市場開放使用後，這裡曾被視為是歐洲最大、最好的市場。即使是蘇聯占領時期，這裡也受到當地媒體盛讚。1997年，中央市場還和里加舊城一起被列入世界遺產名單中。中央市場內部分為肉品、蔬菜、魚、乳製品及美食區，還有農夫市集及夜晚的花市等，除了建築內部的商鋪外，在外圍也排滿攤販，琳瑯滿目的農產物令人目不暇給。此外，這裡也適合購買里加在地特產如蜂蜜製品等。

市中心區

MAP ▶ P.167B1 **Art Nouveau Riga**

🚇從中央火車站步行約20分鐘可達。 🏠Str Iniekuiela 9 ☎6733–3030 Ⓦartnouveauriga.lv ⏰週二~六11:00~18:00，週日11:00~17:00

這家店位在里加新藝術博物館正對面，外觀充滿新藝術繪畫風情，還有觀光客誤以為這裡就是博物館呢！裡頭販售各式各樣新藝術風的紀念品，小至€0.6的名信片，也有不到€10的筆記本、購物袋、手作香皂盒、馬克杯及義式濃縮咖啡杯等，除了紀念品也有居家用品，如瓷磚、紡織品、燈飾，另外著名的拉脫維亞畫作海報、版畫及新藝術風格的石膏作品等，在這裡都買得到，喜歡新藝術的人千萬不能錯過。

舊城區

MAP ▶ P.167C4 **Galerija Centrs 購物中心**

🚇從中央火車站步行約9分鐘可達。 🏠16 Audēju iela ☎6701–8018 Ⓦwww.galerijacentrs.lv/en ⏰10:00~21:00

從火車站前往舊城的市政廳廣場，途中會經過一幢玻璃屋大樓，就是Galerija Centrs 購物中心。早從1938年，Galerija Centrs即已存在，是波羅的海地區最早出現擁有玻璃屋頂的購物中心，2006年經過大規模翻修，展現今日摩登而高雅的面貌。由於位在進入舊城的必經之途，也成了當地人相約見面的最佳地點。

Galerija Centrs賣場共有超過百間商鋪，國際品牌的服裝、飾品、化妝品等商品雲集，也有多家餐廳、咖啡廳及超市，是舊城之中難得的流行購物體驗。

舊城區

MAP ▶ P.167C3 **Hotel Man-Tess**

從中央火車站步行約10分鐘可達；從市政廳廣場步行約5分鐘可達。 ☗Teātra iela 6 ☎6721-6056 ⓦwww.hrs.com/en/hotel/man-tess/a-75765

這幢18世紀的美麗建築，橙色的外牆上有著細致的雕飾，是當年名設計師Kristofs Hāberlands的傑作之一，屬於小巧溫馨的精品飯店，裝潢、格局雖然古典，設施卻很新穎，飯店內還設有酒吧，並提供免費無線上網。

市中心區

MAP ▶ P.167D2 **Radisson Blue Hotel**

從中央火車站步行約16分鐘可達。 ☗Elizabetes iela 55 ☎6777-2222 ⓦwww.radissonblu.com/latvijahotel-riga

位於市中心區，介於火車站、舊城和新藝術建築密集區之間的Radisson Blue Hotel擁有571間客房與套房，是目前全拉脫維亞規模最大、等級最高的飯店。與它摩天樓的外觀相稱，所有的房間都有先進的設施，餐廳、酒吧、會議、游泳池、三溫暖、水療中心、健身中心等設施齊備，高樓層更是俯瞰里加市區全景的好地方。

舊城區

MAP ▶ P.167C4 **紅鼻子旅社Red Nose Hostel**

從中央火車站步行約15分鐘可達。 ☗Jāna iela 14 ☎2772-1414 ⓦwww.rednose.lv

位於舊城之中，紅鼻子旅社是開在一幢歷史建築裡的新住宿設施，有著古色古香的松木地板和家具，但已具備現代化的生活設施。房間可分別容納2~10人，是品質還不錯的自助式旅社，設有小廚房，免費供應茶及咖啡，並提供免費無線上網。旅社備有豐富的旅遊資訊，但需自備毛巾及盥洗用品，也可跟旅社購買。頂樓可以眺望鄰近的聖約翰教堂。

立陶宛

立陶宛

Lithuania

文●李欣怡‧墨刻編輯部
攝影●周治平‧墨刻攝影組

波羅的海三小國中，唯有立陶宛是以國家的狀態，維持了將近800年之久，而「立陶宛」這個名字，自從1009年在史書首度被提及之後，至今也將近一千年了。

在民族文化方面，立陶宛和北方的拉脫維亞享有相似的語言和血緣；在政治上，中世紀時又曾經和波蘭結合組成一個國家，為當時東歐最大的國家，帝國勢力從東邊的黑海延伸到西邊的波羅的海，手工藝和海外貿易都十分發達。然而夾處於東西文明之間，立陶宛大部分時間還是在為自己的獨立和生存奮鬥。而不論是爭取獨立、還是向世界發聲，波羅的海三小國中，立陶宛一向都是最積極主動的一個國家。雖然經濟力道不似其他兩國波羅的海國家亮眼，立陶宛擁有豐富自然風光，最大河川涅姆納斯河(Nemunas River)流過大半國土，最後注入波

羅的海，那裡就是著名的「琥珀海岸」，立陶宛所產的琥珀，也是波羅的海諸國中，產量最豐、質量最佳的國家。

立陶宛之最 Top Highlights of Lithuania

對岸共和國Užupis
從舊城區過了河就來到這個猶如巴黎蒙馬特的藝術區，完全不同於舊城的氛圍，並擁有自己的「憲法」。（P.209）

特拉凱Trakai
距離維爾紐斯西邊約28公里的小鎮，由被湖水所包圍的數座島嶼組成，為立陶宛面積最小卻名氣最大的國家公園。（P.212）

十字架山Hill of Crosses
超過5萬件大大小小的十字架、聖像矗立在山丘上，非常壯觀，這些原本是為悼念因抗俄革命而死亡的烈士，後來教宗聖若望保祿二世造訪過後，成為著名觀光勝地。（P.214）

大屠殺受害者博物館 Genocido auk Muziejus
維爾紐斯的蘇聯情報局KGB博物館保存相當完整，其內開放參觀的監獄，仍呈現1991年KGB離開時留下的樣貌。（P.41）

考納斯城堡Kauno Pilis
建於14世紀用於抵抗十字軍入侵的石造城堡，是立陶宛防衛史上第一座石頭城堡，並且是雙層城牆的建築，如今仍維持昔時的面貌。（P.218）

維爾紐斯●

維爾紐斯
Vilnius

文●李欣怡・蒙金蘭・墨刻編輯部
攝影●周治平・墨刻攝影組

從13世紀開始，維爾紐斯就是立陶宛大公國的政治中心，一直到18世紀之前，這裡都深深受到東歐文化和建築發展的影響。僅管不斷遭受外來侵略，部分建築物也被摧毀，維爾紐斯仍然保留了大量而繁複的哥德、文藝復興、巴洛克和古典主義建築，以及中世紀的城市規劃和佈局。今天聯合國教科文組織除了把維爾紐斯舊城列入世界遺產名單，更認定這座舊城是全歐洲最大的巴洛克式舊城。

波羅的海三小國的首都中，一般公認塔林整體呈現最美，里加最都會化，而維爾紐斯則是活潑而不拘謹。走進維爾紐斯舊城，那些巴洛克式、像巧克力磚盒子般的天際線，偶爾還穿插著俄羅斯東正教堂洋蔥頭及天主教堂的尖塔，有的還顯得些許頹廢，然而也對映出建築上的價值以及維爾紐斯人的不拘小節。

維爾紐斯市中心坐落在內里斯河(Neris River)南岸，以大教堂廣場為核心，維爾紐斯大教堂位於開闊廣場的北面，倚靠在蓋迪米諾山腳下，廣場對面，就是街道如迷宮般的舊城區。城市豐富的節慶活動，每月輪番登場，更令人感受到這座城市的熱鬧與歡騰。

INFO

基本資訊
人口：約54.3萬人
面積：約400平方公里
區域號碼：5

如何到達
◎航空
維爾紐斯國際機場(Vilniaus Oro Uostas)位於市中心南方約5公里處，可搭乘巴士、火車或計程車往返市區。1、2、3G及88號巴士往返於市區和機場之間，單程車資€1。

市區的火車站和機場之間有機場快線聯繫，每天有16個班次，車程只要7分鐘，單程車資每人€0.7。

在機場入境大廳的出口前有合法的排班計程車，進入舊城單程車資約€10。計程費率白天每公里約為€1.01，晚間及假日費率每公里約為€1.16。

維爾紐斯國際機場
⌂Rodūnios road 10A ☎6124-4442 ⊕www.vilnius-airport.lt/en

◎火車
維爾紐斯火車站(Geležinkelio Stotis)位於市中心的南緣，火車連結國內外各城市，但是沒有直達塔林及里加的路線。

維爾紐斯火車站
⌂Geležinkelio gatvė 16 ☎(5)269-3722 ⊕www.ltglink.lt

◎長途巴士
維爾紐斯巴士總站(Autobusų Stotis)位於火車站對面，步行到市區只要10分鐘。這裡有長途巴士連結國內外各大城市，前往考納斯約1小時半，往里加約4小時半，往華沙約8小時半，往塔林約9小時15分，確切時間依搭乘的路線及巴士公司而有不同。

維爾紐斯巴士總站
⌂Sodų gatvė 22 ☎9000-1661 ⊕autobusustotis.lt
經營長途巴士的公司相當多，可參考下列公司路線：
Lux Express ⊕www.luxexpress.eu

Ecolines ⓤ www.ecolines.net
Euroline ⓤ www.eurolines.it

市區交通

維爾紐斯的市區範圍相當大，不過主要景點頗集中在舊城之中，步行即可。出了舊城，巴士和無軌電車從每天清晨5點行駛到半夜，相當方便，若上車後向司機購票€1；或是購買儲值卡「Vilniečio Kortelė」，票價30分鐘€0.65、60分鐘€0.9，另外也有1、3、10天的選擇，儲值卡可在超市及書報攤購買。巴士路線及班車時間可上網查詢。
ⓤ www.stops.lt/vilnius/#vilnius/en

◎維爾紐斯城市卡Vilnius Pass

專為觀光客設計的觀光卡，持卡人可在限期內免費進入特定博物館、參加導覽行程等，以及一些其他景點門票、行程、餐廳、商店消費等有折扣優惠。可在旅客服務中心購買，有24、48及72小時卡，24小時卡全票€34、兒童票€31；48小時卡全票€44、兒童票€40；72小時卡全票€49、兒童票€44；72小時卡含免費搭乘大眾交通全票€61、兒童票€58。
ⓤ www.govilnius.lt/visit-vilnius

旅遊諮詢

◎遊客服務中心

遊客服務中心在舊城之中設有多處據點，可索取免費地圖、摺頁、旅遊資訊，並提供市區導覽訊息等。
ⓤ www.vilnius-tourism.lt/en

總局

ⓖ Vilniaus gatvė 22　ⓣ(5)262-9660　ⓥ週一～日9:00～12:00、13:00～18:00。

市政廳遊客服務中心

ⓖ Didžioji g. 31　ⓣ(5)262-6470　ⓥ週一～日9:00～13:00、14:00～18:00。

機場遊客服務中心

ⓖ Rodūnios kelias 2-1　ⓣ(5)230-6841　ⓥ週一～日10:00～19:00。

城市概略City Guideline

舊城區(Senamiestis)是維爾紐斯觀光的精華區，全東歐地區規模最大的舊城，1994年名列世界文化遺產，在舊城外圍的聖彼得與聖保羅教堂、大屠殺受害者博物館(P.41)，則為現代市中心區(Naujamiestis)。

就面積來說，維爾紐斯的舊城可說是波蘭和波羅的海3小國各大城市裡面規模最大的，點與點之間的距離比較遠，走訪這座城市相較之下要走更多路。

此外，若以奧許洛斯瓦圖街和皮利斯街為中軸線分作兩半，東邊和西邊彼此間隔得又有些遠，尤其東半部的對岸共和國和蓋迪米諾山丘地形都很獨立，在地圖上看起來很近，走起來完全是兩條不同的路線。所以遊維爾紐斯建議不要貪心，還是分區、分次慢慢探索，才不會累壞了自己的兩條腿。

維爾紐斯行程建議
Itineraries in Vilnius

如果你有2天

第一天走訪城市北邊，包括蓋迪米諾大道、維爾紐斯大教堂、大屠殺受害者博物館、國家博物館、立陶宛大公爵宮、維爾紐斯大學等，最後再上到蓋迪米諾山丘與上城堡博物館，俯瞰整個市區。

第二天以市政廳及對岸共和國周圍景點為主，黎明之門為最南邊的景點，可以從這裡開始往北前進，走訪簽署之屋、文學街、琥珀博物館、聖安妮教堂等，接著跨過河來到對岸共和國，感受藝術氛圍濃厚的「國度」。

如果你有3~4天

前兩天造訪維爾紐斯市區，接下來的第三及第四天，不妨來到立陶宛著名的觀光勝地十字架山。十字架山位於修雷北方12公里處，從維爾紐斯可以搭乘長途巴士到修雷後，再換車前往。

維爾紐斯散步路線
Walking Route in Vilnius

北側精華路線

從①蓋迪米諾大道往舊城邁進，這是立陶宛最現代化的一條寬闊大道，有時節慶舉行整條大路都擺滿攤位，熱鬧不已。先從前蘇聯國家安全委員會(KGB)所在地的②大屠殺受害者博物館開始參觀，結束後往大教堂方向續行，沿途可見不少餐廳、商店以及超市，到底即是③維爾紐斯大教堂矗立在寬闊的廣場上。

拜訪過教堂，順著大學路走去，會經過國旗飄揚的

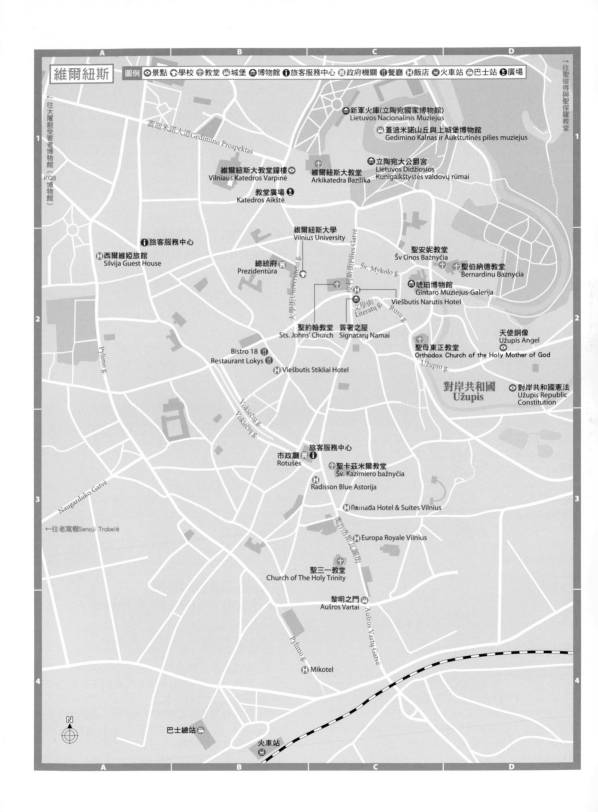

維爾紐斯

圖例 ◎景點 ⚲學校 ✝教堂 ⬛城堡 🏛博物館 ℹ旅客服務中心 ⚲政府機關 🍴餐廳 🏨飯店 🚃火車站 🚌巴士站 🎪廣場

→往聖彼得與聖保羅教堂

←往大屠殺受害者博物館（KGB博物館）

蓋迪米諾大道Gedimino Prospektas

🏛新軍火庫(立陶宛國家博物館)
Lietuvos Nacionalinis Muziejus

🏛蓋迪米諾山丘與上城堡博物館
Gedimino Kalnas ir Aukštutinės pilies muziejus

維爾紐斯大教堂鐘樓◎
Vilniaus Katedros Varpinė

✝維爾紐斯大教堂
Arkikatedra Bazilika

🏛立陶宛大公爵宮
Lietuvos Didžiosios
Kunigaikštystės valdovų rūmai

教堂廣場🎪
Katedros Aikštė

維爾紐斯大學
Vilnius University

ℹ旅客服務中心

⚲西爾維婭旅館
Silvija Guest House

總統府
Prezidentūra

大學街Universiteto g.

城堡街Pilies Gatvė

聖安妮教堂
Šv Onos Bažnyčia

⚲聖伯納德教堂
Bernardinu Baznycia

Šv. Mykolo g.

🏛琥珀博物館
Gintaro Muziejus-Galerija
Viešbutis Narutis Hotel

文學街Literatų g.

Rusų g.

聖約翰教堂
Sts. Johns' Church

簽署之屋
Signatarų Namai

天使銅像
Užupis Angel

Pylimo g.

Bistro 18
Restaurant Lokys

🍴
🍴

🏨Viešbutis Stikliai Hotel

✝聖母東正教堂
Orthodox Church of the Holy Mother of God

Užupio g.

對岸共和國
Užupis

◎對岸共和國憲法
Užupis Republic
Constitution

Vokiečių g.
Vokiečių g.

Naugarduko Gatvė

←往老窩棚Senoji Trobelė

市政廳
Rotušės

ℹ旅客服務中心

✝聖卡茲米爾教堂
Šv. Kazimiero bažnyčia

🏨Radisson Blue Astorija

🏨Ramada Hotel & Suites Vilnius

🏨Europa Royale Vilnius

聖三一教堂
Church of The Holy Trinity

黎明之門
Aušros Vartai

Aušros Vartų Gatvė

Pylimo g.

🏨Mikotel

N

巴士總站🚌

火車站🚃

198

北側精華路線

立陶宛國家博物館
Lietuvos Nacionalinis Muziejus ⑨

蓋迪米諾山丘與上城堡博物館
Gedimino Kalnas ir Aukštutinės pilies muziejus ⑧

往大屠殺受害者博物館（KGB博物館）
蓋迪米諾大道Gedimino Prospektas

立陶宛大公爵宮 ⑦
Lietuvos Didžiosios
Kunigaikštystės
valdovų rūmai

維爾紐斯大教堂 ③
Arkikatedra Bazilika

教堂廣場
Katedros Aikštė

總統府 ④
Prezidentūra

維爾紐斯大學 ⑤
Vilnius University

皮利斯街Pilies Gatvė

南側文學歷史路線

聖安妮教堂
Šv Onos Bažnyčia ⑧

琥珀博物館
Gintaro Muziejus-Galerija ⑦

聖伯納德教堂
Bernardinu Baznycia ⑨

簽署之屋
Signatarų Namai ⑤

文學街
Literatų g ⑥

天使銅像
Užupis Angel

皮利斯街Pilies Gatvė ④

對岸共和國
Užupis ⑩

對岸共和國憲法
Užupis Republic
Constitution

旅客服務中心 ⑥
市政廳 ③
Rotušes

Ⓗ Radisson Blue Astorija

奧許洛斯瓦圖街Aušros Vartu Gatvė

Ⓗ Ramada Hotel & Suites Vilnius ②

Ⓗ Europa Royale Vilnius

黎明之門 ①
Aušros Vartai

---

④**總統府**和美麗的⑤**維爾紐斯大學**。建於15世紀的總統府，歷史上名人來了又去，拿破崙攻打莫斯科時，曾經以這裡作為前進指揮所；諷刺的是當他兵敗被趕回巴黎時，他的死敵俄羅斯將軍米哈伊爾‧庫圖佐夫(Mikhail Kutuzov)也以這裡為基地。對街的維爾紐斯大學是東歐地區最古老的大學之一，校園裡從哥德式、文藝復興式、巴洛克式，到新古典主義的建築都看得到，簡直是一座建築博物館。

來到⑥**皮利斯街**，石子鋪成的街道兩旁盡是巴洛克時代留下來的老房子以及15到17世紀的磚造屋，和蓋迪米諾大道呈現截然不同的風情，兩旁餐廳、飯店、精品店、紀念品店等也都很有味道。

然後，回到維爾紐斯大教堂廣場，先造訪⑦**立陶宛大公爵宮**，接著順著躲藏在公園裡的山路一步一步爬上⑧**蓋迪米諾山丘與上城堡博物館**，這裡不但有13世紀開始發跡的迷人城堡，更有很棒的視野景觀，是俯瞰整個維爾紐斯舊城的最佳地點。若對在地歷史文化有興趣，下山後往內里斯河方向前進，就來到位於公園綠地中的⑨**立陶宛國家博物館**。

距離：全程約3.8公里

南側文學歷史路線

從舊城南端的①**黎明之門**穿越而入，回頭仰望，城門上隱約可見一座聖母瑪麗亞禮拜堂，經常有信徒不遠千里而來尋求聖母的心靈慰藉。眼前的②**奧許洛斯瓦圖街**雖然只有短短不到500公尺，兩旁高級飯店、餐廳、商店、教堂等一家接著一家，前進時眼睛和雙

腿一樣忙碌。

18世紀末古典主義式的③**市政廳**外型相當亮眼，裡面的旅客服務中心更是諮詢解惑、收集旅遊相關資訊的重要所在，拿著印製詳細的細部地圖，朝④**皮利斯街**邁進，街上門牌26號的⑤**簽署之屋**，是1918年立陶宛簽署獨立的重要地方。不遠處一條小小的⑥**文學街**，牆上布滿各種型式的文學、藝術創作，也常是遊客駐足之地。穿越文學街，不久可抵達看起來像是珠寶店的⑦**琥珀博物館**，地面層的確是店面，地下室則展出眾多珍貴的琥珀和琥珀形成的專業資訊。

⑧**聖安妮教堂**是從15世紀開始不同時期的教堂建築群，哥德式、文藝復興式和巴洛克式建築融合，也產生另類的美感，後方即是⑨**聖伯納德教堂**。然後往南走，順著橋梁度過維爾尼亞河，就到了戲稱擁有自己的憲法的⑩**對岸共和國**，這塊曾經被遺棄的土地，轉眼已成為全維爾紐斯最昂貴的地方，慢慢走逛，努力品味它何以擁有「獨立的條件」。

距離：全程約2公里

舊城區

MAP ▸ P.198C1

維爾紐斯大教堂和教堂廣場

Arkikatedra Bazilika
ir Katedros Aikštė

MOOK Choice

舊城明顯地標

ℹ️從市政廳步行約13分鐘可達　🏠Katredos aikštė 1　☎(5)261-0731　🌐www.katedra.lt　🕐7:30~19:00　💲大教堂免費，鐘樓€4.5、教堂博物館€4.5。

維爾紐斯大教堂是立陶宛的主教座堂，也可以說是立陶宛國家的象徵，然而成為今天的大教堂，卻有許多歷史的轉折。

早在立陶宛信仰基督教之前，這裡就是立陶宛人供奉雷神Perkūnas的神殿；基督教傳入立陶宛之後，大約在14世紀末，第一座木造教堂建立於此，隨即於15世紀，在大公爵Vytautas的命令下，一棟更雄偉的哥德式教堂取而代之。

至於今天所看到的新古典主義外型，則是在1783到1801年之間完成，教堂立面山牆上立著的三尊雕像：聖海倫(St Helene)、聖史塔尼斯拉夫(St Stanislav)、聖卡茲米爾(St Casimir)就是在此時由雕刻家Karolis Jelskis所創作。不過當年原本是木雕，1950年毀於史達林，蘇聯時代更把教堂改作畫廊，直到1989年，才重新回復它神聖的地位，現在站在教堂頂端的三尊雕像則是1993年重雕的複製品。1985年，在教堂其中一面牆壁挖掘出許多天主教相關的寶藏，包括一只聖杯、聖骨盒、聖體匣，以及其他禮拜儀式用的器皿，這些都是立陶宛非常珍貴的宗教藝術品。

教堂裡共有11座禮拜堂、聖器收藏室，以及兩道邊門；從外觀來看，正立面是6根多立克柱式的門廊，左右側邊各有一座對襯的列柱廊，並裝飾著壁龕和雕像。教堂左前側有一座57公尺高的鐘樓。

教堂裡最具看頭的是右側盡頭的聖卡茲米爾(St

Casimir)禮拜堂，光線從巴洛克式的圓頂投射下來，照在那五彩的大理石、花崗岩牆壁、白色灰泥雕刻，及描繪聖卡茲米爾生平的濕壁畫。聖卡茲米爾在1602年被封為聖徒，從此成為立陶宛的守護神，注意祭壇正中央有一面銀製畫像，右手有兩隻手掌的便是聖卡茲米爾。

教堂旁的白色鐘塔開放購票登頂，循著略陡的階梯往上爬，除可見到大大小小的鐘懸掛著，最頂部還有絕佳位置能夠眺望整個市區。

舊城區

MAP　P.198C1

MOOK
Choice

立陶宛大公爵宮

Lietuvos Didžiosios
Kunigaikštystės valdovų
rūmai / Palace of the
Grand Dukes of Lithuania

維爾紐斯歷史巡禮

◎從市政廳步行約10分鐘可達　◎Katedros a. 4　◎
(5)212-7476　◎www.valdovurumai.lt　◎週二～五
11:00~18:00，週六、日11:00~16:00，週一及國定假日休
館。　◎全票€10、優待票€5。

　　宮殿前方矗立的銅像是大公爵蓋迪米納斯
(Gediminas)，他被認為是維爾紐斯的創建
者，這位外交關係良好的政治家，提供商人及
行會有利的條件，以吸引他們來到城中發展，
包括免稅及宗教自由。自此不同種族及信仰的
人們便開始在維爾紐斯定居下來。

　　這座宮殿在15至17世紀曾馳名於歐洲，可惜
在19世紀被毀。宮殿位於維爾紐斯中心，是下
城堡建築的一部分。如今是一座建築融合哥德
式、文藝復興及早期巴洛克式風格的博物館。

　　內部展示包括幾個部分，首先是最初城堡的
建立一直到16世紀，內部可見中世紀城堡遺
留下的磚牆、毀壞的宮殿遺跡及維爾紐斯城堡
模型；接著是文藝復興到早期巴洛克的宮殿
時期，介紹當時統治者、律法一直到飲食方式
等。續行上樓後則可見哥德式建築的前廳、
守衛室，以及文藝復興、巴洛克時期的房間等
等，連傢俱也有考究，有些來自16、17世紀的
義大利、德國等地。此外，地下室另有皇家珍
寶展示，也別錯過了。

向奇蹟許願

　　在大教堂與鐘樓之間的
地面上，有一塊標示著
「Stebuklas」(意思是奇蹟)
字樣的地磚，據說只要腳
踩著地磚360度轉一圈，願
望就能實現，因此不時可
見遊客站在這塊地磚上許
願哦！

立陶宛…維爾紐斯Vilnius

MAP　P.198C1

蓋迪米諾山丘與上城堡博物館

MOOK Choice

Gedimino Kalnas
ir Aukštutinės pilies muziejus

俯瞰維爾紐斯最佳所在

從市政廳步行約17分鐘可達。　Arsenalo gatvė 5　(5)261-7453　www.lnm.lt　4~9月每天10:00~21:00；10~3月每天10:00~18:00。　全票€6、優待票€3。

維爾紐斯城從13世紀開始就是建立於48公尺高的蓋迪米諾山丘上，而當年所蓋的舊城池、文藝復興式的維爾紐斯大公爵宮殿，全部毀於17世紀俄羅斯占領時期。

目前挺立在山頭上的蓋迪米諾紅磚塔原本有四層樓，過去凡是攻下維爾紐斯的軍隊，都必定在塔上插上自己的旗幟，1930年修復之後，現在維持三層樓的高度，並成為維爾紐斯的象徵，這裡擁有極佳視野，可以俯瞰整個維爾紐斯舊城。

塔裡面則是一座「上城堡博物館」(Aukštutinės pilies muziejus)，展出14世紀一直到18世紀初期的城堡模型、武器裝備等。另外也展示了立陶宛近代歷史，也就是1989年8月23日波羅的海之路(Baltic Way)的介紹，當時約有兩百萬立陶宛、拉脫維亞及愛沙尼亞的人民，手牽著手，從維爾紐斯一直延伸到塔林，形成一條長達650公里的人鏈，以和平抗爭方式希望脫離蘇聯統治，而這座塔樓正是波羅的海之路在維爾紐斯的起點。

Kelyje Vilnius–Ukmergė
Fot. Vladimiras Gulevičius, Lietuvos naujienų agentūra ELTA

На дороге Вильнюс–Укмерге
Фото. Владимирас Гулявичюс, Лифтовское Агентство Лайтвы ELTA

On the Vilnius–Ukmergė highway
Photograph by Vladimiras Gulevičius, Lithuanian News Agency ELTA

MAP　P.198C2

琥珀博物館

Gintaro Muziejus–Galerija

波羅的海的地下寶藏

🚶 從市政廳步行約9分鐘可達。🏠 Šv. Mykolo 8 📞(5)262-3092 ⓤ www.ambergallery.lt ⏰ 每天10:00~19:00 💲 免費

　　琥珀博物館主要分為地面樓層和地下室兩個部分，一樓所陳列的琥珀相關手工藝品，與大街小巷的琥珀紀念品店大同小異，包括項鍊、耳環、手環、胸針……既展示也販售。

　　而走進地下室，就相對知性許多，除了告示板圖解說明琥珀的形成及考古過程，也收集許多包覆昆蟲的珍貴琥珀，透過放大鏡，遊客可以更清楚看到琥珀的細節。

真假琥珀測試

　　由於琥珀跟塑膠非常相似，再加上有些紀念品攤販售的琥珀價格十分低廉，想要知道買來的琥珀到底是真的還是塑膠製成，琥珀博物館人員提供一個簡單的方式，只要將琥珀放入10%濃度的鹽水中，真的琥珀會浮起來，反之塑膠製品就會沈下去，即可得知。

MAP　P.198B2

總統府

Prezidentūra

潔白莊嚴的政治指揮所

🚶 從市政廳步行約8分鐘可達。🏠 S. Daukanto gatvė 3/8 📞7066-4073 ⓤ www.president.lt ⏰ 週五16:15，週六、日9:00~14:30有免費導覽，另週五及日有英語導覽。

　　總統府所在地在15世紀時是主教宮殿，歷史上曾有許多名人造訪。1812年拿破崙攻打莫斯科時，曾經以此地作為前進指揮所；不過諷刺的是，當拿破崙兵敗被趕回巴黎時，他的死對頭俄羅斯將軍米哈伊爾‧庫圖佐夫(Mikhail Kutuzov)也以這裡為基地。1824年到1832之間，由建築師V.Stasov翻新成目前所看到的古典俄羅斯帝國樣式。總統辦公室在總統府的右翼，每週五、六、日有導覽行程，必須事先預約並檢查護照；週日中午可看到衛兵交班儀式。

　　順著Universiteto路往前走，來到離總統府不遠處的阿魯敏納多庭院(Alumnato Kiemas)，它可以說是維爾紐斯最具代表性的一座文藝復興式建築，由三面環繞的三層樓拱廊圍出這座美麗庭院，原本是訓練東正教教士的神學院，神學院在18世紀關閉後，目前租借給私人使用。

立陶宛……維爾紐斯Vilnius

MAP P.198C1

新軍火庫
(立陶宛國家博物館)

Naujasis Arsenalas
(Lietuvos Nacionalinis Muziejus)

展示詳盡在地歷史文化

從市政廳步行約20分鐘可達。 Arsenalo g. 1 (5)
262-9426 www.lnm.lt 週二~日10:00~18:00，週一
休館。 全票€4、優待票€2。

立陶宛國家博物館的考古收藏品豐富，同時也
是立陶宛最大、歷史最悠久的博物館之一，其成
立歷史可追溯到1855年。

館內收藏超過60萬個藏品，其年代遠從石器時
代到19世紀，真實呈現出立陶宛的歷史及文化傳
統，展示內容包括武器、畫像、木雕、印刷機及
傢俱用品，並重現立陶宛古早的傳統民房、建築
格式及生活方式等。

博物館在17及18世紀時，原屬於城堡的一部
分，到了18世紀改建成為軍械庫及軍營，由於是
第二個存放武器之地，又被稱為新軍械庫。

2003年博物館前方廣場矗立了一尊雄偉的雕
像，他是立陶宛第一位、同時也是最後一位國王
明道加斯(Mindaugas)，他在1253年加冕為王，
統一了立陶宛並獲得國際的承認，可惜在位10年
後就被暗殺身亡。

MAP P.198C2

皮利斯街

Pilies Gatvė

最熱鬧的狹窄古街

從市政廳步行約7分鐘可達。 Pilies Gatvė

舊市政廳的另一端為Didžioji街，立陶宛語裡
是「大街」的意思，果然是宛如廣場的寬闊大
道，順著大道直走即可進入皮利斯街。

相對而言，狹窄的皮利斯街則是條古城街，石
子鋪成的街道兩旁盡是
巴洛克時代留下來的老
房子以及15到17世紀
的磚造屋(4、12、16
號)，不過維爾紐斯人充
分利用這些古建築，一
樓都改裝成現代感十足
的餐廳、精品店、紀念
品店，街道不算寬，是
街頭藝人表演、擺設畫
攤的主要聚集地。

舊城區

MAP　P.198C2

簽署之屋

Signatarų Namai

獨立建國重要基地

從市政廳步行約7分鐘可達。 Pilies Gatvė 26.
(5)231-4437 www.lnm.lt 週二～五10:00~18:00，週
六、日12:00~17:00，週一休館。 全票€4，優待票€2

　　位於皮利斯街門牌26號，是1918年立陶宛簽
署獨立的重要地方，然而外觀卻相當低調，最顯
眼的只有兩面國旗迎風飄揚，不刻意尋找還真會
忽略它的存在。

　　這幢房子早在1645年的文獻中即曾經提及，本
是兩層樓的鎮長官邸，1748年維爾紐斯不幸發
生一場大火，損失慘重，1749年重建時才增建
了第3層樓。幾經易主後，這間樓房在19世紀末
由Sztral家族買下，並改建為現在所見的新文藝
復興式。主人把樓房分隔成多間公寓，租給一
些工匠、老師或商人，樓下開了間咖啡廳，3樓
則在1914年租給立陶宛戰爭受害者幫助協會(the
Lithuanian Society to Aid War Victims)。在
1917、1918年間，立陶宛議會經常在此集合、開
會，並於1918年2月16日簽署獨立宣言。

　　立陶宛的歷史相當坎坷，長年在環伺的列強勢
力中顛沛流離，Jonas Basanavičius本來是位醫
生，並通曉歷史、文學、民俗、民族主義、語言
學等，學貫古今，行醫之餘還寫了多篇這些領域
的相關著作，並創辦了第一份立陶宛文報紙「立
陶宛迴聲」(Lietuvos Aidas)。他在保加利亞
(Bulgaria)行醫多年後，毅然決定返國推動民族
獨立，被尊為立陶宛的國父。

　　1992年，維爾紐斯第一屆城市議會決定把這幢
屋子設立為紀念館，以紀念爭取獨立這樁重要的
紀事；2003年，「簽署之屋」終於成立，並歸
屬於立陶宛國家博物館(Lietuvos Nacionalinis
Muziejus)的分館。

　　簽署之屋內部極力重現20世紀初的時代氛
圍，展示許多「立陶宛迴聲」創立時期和蘇聯統
治時期的老照片、眾多為了爭取獨立而奮鬥的重
要文獻、一些革命先烈私人的隨身物品、立陶宛
各個發展時期的版圖地圖、繪畫、海報等，以及
直到1918年終於再度立國的艱辛歷史過程。展
示品裡還可以看到Jonas Basanavičius為了記錄
立陶宛的民間故事所買的、全世界最早的愛迪生
留聲機，以及他的毛衣、帽子、錢包、枴杖等私
人物品。

　　此外，內部還擺設了一些當時的家具、飾品
等，讓參觀者在了解立陶宛的創國歷史之餘，
也感受到革命先烈們日常的生活與到處奔波概
況。

MAP ▶ **P.198C2**

文學街

Literatų Gatvė

詩情畫意巷弄小徑

🚶從市政廳步行約7分鐘可達。 🏠Literatų Gatvė. 🌐www.literatugatve.lt ⏱24小時

與皮利斯街交會處有一條小小的街道，牆壁上滿布著大小不一、型式多元的文學創作，包括畫作、詩篇、彩繪瓷磚等，形成特色獨具的文學之道。這是2008年為了紀念曾經住在這條街上的19世紀詩人亞當‧密茨凱維奇（Adomas Mickevičius），以及眾多過去與現在曾和立陶宛有過關聯的詩人、文學家們，特地根據另一位詩人Aidas Marčėnas的詩作靈感，把這條小路設置成永久性的戶外藝廊，目前累積作品已超過百件以上。

穿越文學街，可抵達琥珀博物館和聖安妮教堂。

MAP ▶ **P.198D2**

聖安妮教堂

Šv Onos Bažnyčia

紅磚打造哥德式教堂

🚶從市政廳步行約10分鐘可達。 🏠Maironio gatvė 8 📞6767-4463 ⏱5~9月週二~六10:30~18:30、週日8:00~19:00；10~4月週二~週日11:00~18:00。週一不開放。

聖安妮教堂這座16世紀的磚造哥德式教堂因為長得實在太漂亮，傳說當年拿破崙看到它時，還

說過要把教堂放在他的手掌心帶回巴黎。可惜這只是傳說，唯一確定的事實是拿破崙軍隊經過此處時，他在寫給妻子的信中有提到維爾紐斯是一座非常美麗的城市。

聖安妮教堂大約建於15世紀晚期，至今沒有太多改變，而成為維爾紐斯的象徵性建築之一。為了打造出教堂那千變萬化的尖塔和裝飾，光是紅磚的組合就多達33種，是立陶宛晚期哥德式建築的代表作。教堂旁的鐘塔雖同樣為哥德式風格，不過是教堂蓋完400年後才建成。

市政廳

Rotušės aikštė

認識維爾紐斯最佳起點

🚶 從維爾紐斯火車站步行約12分鐘可達。　🏠Didžioji g. 31
📞(5)261-8007　🌐www.vilniausrotuse.lt

　筆直的奧許洛斯瓦圖街到後半段街名則改成Didžioji，路的盡頭便是空曠無比的市政廳廣場。

　舊市政廳可追溯到14世紀，原是哥德式建築，目前古典主義形式是18世紀重建的結果。到了19世紀，市政廳的功能轉變為音樂展演之處，當時波蘭著名作曲家及指揮家斯坦尼斯瓦夫‧莫紐什科(Stanisław Moniuszko)曾在此演出。到了20世紀，內部成立美術館，現今市政廳也經常舉辦音樂會、文學講座、畫展等文化活動。

　市政廳旁的遊客服務中心提供免費地圖、旅遊資訊及紀念品等，當地推出的市區步行導覽行程約需2小時，每人€10，也可在此訂購。

聖伯納德教堂

Bernardinu Baznycia

具防禦功能的教堂

🚶 從市政廳步行約10分鐘可達。　🏠Maironio gatvé 10　📞6824-0216　⏰週一～五7:00~19:00，週六、日8:00~19:00。

　15世紀由方濟會修士建造的聖伯納教堂及修道院，經過戰爭及祝融破壞，在歷經16、17世紀的重建後，融合了哥德式、文藝復興及巴洛克風格。特別的是聖伯納德教堂不只用來祈禱，更具備防禦功能。

　在蘇聯占領時期，教堂一度被關閉，並作為倉庫使用。直到立陶宛獨立後，方濟會修士才重新回到教堂。針對8人以上團體參觀，教堂另提供長程及短程的導覽路線，需事先預約。行程包括走訪地下墓室、登塔俯瞰維爾紐斯360度的全景等。

立陶宛…　**維**　爾紐斯Vilnius

MAP ▶ P.198C2

維爾紐斯大學

MOOK Choice

Vilnius University

維爾紐斯歷史與建築縮影

🎵 從市政廳步行約7分鐘可達。 🏠 Universiteto gatvė 3 📞
(5)219-3029 🌐 www.muziejus.vu.lt/en ⏰ 3~10月週一~
六9:00~18:00；11~2月週一~六9:30~17:30。聖約翰教堂鐘
樓在10~4月期間關閉。 💲 全票€2、優待票€1。

整個維爾紐斯大學就是一座建築博物館，從哥
德式、文藝復興式、巴洛克式到新古典主義，全
部都可以在校園裡看得到，也可以說是維爾紐斯
歷史的縮影。

維爾紐斯大學成立於1579年，是東歐地區最古
老的大學之一，長期以來，始終都扮演立陶宛最
高學府的角色，不僅左右立陶宛人的文化生活，
連鄰國地區都深受影響，很多知名的科學家、詩
人、文學家都出身自維爾紐斯大學。不過1832年
到1919年之間，曾被俄羅斯關閉長達將近一個世
紀。

歷經4個多世紀，校園裡的知名歷史建築自然
不少，包括藏書500萬冊的大學圖書館、世界
上第一個無國界文化中心(Center for Stateless
Cultures)，以及大學還沒成立之前、1387年就已經
存在的聖約翰教堂(Šv Jono Bažnyčia)，它那63公尺
高的17世紀鐘塔，至今仍是舊城最高的建築。

對岸共和國

MOOK Choice

Užupis

設立憲法的浪漫藝術區

🔄 從市政廳步行約12分鐘可達。 🏠 Užupio gatvė

　　位於聖安妮教堂東南方、與主要舊城區隔著一條維爾尼亞河(Vilnia River)的一座山坡地，常被比喻成巴黎的蒙馬特(Montmartre)，是全維爾紐斯最古老的區域，擁有全市最古老的葡萄園，16世紀就出現在文獻記載之中。

　　在蘇聯統治時期，這一帶被嚴重忽略、疏於建設，成了龍蛇雜處的地段，曾經是城市裡比較貧窮的區域，進而吸引不少藝術家、工匠在這裡從事藝術創作。因為地形獨立，以及不被重視的歷史淵源，戲稱自己是個獨立的國度，因此名為「對岸共和國」。

　　曾幾何時，這個曾經被遺棄般的區域已經躍升為維爾紐斯最昂貴、先進的地方，不但擁有自己的守護神、兩座教堂，並創作出屬於自己的「國歌」、「憲法」、「總統」、「主教」等，也讓此區形成與舊城截然不同的浪漫氛圍。

美人魚銅像

　　在河岸邊有一尊名家Romas Vilčiauskas所雕刻的美人魚銅像，過了橫在維爾尼亞河上的橋後，從岸邊的咖啡館看向河邊就能輕易地找到。據說就是美人魚把全球的人們吸引前來對岸共和國的，被魅惑較深的人會就此在這裡定居下來。

憲法

　　立在街邊牆上的對岸共和國憲法，條文被翻譯成各國文字，包括正體中文，憲法第一條載明：「每個人都有在維爾利河畔生存的權利，而維爾紐利河有流經每個人的權利。」除了規範人的權利，也有動物權，例如「每個人都有權照顧狗隻直到其中一方死去」、「每隻狗都有權去做狗」等，總共41條條文。

天使銅像

　　2002年，同樣出自Romas Vilčiauskas巧手的天使銅像矗立在共和國大道的廣場上，成了當地精神上的守護神。

立陶宛…維 爾紐斯Vilnius

舊城區

MAP P.198C4

黎明之門

Aušros Vartai

進入舊城的大門

從維爾紐斯火車站步行約10分鐘可達。 Aušros Vartų g. 12 (5)212-3513 www.ausrosvartai.lt 7:00~19:00

這座16世紀的城門,是維爾紐斯原本9座城門中僅存的一座,目前可說是進入舊城南側的大門。從城外穿過城門,再回首望向城門上頭,會發現有一座聖母瑪麗亞禮拜堂(Chapel of the Blessed Mary),裡面的一尊黑面聖母,被視為神蹟,每天都有來自立陶宛、波蘭、白俄羅斯、俄羅斯的天主教和東正教朝聖者,前來向聖母尋求心靈的慰藉。

進城門後的右手邊鑲著一塊銘牌,那是前教宗若望保祿二世造訪維爾紐斯的紀念,相似的一塊銘牌,在維爾紐斯大教堂的其中一根柱子也可以看得到。

舊城區

MAP P.198C3

奧許洛斯瓦圖街

Aušros Vartų Gatvė

教堂飯店羅列迎賓

從維爾紐斯火車站步行約10分鐘可達。 Aušros Vartų Gatvė

維爾紐斯的舊城區非常適合遊客散步,街道兩旁總是錯落著教堂和手工藝品商店,其中最典型的一條街便是奧許洛斯瓦圖街。

奧許洛斯瓦圖街的立陶宛語意思就是「黎明之門街」,從黎明之門到市政廳廣場短短不到500公尺的路程,沿途會陸續看到巴洛克式的聖泰麗莎教堂(Šv Teresės Bažnyčia),立陶宛的東正教座堂聖靈教堂(Šv Dvasios Cerkvė),集拜占庭、哥德、巴洛克及洛可可於一身的聖三一教堂(Švč.Trejybės Bažnyčią),聖卡茲米

爾教堂(Šv. Kazimiero Bažnyčia),它也是維爾紐斯第一座由耶穌會所蓋的巴洛克式教堂。這一帶也是高級飯店和餐廳、精品店的集中區。

蓋迪米諾大道
Gedimino Prospektas

維繫新與舊城區兩端

🏠 Gedimino Prospektas

　　蓋迪米諾大道是從現代市中心的西方或北側進入舊城區的主要入口，是立陶宛最具代表性、也最現代化的一條路，2公里長的寬闊大道，連接4座廣場，包括政府部門、國會、國家戲劇院、前蘇聯國家安全委員會(KGB)、國家圖書館、各國大使館等重要機構，都位於這條大道上，至於餐廳、咖啡廳、旅館、精品店、夜店也都要有兩把刷子，才能在這條大道上存活。

聖彼得與聖保羅教堂
Šv Petro ir Povilo Bažnyčias

精緻宛如陶瓷藝品

 從市政廳步行約32分鐘可達；亦可從火車站前搭乘2號路面電車，在Šv Petro ir Povilo Bažnyčias下車。🏠 Antakalnio gatvė 1　☎(5)234-0229　⏰7:00~18:30　vilniauspetropovilo.lt

　　這座磚造的聖彼得與聖保羅教堂建於1667年到1676年之間，當時是為了慶祝維爾紐斯從俄羅斯人手中解放出來，由立陶宛貴族Mykolas Kazimieras所籌建。教堂建立在一座拉丁十字架的結構基礎之上，擁有一座圓頂以及兩座對稱的塔，其巴洛克式的內部可看性十足。

　　從牆壁、拱頂、圓頂到禮拜堂，滿滿裝飾著雕刻、浮雕和鑲嵌板，甚至連管風琴都呈現純白色調。而這些雕刻、浮雕所呈現的人物和面孔，估計達2000個，全部是義大利雕刻家在1675到1704年的創作，大致描繪著新約聖經、聖徒的一生，以及立陶宛的歷史故事。

　　在主祭壇左右兩側各有一尊雕像，左手邊拿劍的是聖保羅，右手邊拿天堂之鑰的是聖彼得，代表著這座教堂的兩位主神。根據聖經故事，聖彼得成為聖徒之前曾經是漁夫，主祭壇前便垂吊著一艘祂的坐船。有趣的是，主祭壇左側有一尊耶穌雕像，順著祂的眼神延伸到右側禮拜旁，可以看到一尊手持藥罐的美女雕像，她就是傳說中耶穌的情人瑪麗亞抹大拉(Mary Magdalene)，足見雕刻工匠在工作之餘，也不忘來點幽默。

MAP P.10C4

特拉凱
歷史國家公園

MOOK
Choice

Trakai Historical National Park

湖上紅磚城堡

🚌最方便的方式就是從維爾紐斯長途巴士總站搭乘往Alytus方向的巴士，班次相當密集，車程35~40分鐘，下車後再向北步行前往各景點。亦可搭火車前往，車程約30分鐘，但班次較少，且火車站距離各景點更遠。

遊客服務中心

🏠Karaimų str. 41, Trakai ☎(528)51934 💻www.trakai-visit.lt 🕐5~9月週一~日9:00~18:00，10~4月週一~五8:00~17:00，週六、日10:00~17:00。

位於湖畔的特拉凱，以童話故事般的紅磚城堡聞名，也是維爾紐斯周邊、甚至全立陶宛最知名的景點之一。不只是來自各國的遊客，每逢週末，這裡更是立陶宛新人們拍婚紗取景的首選。

特拉凱共有32座湖泊，冰河時期便已形成，而公元前4000年，人類就來此定居，不過特拉凱

真正引人注意，要到13、14世紀時，歐洲最後一個非基督教(Pagan)政權——立陶宛大公國，公爵蓋迪米納斯(Gediminas)在此蓋了城堡，以反抗條頓十字軍逼迫他們改變信仰，原本湖泊、森林的天然屏障再加上堅實的城堡之後，特拉凱更是易守難攻，當時住在這裡的韃靼人(Tatar)及凱萊特人(Karaite)都曾經協助過立陶宛人建築防禦工事。

今天遊客來到特拉凱，除了讀歷史、看建築、欣賞文化遺產、享受自然風光外，甚至什麼都不做，在湖邊好好放鬆，或是品嘗凱萊特人的傳統

特拉凱

Galvė湖

🏰島嶼城堡暨特拉凱歷史博物館
Island Castle & Trakai History Museum

旅客服務中心ℹ️
🏛️凱萊特民族博物館
Karaites Ethnographic Museum

🏰半島城堡
Peninsula Castle

🏛️特拉凱歷史博物館
Trakai History Museum

Totoriškių湖

Luka湖

Vytauto g.

🚌巴士總站

圖例
🏰城堡 🚋火車站
🏛️博物館 🚌巴士站
ℹ️旅客服務中心

🚋火車站

菜餡Kibinas都是不錯的選擇。

1991年，立陶宛政府把特拉凱鎮及周邊地區的80平方公里土地，畫為特拉凱歷史國家公園，也是立陶宛最小的國家公園，對立陶宛人來說，這座曾是立陶宛古代政治中心的國家公園，不僅擁有美麗的自然風光，更是歷史意義深遠，把記憶拉回立陶宛光榮的強盛時代。

島嶼城堡暨特拉凱歷史博物館
Island Castle & Trakai History Museum

從巴士總站步行約22分鐘可達。 Galvė Lake, Trakai (528)53946 www.trakaimuziejus.lt/#/lan=en 5~9月每日10:00~19:00；3、4、10及11月週二12:00~18:00，週三~日10:00~18:00，週一休館；12~2月週三~日10:00~18:00，週一、二休館。 旺季全票€12、優待票€6，淡季全票€8、優待票€4。

島嶼城堡建立在Galvė湖上，位於整個特拉凱的北端，由兩座人行木橋連接湖中島嶼和湖岸之間，那座雄偉的哥德式紅磚城堡映著湖水，是東歐地區唯一的一座水上城堡，也因為畫面實在太突出，成為立陶宛最具代表性的建築物。

城堡的歷史可追溯到1400年，一開始也是一座防禦性堡壘；不過在1410年的Grunwald戰役之後，防禦性功能喪失，就改成大公爵的官邸，1430年大公爵Vytautas在城堡裡過世；後來島嶼城堡曾經變成一座監獄，17世紀之後，城堡就完全地被遺棄。

年久失修的城堡在1962年重建成為一座歷史博物館，博物館裡的收藏道盡特拉凱鎮和城堡的歷史，除了歷代立陶宛大公爵的生平和肖像外，經過半個世紀的收集和整理，收藏品已超過20萬件，從郵票、煙斗、玻璃、中國青花瓷、書法、古地圖、古貨幣，到考古的陶瓷器。城堡裡的哥德式大廳裡經常舉辦音樂會及會議。

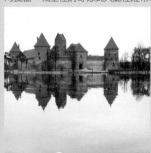

半島城堡暨特拉凱歷史博物館
Peninsula Castle

從巴士總站步行約10分鐘可達。 Kęstučio gatvė 4, Trakai www.trakaimuziejus.lt/#/lan=en

半島城堡位於特拉凱鎮的中心處，建於14世紀的Kęstutis大公爵時期，被三座湖所包圍，可以說是立陶宛境內最大的防禦堡壘之一，可惜1655年的俄羅斯、瑞典戰爭期間，城堡幾乎被摧毀，只留下部分城塔和城牆。城堡旁亦有歷史博物館的分館。

凱萊特民宅與凱萊特民族博物館
Karaite's Residential Houses & Karaites Ethnographic Museum

從巴士總站步行約15分鐘可達。 Karaimų gatvė 22, Trakai (528)55286 www.kybynlar.lt；www.karaim.eu；www.trakaimuziejus.lt 4~9月週三~日10:00~18:00，10~3月週四~日13:00~18:00。 全票€3、優待票€1.5。

何謂凱萊特？在立陶宛，凱萊特人可說是相當特殊的一支，他們原本是住在黑海克里米亞半島的土耳其人，14世紀末，立陶宛大公爵Vytautas南征北討並征服金帳汗國(Golden Horde)之後，從克里米亞帶回了383個家族的凱萊特人，安置在特拉凱，充當城堡守衛，或是從事耕種、生產製造手工藝品。

6個世紀過去，凱萊特人在特拉凱形成一個穩定的社區，有自己的語言、信仰和傳統房舍；他們幾乎都集中在Karaimų這條街上，一層樓的木屋背對著馬路，同時開著3扇窗：一扇給上帝、一扇給大公爵Vytautas、一扇給自己。

目前特拉凱約還住著70幾位凱萊特人，Karaimų街上有一座凱萊特民族博物館，還有一座祈禱用的教堂(Kenessa)。

修雷

MAP P.10C3

修雷
Šiauliai

交通樞紐十字架山跳板

📍 從維爾紐斯可搭乘火車或長途巴士前往，火車車程約2.5~3小時，巴士約3個多小時；長途巴士站較靠近市中心鬧區，火車站位於市區南端距離稍遠。從考納斯可搭長途巴士前往，車程約3小時；亦可搭長途巴士前往里加，車程約2小時35分。🌐 www.visitsiauliai.lt/en

位於立陶宛中部的修雷，人口只有13萬，感覺上是個比較大些的小鎮，卻已經是全國的第四大城。

修雷本身沒有獨特的景觀，但是因為位於前往十字架山的必經之地，加上居國土中央地帶的地理位置對於南來北往非常方便。市中心區有一些主題特殊的博物館，像是腳踏車博物館(Dviračių

muziejus)、照相博物館(Fotografijos muziejus)、貓博物館(Katinų muziejus)等，施展其他吸引遊客的魅力。

修雷周邊

MAP P.10C3

MOOK Choice

十字架山
Hill of Crosses (Kryžių Kalnas)

沉默卻堅持的愛與和平象徵

📍 從修雷巴士總站搭往Joniškis方向的巴士，在Domantai站下，車程約15分鐘，下車後還要再步行約2公里才能抵達。亦可與計程車議價前往，從修雷市區來回約€20。 📍 Jurgaičiai 🌐 www.kryziukalnas.lt ⏰ 24小時 💲 免費

位於修雷北方12公里外的十字架山，最早出現的一座十字架應該可追溯到中世紀，然而真正有文字記載的是1831年11月一場抗俄革命後，有人開始在這裡插上十字架以悼念一些找不到屍首的先烈們；1953年，史達林去世，歷劫餘生的立陶宛人又陸續在山丘上插上十字架，以紀念那些無法回鄉的親人；1960年代，蘇維埃政府不斷試圖消滅這股風潮，甚至出動推土機企圖夷平這座小山丘，但是十字架拔掉之後又有人插上，如此前仆後繼。直到1993年教宗聖若望保祿二世造訪

十字架山，宣告這裡是一個祈求和平、愛與犧牲的地方，十字架山才成了立陶宛最著名的觀光勝地之一。十字架山最動人的地方與其說是宗教信仰的寄託，不如說是立陶宛的天主教徒在長期被外來強權的壓抑下，以和平、忍耐的方式默默卻堅決地表達他們對國家、身分認同、傳統和宗教信仰的忠誠與堅持。目前大大小小的十字架、聖像、玫瑰經等，數量估計超過5萬件。仔細看這些五花八門的十字架，有許多獨具創意，參觀者繞行、讚嘆之餘，也可以錦上添花插上自己奉獻的十字架。

舊城區

MAP ▶ P.198C2
Viešbutis Narutis Hotel

🚶 從市政廳步行約7分鐘可達。 🏠
Pilies 24 ☎(5)212-2894
www.narutis.com

　位於簽署之屋隔壁、比簽署之屋還引人注目的Viešbutis Narutis Hotel，始建於1581年，當時酒店名為Narutis，是維爾紐斯最古老的酒店。20年多前重新開始經營飯店，外觀氣派，裡面更是富麗堂皇，室內設計出自法國名家之手。

　Viešbutis Narutis Hotel共有52間客房與套房，房間裡囊括不同世紀的元素，從16世紀的木造橫樑、壁畫到先進的按摩浴缸，既古典浪漫又擁有現代化的便利享受。在這麼古老的建築裡，甚至還開闢了一個設施完善的健身與水療中心；餐廳的餐飲品質同樣頗受推崇；加上絕佳的地理位置，搶手的程度不難想像。

舊城區

MAP ▶ P.198B2
Viešbutis Stikliai Hotel

🚶 從市政廳步行約3分鐘可達。 🏠Gaono 7 ☎(5)264-9595 www.stikliai.com

　位於Gaono 街與Stikliai街交會口的Viešbutis Stikliai Hotel，和Viešbutis Narutis Hotel定位相近，是小巧卻奢華的精品飯店，建築本身可追溯到16世紀，融合哥德式與巴洛克式樣貌。入口大廳處擺設著包括前法國總統密特朗在內等眾多名人房客的照片，相當引以為傲，目前屬於Relais & Chateaux旗下的一員。

　Viešbutis Stikliai Hotel共有39間房，擁有餐廳、小酒館、游泳池、三溫暖、健身房、圖書館、會議室及商務中心等設施。

舊城區

MAP ▶ P.198B3
Radisson Blue Astorija

🚶 從市政廳步行約2分鐘可達。 🏠Didžioji 35/2 ☎(5)212-0110 www.radissonblu.com/hotel-vilnius

　在波蘭與波羅的海地區，Radisson Blue可說是最容易看到的五星級飯店品牌，而維爾紐斯這家飯店就位在市政廳附近，從黎明之門往舊城前進的路上，很難不去注意到氣勢恢宏、門面精雕細琢的它。Radisson Blue Astorija房間裝潢典雅，設施先進，游泳池、健身中心等休閒設施應有盡有，地面層的法式餐廳每當夏季來臨就成了悠閒的露天咖啡座兼酒吧。

舊城區

MAP ▶ P.198C3
Europa Royale Vilnius

🚶 從黎明之門步行約1分鐘可達；從市政廳步行約4分鐘可達。 🏠Aušros Vartų 6 ☎(5)266-0770 www.groupeuropa.com/europa_royale/vilnius_hotel

　位於黎明之門前往市政廳必經之途的Europa Royale Vilnius，是Europa飯店管理集團旗下的旗艦店，建築本身是幢18世紀的樓房，地下室還保有一個16世紀的酒窖，整體充滿古典的浪漫氣息。整修後共有54間高雅的客房，每間格局都不太一樣。雖然只掛四星級，但是地理位置、設施、服務、餐廳等各方面都具備五星級的水準。提供免費無線上網。

現代市中心區

MAP ▶ P.198A2
西爾維婭旅館Silvija Guest House

🚶 從火車站步行約23分鐘可達，從市政廳步行約13分鐘。 🏠Pylimo Str. 6-2 ☎6470-0154

　旅館座落在安靜的街邊，房間乾淨、舒適，附有WiFi，地下室有自助式廚房，冰箱飲料可免費自取。由於櫃台是設在地下室而非門口，進出感覺就像住在自家中般。服務人員親切友善，在旅遊網站中有不錯的評價，非常適合自助行遊客。

現代市中心區

MAP ▶ P.198B4
Mikotel

🚶 從火車站步行約6分鐘可達；從市政廳步行約9分鐘可達。 🏠Pylimo 63 ☎(5)260-9626 mikotel.lt

　位於火車站對面一條街道中的Mikotel，外貌和這條街看起來有些破舊，但是內部經過大幅整修，非常整潔舒適，空間相當寬敞，還有英語流利的櫃檯人員以及可免費無線上網。由於距離火車站和長途巴士站都很近，步行前往舊城也還算方便，是地點和價格雙贏的選擇。

立陶宛…維爾紐斯Vilnius

舊城區

MAP ▶ P.198B2 **Restaurant Lokys**

📍 從市政廳步行約2分鐘可達。 📍Stiklių gatvė 8 📞(5)262-9046 🌐www.lokys.lt ⏰12:00~24:00

位在狹窄卻精彩的Stiklių街上的Lokys，從1972年開始營業至今，建築本身是一幢15世紀晚期的歷史建築，賣的是所謂傳統的獵人餐，所以以「熊」為店名，特色十足，可說是維爾紐斯最知名的餐廳之一。

盤中飧包括鵪鶉、鹿肉等，都是傳說中15、16世紀時貴族、巨賈才有機會吃到的珍饈，一旁還有現場音樂演奏相伴。不想吃野味的人當然還有一些其他選擇。

舊城區

MAP ▶ P.198B2 **Bistro 18**

📍 從市政廳步行約4分鐘可達。 📍Stiklių gatvė 18 📞6777-2091 ⏰週一～四11:30~21:00，週五11:30~22:00，週六13:00~21:00，週日休。

位在Stiklių街深處的Bistro 18，外觀平凡無奇，提供的也是一般的西式餐飲，但是因為烹調手藝優越，價格又平易近人，所以當地人十分鐘愛。主廚擅長把當季的食材變化成桌上佳餚，無論是法式洋蔥湯、義大利麵、義式燴飯、牛排等都美味可口，如果不是非要當地的特色料理不可的話，旅客服務中心大力推薦前往一飽口福。

現代市中心區

MAP ▶ P.198A3 **老窩棚Senoji Trobelė**

📍 從火車站步行約16分鐘可達；從市政廳步行約18分鐘可達。 📍Naugarduko gatvė 36 📞6099-9002 🌐www.senojitrobele.lt ⏰週一～五11:00~23:00，週六、日12:00~23:00。

店名就頗具有懷舊氣氛的Senoji Trobelė，是當地人頗鐘愛的立陶宛式傳統餐廳，室內規模雖然不大，但還有一個露天用餐區，裡裡外外妝點得像鄉村農家般溫馨。

老闆推薦的傳統佳餚，像是馬鈴薯粉包裹的「立陶宛肉圓」Cepelinai和Bulviu Kukuliai；以麵包、葡萄乾、糖等發酵製成的飲料Gira，或是本國釀製的蜂蜜酒、香草酒等；佐餐的麵包是每天新鮮製作的手工麵包。烹調口味承襲自古老的配方，非常道地。

Senoji Trobelė更難得的是價格頗合理，進去後不用怕荷包失血，所以僅管離舊城有一小段距離，還是非常值得特地走一遭。

考納斯

Kaunas

文●蒙金蘭‧李欣怡
攝影●周治平‧墨刻攝影組

位於立陶宛西南方的考納斯，距離維爾紐斯約100公里，國境內兩條最大的河流涅姆納斯河 (Nemunas River)與內里斯河(Neris River)在此交會，水路交通位置重要，因此早

在14世紀曾經是兵家必爭之地，修築石頭城堡就是為了抵擋條頓騎士團的入侵。

15、16世紀時，考納斯是漢薩同盟相當重要的河港，德國商人在這裡頗具影響力；內戰期間，維爾紐斯落入波蘭手中，考納斯成為這個國家當時的首都；目前是僅次於維爾紐斯的第二大城。

考納斯截至第二次世界大戰之前，被毀達13次之多。舊城的規模不大，遊客足跡並不侷限在舊城裡，新市區還有許多可觀之處。加上學校多、學生人口多，所以整個城市氣氛顯得年輕、活潑。

INFO

如何到達
◎航空
考納斯國際機場(Kauno Oro Uostas)位於市區北方約10公里處，其航線包括倫敦、都柏林及拿坡里等。
🌐 www.kaunas-airport.lt
29號巴士固定往返於市區巴士總站和機場之間，車程約45分鐘，夜間改由29E巴士服務，單程車資上車後向司機購票€1；也有120號接駁車往返機場與市區。公車時刻表可上網查詢：www.kvt.lt。
此外，在機場入境大廳的出口前有合法的排班計程車。
◎火車
考納斯火車站位於市中心的南緣，每天約20個火車班次連結維爾紐斯，車程約1小時多至1.5小時。
考納斯火車站
📍 Čiurlionio gatvė 16　☎7005-5111
◎長途巴士
考納斯巴士總站(Autobusų Stotis)位於市中心的南緣、火車站的西北側，所有國內線和國際線的長途巴士都在這裡進出，非常方便。前往維爾紐斯約1小時30~45分鐘，往里加約4~6小時，往塔林約11小時。
考納斯巴士總站
📍 Vytauto prospektas 24　🌐 www.bustickets.lt

市區交通

考納斯的觀光重點分散在舊城區和市中心區，從火車站到舊城距離稍遠，步行約需50~60分鐘，所以有時需借重大眾交通工具。市區內巴士、無軌電車等網絡密集，營業時間自4:30~22:30，相當方便，可上車向司機購買單程車資€1，需自備零錢。另外也可購買電子票卡，在書報攤或有「Kauno Viešasis Transportas」標誌的地方都可以買得到。路線及班車時間可上網查詢。

🌐 www.stops.lt/kaunas

旅遊諮詢
在機場、市政廳及巴士總站都有遊客服務中心，可多加利用。
◎**市政廳遊客服務中心**
📍 Rotušes a. 15　☎6165-0991　🕐週一~五9:00~18:00、週六10:00~16:00、週日10:00~15:00，休息時間13:00~14:00。🌐 www.kaunastic.lt

舊城區

MAP P.218A2

考納斯城堡

MOOK Choice

Kauno Pilis

14世紀巍峨石頭城

🚶 從市政廳步行約5分鐘。 🏠 Pilies gatvė 17 ☎(37)300-672 🕐9~5月週二~五10:00~18:00，週六10:00~17:00，6~8月週二~六10:00~18:00，週日10:00~16:00。 💲全票 €3、優待票€1.5。

　　14世紀，立陶宛人在涅姆納斯與內里斯河的交會處建了一座石頭城堡，以抵擋十字軍入侵，這是立陶宛防衛史上第一座石頭城堡，也是立陶宛僅存擁有雙層城牆的防禦工事，具有重要的象徵意義。現在所見的考納斯城堡是一座哥德式的建築，加上兩排城牆，最早見諸1361年的文獻；在1362年與條頓騎士一場激烈的戰役之後，城堡幾近全毀，1368年才又建起另一座城堡。雖然經過多次重修，但是在15世紀人們生活的重心逐漸移至舊市政廳廣場一帶後，城堡就失去了重要性。

　　城堡目前維持著14世紀時的面貌，城牆高達13公尺、厚達2公尺，和同時期城牆最大的不同處在於它是由石頭打造，而不是脆弱的木造結構。裡面目前展示著當時的防禦結構、武器，以及播放考納斯建築歷史發展的影片。

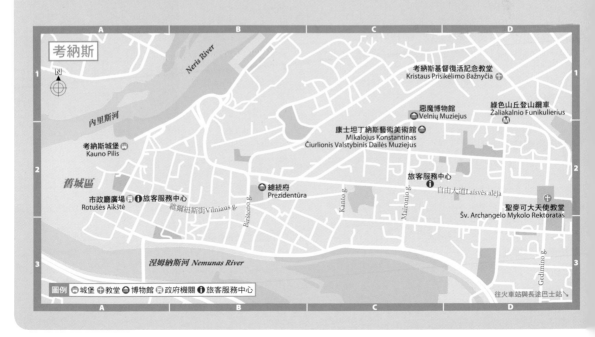

考納斯

A　B　C　D

1　考納斯基督復活記念教堂 Kristaus Prisikėlimo Bažnyčia ✝

Neris River

內里斯河

惡魔博物館 🏛 Velnių Muziejus

綠色山丘登山纜車 Žaliakalnio Funikulierius Ⓜ

康士坦丁納斯藝術美術館 🏛 Mikalojus Konstantinas Čiurlionis Valstybinis Dailės Muziejus

考納斯城堡 🏰 Kauno Pilis

2　舊城區

市政廳廣場 🚌 🛈 旅客服務中心 Rotušės Aikštė

總統府 Prezidentūra

旅客服務中心 🛈

自由大道 Laisvės alėja

聖麥可大天使教堂 Šv. Archangelo Mykolo Rektoratas

維爾紐斯街 Vilniaus g.

Birštono g.

Kanto g.

Maironio g.

Gedimino g.

3　涅姆納斯河 Nemunas River

往火車站與長途巴士站 →

圖例 🏰城堡 ✝教堂 🏛博物館 🚌政府機關 🛈旅客服務中心

A　B　C　D

舊城區

MAP　P.218B2

維爾紐斯街

〔MOOK Choice〕

Vilniaus gatvė

舊城裡最美麗的街道

🚌 可搭乘23、29、35、37號巴士或1、2、5、7、14、15號無軌電車，在Vilniaus g.站下。　🚏Vilniaus gatvė

　　從市政廳廣場東側開始展開的維爾紐斯街相當長，是維繫考納斯新、舊兩個世界的街道，其中最西端

的一段位於舊城裡，開闢為行人徒步區，被譽為考納斯舊城裡最美麗的街道。維爾紐斯街兩邊的沿途餐廳、飯店、精品店、紀念品店、小型主題博物館此起彼落，其中有好些樓房在16世紀時曾經是商人的豪宅，雖然難免經過整修，紅磚堆砌的古厝仍散發著迷人的古韻。

舊城區

MAP　P.218B2

總統府

Prezidentūra

見證共和步向獨裁

🚌 可搭乘23、29、35、37號巴士或1、2、5、7、14、15號無軌電車，在Vilniaus g.站下。　🚏Vilniaus gatvė 33　☎(37)201-778　🌐www.istorineprezidentura.lt　🕐週二~五10:00~17:00，週四10:00~19:00，週六、日11:00~16:00。　💲全票€5、優待票€2.5；英語導覽€15。

　　建於1846年的總統府，是立陶宛共和國在1918年到1940年間主要的政治活動中心，無數重要的會議這這裡舉行，也見證了1926年讓立陶宛走向獨裁統治的重大政變，擁有當年重要的歷史印記，目前新巴洛克式的建築樣貌底定於1998年到2003年間。

　　立陶宛在內戰期間，共有3位被正式認同的總統，包括1920~1926年間的Aleksandras Stulginskis、1926年的Kazys Grinius和1920年與1926~1940年的Antanas Smetona等，後者更是兩度完全掌控這個國家的統治大權。官邸內保存著這些年來與總統相關的文件、印章、錢幣、畫像等等，參觀者可以體會到這個國家的脈動，以及考納斯如何從一個森林包圍的鄉村迅速地變成一個現代化的城市。戶外的庭園裡，也有3位總統的雕像。

舊城區

MAP　P.218A2

市政廳廣場

Rotušės Aikštė

優雅白天鵝婚禮最愛

🚌 可搭乘22、24、44、48、49號巴士在Kauno Pilis站下，然後步行前往。　🚏Rotušės Sq.

市政廳

🚏Rotušės sq. 15　☎(37)208-220　🌐www.kaunomuziejus.lt　🕐整修中，暫停開放。

　　在於舊城區的舊市政廳，潔白的外觀、優雅的姿態，經常被暱稱為「白天鵝」，始建於1542年，融合了哥德式、晚期巴洛克式和早期古典主義的建築特色，幾個世紀期間曾經作為彈藥庫、監獄、皇宮、俄羅斯劇場、教堂甚至是惡名昭彰的俱樂部；在中古時代，市政廳前的廣場更是居民生活交易熱絡的市集，目前則成為人們約會碰頭的最佳地點。

　　1973年經過整修之後，市政廳成為居民最熱門的結婚典禮場所，以及舉辦一些正式的宴會；一樓目前設有旅遊服務中心，可提供旅客索取地圖、資料，以及相關問題諮詢；另外也設有考納斯市博物館。

立陶宛…**考**納斯Kaunas

現代市中心區

MAP P.218C2

康士坦丁納斯
藝術美術館

MOOK Choice

Mikalojus Konstantinas Čiurlionis
Valstybinis Dailės Muziejus

立陶宛人最愛的藝術家

🚋 可搭乘1、2、5、7號無軌電車，在S. Daukanto g.站下，然後再步行前往。 🏠 V. Putvinskio gatvė 55 ☎(37)229-475 🕐 週二~日11:00~17:00，週四延長至19:00，週一休。 💲 全票€5、優待票€2.5 🌐 www.ciurlionis.lt/en

Mikalojus Konstantinas Čiurlionis是立陶宛19世紀末、20世紀初一位出色的作曲人兼畫家，

雖然只活了短短不到37年(1875-1911年)，卻才華盡現，可說是立陶宛人最愛的一位藝術家。

Mikalojus Konstantinas Čiurlionis 3歲就能把聽到的旋律彈出來，展現過人的音樂天分，他是全立陶宛寫出交響樂曲的第一人；他於1901年所畫的「在森林裡」(Miške)頗受推崇，對攝影也頗有涉獵。他的風格帶點神秘、抑鬱，在立陶宛文壇上具有舉足輕重的地位。

儘管英年早逝，他居然創作了大約250首音樂、近300幅畫作，這些絕大部分真跡都收藏在康士坦丁納斯藝術美術館裡；內部還設有一間小小的劇場，可以聆聽到本人所作的音樂；同時也收錄一些和他同時期的藝術家們的作品。

現代市中心區

MAP P.218C2

惡魔博物館

MOOK Choice

Velnių Muziejus

妖魔鬼怪齊聚一堂

🚋 可搭乘1、2、5、7號無軌電車，在S. Daukanto g.站下，然後再步行前往。 🏠 V. Putvinskio gatvė 64 ☎(37)221-587 🕐 整修中，暫停開放。

這間主題詭異的博物館，要歸功於19到20世紀一位名叫Antanas Žmuidzinavičius的怪人，他致力於蒐集一些世界各地與妖魔鬼怪有關的藝術作品，包括繪畫、木雕、玩具、面具、捏麵人，甚至還有描述音樂和酒精對人類造成「惡魔般」的影響的文獻等，收藏將近3千件。

這些作品雖然有的看起來的確具嚇人的效果，但是也有的顯得幽默、有趣，其中還有相當多件

來自遙遠的中國、泰國、印尼等東方世界。從收藏品中也可以看出東西方文化對惡魔的敬畏態度或戲謔膽量有所不同。其中比較有趣的是希特勒和史達林也化身為惡魔，對無辜的立陶宛人大跳死亡之舞。

MAP　P.218D2

聖麥可大天使教堂

Šv. Archangelo Mykolo Rektoratas

重回榮光的華麗教堂

🎵 從長途巴士站步行約12分鐘可達；可搭乘1、4、5、7、13、16號無軌電車在Kęstučio g.站下。　🏠 Nepriklausomybės 14　☎(37)226-676

　　坐落於考納斯最繁華的自由大道(Laisvės alėja)東端的聖麥可大天使教堂，最初建於1893年，外觀屬於新拜占庭式，還有著獨特的柯林斯列柱，是為了駐在考納斯的俄羅斯士兵們所建的東正教主教堂，第一次世界大戰結束後曾經由天主教接管，後來也充作博物館。如今教堂又重新開始運作，並常舉行音樂會及展覽。

MAP　P.218D1

綠色山丘登山纜車

Žaliakalnio Funikulierius

歷史悠久登山交通工具

🎵 可搭乘29、35號巴士，或1、14、15號無軌電車在Žemaičių g.站下。　🏠 Aušros gatvė 6　☎(37)425-882　🕐 週一～五7:00~19:00、週六、日9:00~19:00。　💲€0.7。

　　考納斯基督復活記念教堂所在的山坡名為綠色山丘(Žaliakalnis)，高約142公尺，這一帶屬於高級住宅區，可以徒步爬坡前往，也可以搭纜車代步。

　　綠色山丘的登山纜車建於1931年，只有1節車廂，由原木打造，是立陶宛年代最古老的纜車，這在當年是非常先進的工程，更難得的是至今仍在正常營運中，每到旅遊旺季一個車廂往往不敷載客。1935與1937年曾經過整修，才在山腳下設立了有屋簷蓋頂的纜車售票站。雖然爬坡的路程實在很短，但是體驗一下也很不錯。

MAP　P.218D1

考納斯基督復活記念教堂

Kristaus Prisikėlimo Bažnyčia

數十年才完成給上帝的感謝

🎵 可搭乘29、35號巴士，或1、14、15號無軌電車在Žemaičių g.站下，然後再步行前往登山纜車站。　🏠 Žemaičių gatvė 31A　☎(37)229-222　🌐 www.prisikelimas.lt　🕐 3~9月週一～五11:30~18:30、週六、日11:00~18:30；10~2月週一～五12:00~18:00、週六、日11:00~18:00。　💲 全票€2.4、優待票€1.2。

　　1918年，立陶宛宣布獨立，當時就有人提議建一座教堂向上帝表達感謝之意，卻因為落入蘇聯統治，提議未能立即實現，直到1932年才正式動工，可惜一直未能完工，建築體並先後被納粹和蘇聯當作倉庫和無線電廠之用。1990年，立陶宛再度宣布獨立，考納斯基督復活記念教堂終於有機會完工，回復它天主教的身分。教堂塔樓位於城市北側的山坡上，居高臨下，可以清楚地俯瞰整個考納斯的市容，視野相當遼闊。

立陶宛⋯**考**納斯Kaunas

The Savvy Traveler
聰明旅行家

文●李欣怡・蒙金蘭　攝影●周治平

波蘭和波羅的海諸國緯度高，冬季氣候嚴寒且日照短，觀光活動多集中在夏季，此外，夏季、冬季的營業時間也多不相同。暑假期間是旺季，有意造訪的旅客最好提早安排住宿及交通事宜。

簽證辦理

2008年開始，波蘭、愛沙尼亞、拉脫維亞、立陶宛都一起加入了申根國家行列，凡是持台灣護照的旅客，都不需要簽證即可直接入境，非常方便。

尋求協助官方單位

波蘭與波羅的海諸國之中，目前只有波蘭在台灣設有辦事處，主要負責貿易發展合作，及提供領事服務。

華沙(波蘭)貿易辦事處

🏠台北市基隆路1段333號1601-1602室　☎(02)7729-9320　📠(02)7718-3310　🌐poland.tw/en

駐波蘭台北經濟文化辦事處

辦事處所在地為Warsaw Financial Center大樓(波蘭文 Warszawskie Centrum Finansowe)，位於Emilii Plater及Swietokrzyska兩條道路之交會處，在華沙市最高建築之文化科學宮的西北方，由華沙中央火車站(Warszawa Centralna)沿Emilii Plater路向北步行約10分鐘可抵；或由Swietokrzyska地鐵站出站後沿Swietokrzyska路向西步行約10分鐘可抵。
🏠ul. Emilii Plater 53, 30th Floor, 00-113 Warsaw, Poland　☎+48(22)213-0060；緊急聯絡電話：+48-668-027-574　🌐www.taiwanembassy.org/pl　🕐週一至週五 9:00~17:00

駐拉脫維亞台北代表團

負責拉脫維亞、立陶宛及愛沙尼亞三國的相關領務事宜。位於里加的世界貿易大樓，由里加市區可搭乘5或7路電車至Ausekla站，再稍微步行前往即可。
🏠Ausekla iela 14-2, Riga LV-1010, Latvia　☎+371-6732-0610；緊急聯絡電話：+371-2910-6954　📠+371-6732-3268　🌐www.roc-taiwan.org/LV　🕐週一至週五 9:00~17:00

旅遊參考網站

波蘭官方旅遊網站
ⓣ www.poland.travel

愛沙尼亞官方旅遊網站
ⓣ www.visitestonia.cn

拉脫維亞官方旅遊網站
ⓣ www.latvia.travel/en

立陶宛官方旅遊網站
ⓣ www.lithuania.travel

飛航資訊

　　從台灣沒有直飛班機前往波蘭及波羅的海諸國，必須經第三點轉飛往華沙、塔林、里加或維爾紐斯等城市。

　　可選擇從不同點進出，例如從波蘭南端的克拉科夫入境，然後配合火車或長途巴士一路向北，最後從塔林出境，就大致上不用走回頭路；反向亦然。

航空公司	電話	網址
泰國航空	(02) 8772 - 5111	www.thaiairways.com/zh_TW/index.page
德國漢莎航空	(02)2325-8861	www.lufthansa.com.tw
荷蘭皇家航空	(02)7707-4701	www.klm.com
阿聯酋航空	(02)7745-0420	www.emirates.com
中華航空	(02)412-9000	www.china-airlines.com
長榮航空	(02)2501-1999	www.evaair.com
中國國際航空	00800-86-100-999	www.airchina.com.tw

當地旅遊資訊

貨幣及匯率

　　波羅的海三國目前已通行歐元，不過波蘭仍保有自己的貨幣。新台幣33元左右可兌換1歐元，符號為€(實際匯率會有變動)。波蘭貨幣為茲羅提(Złote)，簡稱PLN，1PLN約等於新台幣7元(實際匯率會有變動)。

國際電話

　　台灣直撥波蘭及波羅的海諸國：002-國碼-城市區域號碼(例如華沙為22、克拉科夫為12)，而撥至愛沙尼亞及拉脫維亞只要直接打國碼再加電話號碼即可。
波蘭國碼：48
愛沙尼亞國碼：372
拉脫維亞國碼：371
立陶宛國碼：370
　　波蘭及波羅的海諸國直撥台灣：00-886-城市區域號碼去0(例如臺北02，則只需撥2)-電話號碼。

網際網路

　　波蘭與波羅的海諸國網路服務已逐漸普及，各大城市的機場、火車站、長途巴士站幾乎都有提供免費無線上網，飯店與餐廳相當高的比率也提供免費無線上網，路上有時還可看見免費Wi-Fi熱點的標誌，相當方便。

時差

波蘭：較台灣慢7小時(3月底至10月底日光節約期間較台灣慢6小時)。
愛沙尼亞：較台灣慢6小時(3月底至10月底日光節約期間較台灣慢5小時)。
拉脫維亞：較台灣慢6小時(3月底至10月底日光節約期間較台灣慢5小時)。
立陶宛：較台灣慢6小時(3月底至10月底日光節約期間較台灣慢5小時)。

電壓

　　波蘭、愛沙尼亞、拉脫維亞、立陶宛等國的電壓都是220V，使用雙圓孔的插座、插頭。

小費

　　在餐廳、飯店、旅遊導覽等場合，如果服務不錯，可酌情給予小費，各國餐廳小費約為消費額5~10%左右。

波蘭
波羅的海三小國 愛沙尼亞 拉脫維亞·立陶宛

MOOK NEWAction no.65
Poland & The Baltic States : Estonia · Latvia · Lithuania

作者
墨刻編輯部

攝影
墨刻編輯部

編輯
蒙金蘭

美術設計
許靜萍·羅婕云

地圖繪製
墨刻編輯部

出版公司
墨刻出版股份有限公司
地址：台北市104民生東路二段141號9樓
電話：886-2-2500-7008
傳真：886-2-2500-7796
E-mail：mook_service@cph.com.tw
讀者服務：readerservice@cph.com.tw
墨刻官網：www.mook.com.tw

發行公司
英屬蓋曼群島商家庭傳媒股份有限公司城邦分公司
地址：台北市104民生東路二段141號2樓
電話：886-2-2500-7718　886-2-2500-7719
傳真：886-2-2500-1990　886-2-2500-1991
城邦讀書花園：www.cite.com.tw
劃撥：19863813
戶名：書虫股份有限公司

香港發行所
城邦(香港)出版集團有限公司
地址：香港灣仔駱克道193號東超商業中心1樓
電話：852-2508-6231
傳真：852-2578-9337

馬新發行所
城邦(馬新)出版集團 Cite (M) Sdn Bhd
地址：41, Jalan Radin Anum, Bandar Baru Sri Petaling,
57000 Kuala Lumpur, Malaysia.
電話：(603)90563833
傳真：(603)90576622
E-mail：services@cite.my

製版·印刷
藝樺設計有限公司·漾格科技股份有限公司

經銷商
聯合發行股份有限公司（電話：886-2-29178022）
誠品股份有限公司
金世盟實業股份有限公司

城邦書號
KV3065

定價
480元

ISBN
978-986-289-827-7·978-986-289-824-6（EPUB）
2023年1月初版

首席執行長　Chief Executive Officer
何飛鵬　Feipong Ho

生活旅遊事業總經理暨墨刻出版社長　PCH Group President & Mook Managing Director
李淑霞　Kelly Lee

總編輯　Editor in Chief
汪雨菁　Eugenia Uang

資深主編　Senior Managing Editor
呂宛霖　Donna Lu

編輯　Editor
趙思語·唐德容·陳楷琪
Yuyu Chew, Tejung Tang, Cathy Chen

資深美術設計主任　Senior Chief Designer
羅婕云　Jie-Yun Luo

資深美術設計　Senior Designer
李英娟　Rebecca Lee

影音企劃執行　Digital Planning Executive
邱茗晨　Mingchen Chiu

業務經理　Advertising Manager
詹顏嘉　Jessie Jan

業務副理　Associate Advertising Manager
劉玫玟　Karen Liu

業務專員　Advertising Specialist
程麒　Teresa Cheng

行銷企畫經理　Marketing Manager
呂妙君　Cloud Lu

行銷企畫專員　Marketing Specialist
許立心　Sandra Hsu

業務行政專員　Marketing & Advertising Specialist
呂瑜珊　Cindy Lu

印務部經理　Printing Dept. Manager
王竟為　Jing Wei Wan

國家圖書館出版品預行編目資料

波蘭.波羅的海三小國：愛沙尼亞.拉脫維亞.立陶宛/墨刻編輯部作.
-- 初版. -- 臺北市：墨刻出版股份有限公司出版：英屬蓋曼群島商
家庭傳媒股份有限公司城邦分公司發行, 2023.01
224面；16.8×23公分. -- (New action ; 65)
ISBN 978-986-289-827-7(平裝)
1.CST: 旅遊 2.CST: 波蘭 3.CST: 愛沙尼亞 4.CST: 拉脫維亞 5.CST:
立陶宛
744.49　　　　　　　　　　　　　111021193